互联网背景下高校思政教育创新探究

侯 晓 李妮娜 刘秋艳 著

辽宁大学出版社 沈阳

图书在版编目（CIP）数据

互联网背景下高校思政教育创新探究/侯晓，李妮娜，刘秋艳著. --沈阳：辽宁大学出版社，2024.12.
ISBN 978-7-5698-1841-3

Ⅰ.G641

中国国家版本馆 CIP 数据核字第 2024374MP5 号

互联网背景下高校思政教育创新探究
HULIANWANG BEIJING XIA GAOXIAO SIZHENG JIAOYU CHUANGXIN TANJIU

出 版 者：辽宁大学出版社有限责任公司
　　　　　（地址：沈阳市皇姑区崇山中路 66 号　邮政编码：110036）
印 刷 者：沈阳市第二市政建设工程公司印刷厂
发 行 者：辽宁大学出版社有限责任公司
幅面尺寸：170mm×240mm
印　　张：19.75
字　　数：310 千字
出版时间：2024 年 12 月第 1 版
印刷时间：2025 年 1 月第 1 次印刷
责任编辑：李珊珊
封面设计：徐澄玥
责任校对：夏明明

书　　号：ISBN 978-7-5698-1841-3
定　　价：88.00 元

联系电话：024-86864613
邮购热线：024-86830665
网　　址：http://press.lnu.edu.cn

前　言

互联网的快速发展已经深刻改变了人们的生活方式、社会结构和经济模式，也对教育领域带来了前所未有的挑战和机遇。在这个信息发展快速的时代，高校思政教育作为培养学生思想政治素质、塑造思想觉悟的重要任务之一，面临着新的机遇与挑战。如何更好地适应互联网时代的发展，如何借助互联网的力量来进行创新，已成为高校思政教育领域亟待探究的重要内容。

互联网技术的广泛应用为高校思政教育提供了丰富的教育资源和多样化的教学方式。通过在线教育平台、社交媒体、虚拟现实等工具，高校可以更加生动、直观地传达思想政治教育内容，激发学生的学习兴趣，提高教育质量。同时，互联网还为高校思政教育提供了更广阔的教育领域，使得教育不再受限于时空，学生可以随时随地获取所需知识，实现个性化学习，拓展思政教育的广度和深度。

鉴于此，笔者写作了《互联网背景下高校思政教育创新探究》一书，首先阐释高校思政教育的基本理论、高校思政教育的体系建设；其次分析高校思政教育立体化模式、高校思政教育教学实效性；最后围绕互联网背景下的高校思政教育、互联网时代高校思想政治教育工作的机制、互联网背景下高校思政教育的体系创新、互联网背景下高校思政教育的教师队伍建设、互联网背景下高校思政教育的协同育人、互联网背景下高校思政教育的教学资源设计进行研究。

全书内容通俗易懂，结构层次严谨，条理清晰分明，从高校思想政治教育相关的基础理论入手，拓展到互联网背景下高校思想政治教育创新实践，兼具理论与实践价值，可供广大相关工作者参考借鉴。

本书在写作时参考了很多相关专家的研究文献，也得到了许多专家和老师的帮助，在此真诚地表示感谢。虽然在成书过程中，作者翻阅了无数资料，进行了多次修改与校验，但限于作者水平，书中难免会有疏漏，恳请广大读者批评指正。

作 者

2024 年 8 月

目 录

前言 ………………………………………………………………………… 1

第一章 高校思政教育的基本理论 ……………………………………… 1

第一节 高校思政教育的特征与价值 ………………………………… 1
第二节 高校思政教育的目标与保障 ………………………………… 11
第三节 高校思政教育的规律与发展 ………………………………… 18

第二章 高校思政教育的体系建设 ……………………………………… 26

第一节 高校思政教育的内容体系 …………………………………… 26
第二节 高校思政教育的方法体系 …………………………………… 47
第三节 高校思政教育的生态体系 …………………………………… 69
第四节 高校思政教育的信息管理体系 ……………………………… 71

第三章 高校思政教育立体化模式 ……………………………………… 95

第一节 高校思政教育立体化模式的理论 …………………………… 95
第二节 高校思政教育立体化模式的构建 …………………………… 103
第三节 高校思政教育立体化模式的实践 …………………………… 117

第四章 高校思政教育教学实效性分析 ………………………………… 128

第一节 高校思政教育实效性的构成与理论 ………………………… 128

第二节　高校思政教育实效性的提升途径 ········· 138
第三节　高校思政教育教学实效性评估与创新路径 ····· 140

第五章　互联网背景下的高校思政教育 ············ 148

第一节　互联网的本质与功能 ··············· 148
第二节　"互联网＋"教育的内涵与特征 ·········· 151
第三节　互联网时代高校思政教育的机遇 ·········· 158
第四节　互联网时代高校思政教育工作的原理 ······· 164

第六章　互联网时代高校思想政治教育工作的机制 ······ 172

第一节　高校思想政治教育的运行机制 ··········· 172
第二节　高校思想政治教育的管理机制 ··········· 177
第三节　高校思想政治教育的评估机制 ··········· 181
第四节　高校思想政治教育的保障机制 ··········· 187

第七章　互联网背景下高校思政教育的体系创新 ······· 218

第一节　互联网背景下高校思政教育的方法创新 ······ 218
第二节　互联网背景下高校思政教育的模式创新 ······ 230
第三节　互联网背景下高校思政教育的平台创新 ······ 242

第八章　互联网背景下高校思政教育的教师队伍建设 ····· 255

第一节　互联网背景下高校思政教育教师队伍建设的要求 ··· 255
第二节　互联网背景下高校思政教育教师队伍信息素养培育 ·· 260
第三节　互联网背景下高校思政教育教师队伍的高质量发展 ·· 266

第九章　互联网背景下高校思政教育的协同育人 ······· 270

第一节　互联网背景下高校思政协同育人的维度与机制 ··· 270
第二节　互联网背景下高校思政教育协同育人的创新 ···· 278

第十章 互联网背景下高校思政教育的教学资源设计 …………… 281

第一节 高校思政教育的信息化教学资源的优势与特征 ………… 281

第二节 高校思政教育的教学软件及其制作方式 ………………… 284

第三节 高校思政教育的理论课微课视频创作 …………………… 287

第四节 高校思政教育理论课网络公益宣传片创作 ……………… 296

参考文献 …………………………………………………………………… 302

第一章　高校思政教育的基本理论

第一节　高校思政教育的特征与价值

一、高校思政教育的主要特征

（一）思政教育的环境特征

第一，多元化特征。思政教育环境呈现多元文化的特征，形成传统文化、现代文化等多文化并存的多元格局。随着对外开放程度的不断加深，政治、经济、文化三方面的相关体制改革同步进行，使得社会结构复杂化，逐步形成了思想文化多样、阶层利益多元、文化环境复杂的局面。在该社会结构的推动下，学生的思想受到社会思潮的影响愈发严重。

第二，国际化特征。由于世界各国教育之间的交流愈来愈频繁，合作的内容越来越广泛，思政教育也在该过程中受到国际发展形势的制约。在教育国际化的大环境下，虽然各国思想教育的内容各不相同，但是其中心都着眼于对本国文化精神各方面的认同，以及明确个人对于社会、家庭之间的责任，从而使得行为举止符合社会基本道德标准，完成从"自然人"到"社会人"的转变。由于社会历史、环境、人文的不同，思政教育实施的方法迥异，形成各自鲜明的特色。西方国家重视实践养成教育，其主要以学校教育为主，辅助以家庭、社会、企业以及传媒等途径，为社会培养合格的公民。

（二）思政教育的主体特征

1. 人格独立的特征

哲学的基本范畴是存在，物质与精神的高度统一是存在的方式，通俗来讲就是生活方式。人的生活方式在经济性质的转变中发生了巨大的变化。人的个体独立性得到充分发展，人对人的依赖度逐渐消失，取而代之的是人对物的需求逐渐扩大。当社会主义市场经济成为主流时，企业和个人不再是以往的人身依附关系，二者互相独立，由此个体的平等意识得到发展，经济发展中的主体特性日渐突出，学生的思想势必会受到这一发展变化的影响。如今的学生个人主体意识逐步提高，他们突破了自我认识的局限，自我独立的意识进一步发展，从而开阔视野，增强法律意识，且追求前卫，张扬个性。学生还可以利用课余时间做兼职，学生经济自主化也日渐凸显。

在市场经济的环境背景下，人们的生产活力因为竞争机制的引进而再次高涨，也就意味着生产力和生产关系的解放，从而带动上层建筑和文化方面的繁荣发展。同理，人们的谋生方式因为就业机制的改变而选择多样，在一定程度上改变人对社会、国家的依附关系，增加了民众的自信和自由度，这也从根本改变了人们的思维方式。

2. 网络依赖的特征

随着科学技术的迅速发展，人们的生活方式因受到网络新媒体的影响正发生着改变，无论是沟通方式还是知识的获取，都与原来不同。网络技术逐步成为一种新型的信息传递途径，而学生必然走在前列，成为新兴技术培养出来的新人才，他们迅速适应科技生活，熟练使用科技涵盖的各类软件及机器，购物方式也是依赖于网络。是否会使用微博、微信等交流方式，成为判定时尚的标准。

由于学生对于网络的依赖性，学生的思政教育也随之提出了新的要求。但是，网络媒体缺乏必要的指导和监督，以至于网络文化鱼龙混杂，因此，净化网络环境势在必行。学生的生活因为网络而逐渐趋向于虚拟化，不仅仅是生活的虚拟，还有人物的虚拟，这都在一定程度上影响着学生的生活。在网络中，学生的性格特性被无限放大，于是他们便越来越追求自由开放，以至于对现实生活的关注度逐渐下降。由此可见，网络文化精神家园建设的必要性，也在呼吁人们，要加大互联网的积极文化和创新精神的发展力度，进一步传播健康积极的思想文化，将网络转变成宣扬社会主义先进文化的新阵地，为广大学生良好品质的培养提供广阔的空间。

二、高校思政教育的价值分析

（一）高校思政教育价值的内涵

价值是人的需求与满足这种需求所需要的客体属性达成的交接点。主体与客体是肯定关系。主体和客体决定了价值，同时价值还会因为主体的能动性，相应地改变客体的历史性。价值所具有的客观源泉和基础都是价值客观性的表现，同时，价值也是将主体性和客观性及历史实践等统一的内核。

价值在思政教育方面体现出教育的有用性，讨论思想政治价值含义的前提，必须是将思政教育当中的主客体，通过正确的价值观联系起来，从而正确地构建他们的关系。

社会由人组成，人是社会的主体，也是思政教育的主体。人们在社会中不可能脱离集体而存在，因为人是社会组成的一部分，与社会相一致；同时，人与社会之间的关系是相互成就和构成的。人既能够创造出社会环境，而社会环境也能够塑造一个人的人格。人与社会的物质条件，决定了社会通过人的活动而形成了一个怎样的产物，拥有怎样的社会关系，以及在群体当中具有怎样的价值。作为思想政治的主体，群体与个体以及全球的人类，与思政教育构成主体和客体的紧密关系。主体和客体是一个相对的概念。主体的认识以及实践都是通过客体展现出来。在思政教育中，主体的主要对象就是客体，主体与客体之间能够直接发生一些特定的关系，并通过教育实践活动来满足主体与客体之间的密切联系。价值关系的产生是主体存在的主要根源，而思政教育，可以从三个方面定义主体的地位：首先，通过物质或精神的分类，来划分对象。物质主要表现在教育环境、条件等方面。精神主要表现出教育的目标、内容以及原则等。其次，通过性质可以将教育的主体分为个人和社会的。最后，通过来源可以将主体分为本身的主观世界以及之外的客观实践。主体本身是能动的，是通过不断的认知和评价进行自我教育的，因此，主体也可以包含在客体之内。就是说主体在一定条件下，可以转化为思政教育的客体。

思政教育的主体需要和客体功能，无法通过思政教育的价值来满足，而是需要根据主体与课题之间的隶属关系，通过交互作用，让思政教育的价值充分体现，将他们连接起来。思政教育的价值通过主体和课题之间的互动逐渐形成，思政教育，不但能够将主客体的关系相互连接、统一，同时也能够把人的主体地位和思政教育逐渐向人趋近的方向联结。通过这种实践，让主体逐渐形成对于能量交换、信息交换、物质交换等层面的认知，并逐渐满足主体需求，从而实现二者关系的有机统一。

（二）高校思政教育价值的形态

思政教育价值的类型也称为思政教育的价值形态，是指根据不同标准，思政教育价值呈现为不同的形态，具体如下：

1. 思政教育的社会价值

社会价值是思政教育通过传授教育内容，逐渐将社会文化、政治及经济建设等通过教育而积极地构建起来，从而让思政教育获得客观存在的社会价值。这与一些社会的文化、经济和生态的现象具有一致性。教育发生了作用，呈现出对社会各个方面的价值，因此这也是思政教育具有社会价值的形态体现。

（1）经济价值。经济价值是通过思政教育活动创造的促进社会发展以及经济增长，从而满足人类的需求的效应。人类的需求可以分为精神需求和物质需求，这些都是能够通过思政教育的经济价值来满足的，将经济建设为思政教育的中心，要通过正确的理论指导，来保证社会主义的发展方向，并为经济建设提供动力。

第一，思政教育可以确保社会经济的发展方向。社会主义制度下的市场经济，是通过市场的机制和社会主义制度有机结合起来而形成的。市场作为资源配置的基础之地，能够结合市场机制的规范来坚持社会主义方向的发展。市场经济向社会主义方向发展对市场经济的本身构成有重要意义。社会主义方向：一是通过市场经济的构成得到保障的，这也是控制社会主义市场经济发展的根本依据；二是人们对社会主义市场经济的构成有一致的理解与认识，在相同的内在结构当中，人民由于共同的认识而达成自觉地坚持社会主义市场经济的发展方向，而这离不开人们对思政教育方面的学习，只有充分保证这个优势，才能够对现行的社会经济体制作出正确的引导和宣传，让人们认识到经济制度在目前社会具有必然性和合理性，通过规范经济行为，让人们逐步地产生规范的意识。对正确的效率观念和竞争意识的教育，也能进一步地推动人们能够更积极地为经济建设作出努力。

第二，思政教育可以为经济发展提供环境。国家的经济增长是一个国家能够为人民提供经济商品的能力保障，这个能力是通过技术的进步和意识形态的完善实现增长的。经济发展在任何社会中，都需要有思想意识的支撑。人们的生活生产方式，随着全球经济的变化都产生着相应的变化，这反过来也会影响人们的思想观念和价值观念。各种新的思潮涌现能够深刻影响我国意识形态的变化，在这种情况下，一定要严查意识形态的宣传教育，不能让全球经济快速发展的新思潮打乱了意识形态教育，而影响我国社会主义现代化建设的事业发展。

（2）生态价值。生态价值的重要性不容忽视。它不仅要求我们形成环保和节约意识，更需要我们对生态环境具备正确的保护观念。通过树立合理的消费观念，我们可以共同营造一个良好的社会风气，使人们在优质的生活环境下为生态环境的保护作出自己的贡献。

思政教育在引领生态思潮促进生态文化创新方面也是重要推动力。工业化发展让人们对自身所处的环境和不断恶化的生态有了更清晰的认识，人类要面对的生存危机也日益凸显，在危机中形成了多种生态思潮，如生态哲学、生态政治学、生态社会主义、生态社会学等，从不同方面寻找生态危机产生的原因并找到解决方法。生态思潮主要通过重新审视人类文化，批判一部分思想文化，从思想上寻求生态危机产生的根源，也就是社会文化和价值观方面的问题。思政教育需要帮助人们形成正确的生态观，引领生态思潮的发展，探讨生态思潮产生的原因，从本质上揭示，让人们在评价和选择方面有更明确的方向。

人与自然的和谐发展，人类社会协调可持续的发展是全人类的共同追求，也是最终的发展目标。中国先进文化中，社会主义生态文化是关键的一部分，最终目标是要实现人、自然和社会的协调发展，这既是人类历史发展势不可挡的趋势，也是先进文化的要求。思政教育立足于当下，紧跟时代发展步伐，在生态文化建设方面，始终坚持创新，遵循生态文明建设原则。这样做的目的是让受教育者明白生态文明建设的价值，认识到自然界不仅可以为人类提供物质所需，还可以满足人们在科学、审美、文化方面的需求，具有极大的精神价值。

（3）文化价值。思政教育在某种程度上能够满足人民的文化需求，同时促进文化发展，这就是思政教育在文化方面的价值。在社会意识形态的组成要素中，思政教育不可或缺，它本身就是需要付诸实践的文化活动，可以有效促进我国社会主义文化的发展，增强国家软实力，建设文化强国。思政教育的文化价值主要体现在以下方面：

第一，文化传播。人们的政治观点或思想观念等具有文化特征的文化观点，从一个群体当中传播到另一个群体中，这种传播过程称为文化传播。思政教育，通过广泛传播社会主流的文化教育，来让公民具有社会化的思想道德意识。思政教育是教育者向受教育者传递一定的思想观念、政治观点、道德规范的过程。思想观点、政治观点、道德规范就属于文化的范畴，思政教育是一种特殊的文化传播方式。思政教育不但是一种教育方式，同时也是一个过程。思政教育，从主导意识形态和传授思想政治相关信息方面，让学生们接受主导社会文化发展的价值观，并养成符合社会发展需要的行为习惯；同时也能够通过思政教育的学习和实践活动来获得相关知识，从而形成符合社会发展观念的政治态度、观点、信仰、情感和行为。以上两种活动相互联系、相互作用、辩证地统一于思政教育的过程中。

第二，文化选择。思政教育在文化选择方面的价值主要有两个方面，分别是正面的选择和反面的排斥：正面的选择主要是吸收积极的文化，筛选与思政教育价值观相同的内容，将这些先进思想纳入教育中，丰富思政教育等组成部分，并在后期发展中继续继承、不断弘扬；反面的排斥主要是排斥与思政教育导向不符的内容，对有害的劣质文化加以抵制，从反面推动思政教育发展。

文化包括主流文化和非主流文化，通过丰富的内容和表现形式，能够为人类社会的发展提供最宝贵的历史精神财富积累，但文化也有糟粕。无论是物质方面的文化还是制度和观念方面的文化，不论何种形态文化，只要与思政教育的最终目标与内容一致，思政教育都应该积极选择和吸收，促进积极文化发展，使他们拥有更广阔的发展空间。

2. 思政教育的个体价值与集体价值

（1）思政教育的个体价值。思政教育的个体价值体现在能够满足个人生存和发展的需要。实现人的自由和全面的发展是思政教育个体价值最本质的表现，也是最终的目标。思政教育的个体价值可以从激发个人的精神动力，塑造良好的个人品格和规范个体行为等方面体现出来。

第一，有助于激发学生的精神动力。让学生拥有积极向上的精神力量，促进学生全面发展，是思政教育的重要作用之一。在激发学生精神动力方面思政教育发挥了很大作用。人因为有需要才会行动的动力，进而有行动。人的需要无外乎两种：物质和精神需要，也会因此产生物质和精神上的激励。中国特色社会主义建设一方面要有正确的经济手段；另一方面也需要对人们进行精神鼓励，即思政教育。

思政教育对人的激励有民主激励、榜样激励、情感激励和目标激励。一方面，思政教育宣传社会主义民主；另一方面，也通过各种方式让受教育者参与到社会主义管理中行使权利，这样可以调动受教育者的积极性；榜样激励是通过榜样的力量来影响受教育者，激发他们的上进心；情感激励是满足受教育者的情感需求，使他们在情感上趋向于积极、正能量；思政教育在理论方面始终践行社会主义理想信念，让受教育者树立正确的人生观和价值观，在精神层面给予人们动力。

第二，有助于塑造学生的个体人格。一个人整体上的精神状况就是人格表现，人格具有一定价值倾向，也是一种较为稳定的心理特征。人格主要包括个人精神品格、思想境界、情操和道德水平等。思政教育最主要的是要通过一定的方式，让受教育者形成良好的个人品格，在精神境界方面达到更高的层次，拥有健康的心理素质，为未来社会的发展培养高素质人才。思政教育工作的深入开展，引导受教育者明确自身定位，认识到自己在未来社会发展中的地位，增强责任感和使命感，拥有主人翁意识；也让受教育者明确人生目标，树立崇高的理想，指明奋斗方向，对社会、人生和个人有更清晰的认识，具备改造和适应环境的能力；影响受教育者的认知、情感和态度，拥有健康向上的心态，热爱生活，主动创造，在生活中积极乐观，顽强奋斗，发挥个人的潜能，促进人格完善。由此可见，思政教育在完善和发展自我方面具有重要作用，给人内在的精神动力，帮助塑造健全的人格。

第三，有助于规范学生的个体行为。思政教育是对受教育者进行有组织、有目标的道德教育，可以让受教育者拥有良好的道德品质，陶冶情操，树立正确的道德观念，将这些道德意识内化于心，对自己的行为产生约束，在社会活动中用更高的道德规范来约束和管理自己的行为。加强法制观教育，形成良好的法治社会氛围，让全体社会成员自觉形成遵守法律、学习法律的意识。同时，也要发挥法律的作用，引导和规范全体成员的行为，保障成员的利益，为社会主义核心价值观的践行提供制度保障。

（2）思政教育的集体价值。思政教育的集体价值是具有共同目标的人聚在一起组成一个集体，集体成员之间相互影响，有共同的目标追求，朝着同一个方向努力。思政教育价值有时通过集体价值表现，以集体为主，思政教育的客体价值通过集体来实现，也就是思政教育活动可以满足集体发展需要。由于思政教育本身具有独特的属性和作用，因此可以对集体产生积极的影响，促进集体发展。

第一，有助于增强集体凝聚力。思政教育可以团结和凝聚广大人民群众的力量，在长期的革命实践中已经得到了验证。思政教育可以使人们团结一致，使之形成强大的动力，推动集体发展，凝聚众人的力量。

一是，强化集体认知。思政教育通过让个体认识到自身与社会的连接，来实现个人价值；同时，个人通过培养思政教育，逐渐形成了集体的认同价值观和行为准则，通过准则约束集体成员的行为；并通过制定集体共同的合理科学，来确立共同目标的发展规划。

二是，深化集体情感。思政教育能够培养个人对集体的认同感、归属感、荣誉感，构筑健康的集体心理，使个体渴望成为集体中的一员，自觉把个人利益和集体利益结合在一起，与集体荣辱与共。

三是，坚定集体信念。思政教育通过引导人们的思想意识来影响集体成员的行为习惯，让集体成员形成集体荣誉感和责任感，并对集体保持忠诚、自信和自豪感，这种觉悟能够让集体成员保持齐心协力的发展方向，通过共同的目标来激励自己约束自我的行为习惯。

第二，有助于科学有效发展集体目标。个人价值的实现是在社会中进行的，也是在集体中进行的，而社会的发展也同样需要集体和个人的努力。而思政教育就是帮助人们如何处理个人、集体和社会三者之间的关系，在集体目标中融入社会建设的目标，让集体目标体现社会发展的方向，促进集体科学的发展。

第三，有助于构建和谐的成员关系。集体主义教育包括多方面的内容，主要有如何处理个人与集体的关系，对他人更理解和包容，集体成员之间彼此团结合作等。思政教育也采用了多种方式。来缓解集体内部的矛盾，解决问题，使集体内部成员关系更融洽、团结一致。

一是，创造良好的集体氛围。思政教育要建立在对集体成员有很好的认识与了解的基础上，及时发现并解决问题，对集体成员有正面引导；领导者和群众具有一定的权威，在集体舆论的形成中具有重要作用，可利用他们把握舆论导向；在舆论中融入思政教育的内容，在无形中增强舆论感染力，营造积极向上的良好氛围。

二是，创造平等沟通交流的平台。思政教育要发挥沟通的作用，可以通过面对面的直接交流，讨论座谈会以及其他形式的媒介，促进思想的交流和意见交换，分享彼此的感受，使双方有自由平等交流的平台，可以增进感情，促进解决问题。

三是，关注集体成员的心理。思政教育可以促进形成良好干群关系，也可以帮助集体成员处理各种人际关系，正确看待彼此之间的关系，避免因为竞争导致的认识偏差，让集体成员保持心理平衡；还可以更清晰地认识和了解集体成员的思想，方便制定和完善某些政策，兼顾到集体成员的意愿。

第四，有助于形成发展集体文化。全体成员的共同努力才创造了集体文化，它包括任何物质的和非物质的文化，集体成员通过学习可以使之继续传承和发扬。在集体文化建设和发展过程中，思政教育主要有以下作用：

一是，在制度文化方面，集体成员的行为受到各种规章制度的约束和支配。集体成员对规章制度的认同关系的他们自身的利益，如果能够很好地贯彻落实规章制度，可以实现全体成员的利益，稳步提升他们的物质生活水平。因此，要帮助全体成员对集体的规章制度产生认同并自觉遵守，在执行制度过程中也要不断完善。

二是，在精神文化方面，思政教育对人的思想具有塑造作用，统一集体成员的价值追求，树立正确价值观，让集体文化拥有更强大的生命力和凝聚力。通过思政教育活动，能够不断强化有代表性的集体文化，一些有特色的集体仪式和集体象征物等能够以更独特的面貌和方式对全体成员产生相应影响，塑造更好的集体形象。

3. 思政教育的直接价值与间接价值

价值的实现，可以将价值效果划分成直接价值和间接价值两个方面。直接价值是通过思政教育活动，直接影响、满足社会和自身的发展需求，通过将正确的思想品德内容传递给受教育者，让他们的精神状态发生积极改变。对于受教育者，提升综合素质、激发综合潜力、将劳动者调动积极性和创造性，能够体现出思政教育的直接价值。而间接价值是受教育者不能单纯从思政教育中直接满足社会和自身发展的需求，而是需要通过学习思政教育的理论知识，将自己的精神动力逐渐内化，并使其转化为自己的物质财富，来对社会的发展有促进作用。

思政教育能够通过政治实践活动来影响和引导受教育者，形成正确的精神世界观、价值观和人生观。这是思政教育的直接价值，但是思政教育也具有间接价值，就是通过思政教育活动来间接为社会的发展进步提供助力。例如，我国坚持的社会主义核心价值观，需要在多元的背景下，从国家、公民和社会三个层面，构建起人们的主流价值观，再通过思想政治文化的教育，让全社会形成对社会主义核心价值观的认同和践行，这种内化的精神追求，能够通过人们的自觉行动展现出外化的表现，从而让世界社会得到发展，这就是思政教育的间接价值。

思政教育直接和间接价值是辩证统一的关系。直接价值是基础，而间接价值是直接价值的综合反应。直接与间接价值之间的关系密切又复杂，需要通过思政教育将两者有机结合。不能因为思政教育不直接参与物质形态的生产，而否认其间接价值；也不能借口强调物质生产在社会发展中的决定性作用，而否认思政教育的直接价值，进而否定思政教育存在的必要性。

第二节 高校思政教育的目标与保障

一、高校思政教育的目标分析

（一）思政教育目标的具体原则

1. 层次性原则

层次性原则，是按照大学生的思想状况以及大学生的发展需求把学生分成不同的层次，并为每个层次的学生设置思想政治教学目标。当代社会当中教育人才主要包括：职业者、专门人才、社会精英、创新人才及高素质劳动者。层次性原则要求针对不同的教育人才使用不同的教育标准，根据他们的能力将教育目标分解，最终设置出适合他们所需的，以及适用于他们学习能力的教学目标。

层次性原则是相对科学、合理的，因为它考虑了学生成长环境的不同、接受能力的不同、道德品质的差异、性格特点的差异，以及自身理论知识储备水平的差异，正是因为考虑到这些差异，所以，教学的开展更应该做到精准化，更应该因材施教，这样学生的个人潜力才能得到更好的发挥。

思想政治教学开展的过程中，一定要结合当下学生的思想状况去设置教学目标。但是，不同的学生又存在较大的差异，在这样的情况下，如果想要实现大众化教育，那么就必须将学生分类成不同的层次，然后分层次的设置适合他们的教学目标。

思政教育层次性原则的使用要求包括：①从实际出发，结合大学生当下的思想状况开展精准化的教育，思政教育想要获得实际效果，那么必须结合学生当下的认知状况、思想状况、身体状况、心理状况，为他们设置适合当下需要的教学目标；②教学目标的设置要体现先进性特点、现实性特点，这样才能助推学生全面发展；③为学生的学习提供和谐自由的学习环境，这样的环境可以实现学生的全面发展，也可以让学生彰显自己的个性。

2. 现实性原则

现实性原则，是指高校开展思政教育时要遵循实事求是的原则，要在实事求是思想的指导下，考虑学生的实际状况、需求及实际的学习条件，然后给他们确定适合的政治教学目标。现实性原则和党的实事求是思想路线是完全吻合的，实事求是就是指人们对客观世界中事物客观规律的研究与探索，思政教育活动的开展离不开现实的支持，在这样的情况下，坚持现实性原则走实事求是的思想道路是思政教育的必然选择。很多教育都需要依托于现实，很多教育的开展没有办法超越现实。思政教育的现实性原则使用要求如下：

（1）深入实际展开研究，将教学目标和时代精神结合，避免主观性的影响，避免盲目性的影响，也只有这样，思政教育才能在现实方面产生更深远的影响，才能指导学生的现实行为。

（2）注重理论知识和实践活动之间的关联，也就是要做到认识和实践相互统一，主观和客观相互统一，只有做到理论认知和实践之间的深入融合，学生才能设定出符合当下时代精神的发展目标。

（3）与时俱进，聚焦未来。在时代、社会环境快速变化的情况下，大学生的思想也必然处于动态变化过程中，考虑到学生未来的发展变化，在此基础上，结合当下的现实条件不断调整目标。

(二) 思政教育目标的构建研究

1. 思政教育目标的构建意义

（1）提供创新改革指导。思政教育目标体系的建设可以为高校思政教育内容的创新、改革方法的创新改革提供指导，当下高校思政教育已经发现传统教育模式当中存在的不足之处，开始探讨教学模式的改革与创新，改革和创新是为了让教学模式能够满足大学生提出的新的学习需求。虽然当下已经完成了思政教育目标体系的改革与调整，但是，仍然可以发现在思政教育目标体系中有一些不足需要不断地改正、调整，这时如果能够建设出科学的思政教育目标体系，那么高校思政教育工作的开展就会有确定的方向，工作开展也会变得更加有序，思政教育整体的教育实效性会有所提升。

（2）明确管理标准。思政教育目标体系的建设可以明确高校思政教育管理遵循的标准、评价遵循的标准。思政教育管理的范围较大，因此构建思政教育目标体系之后，教师可以根据某个体系当中设定的标准管理学生的能力发展、素质发展，为学生的发展设定目标。

2. 思政教育目标的构建内容

（1）纵向。纵向需要遵循循序渐进的原则，根据年级从低到高的顺序不断地提升教学目标的难度，不同的目标变化需要有一定层次与联系。低年级的时候目标主要侧重于基础方向；高年级的时候目标主要侧重于发展升华方向，但是，不管是低年级还是高年级，在设置教育目标的时候都要考虑学生这个年级的学习特点、学习状况。

（2）横向。思想政治教育目标建设的横向体系主要包括五个要素，分别是思想、道德、政治、法纪以及心理，不同的要素之间存在相互作用、相互影响，彼此联系，彼此渗透。这五个要素中本质要素是政治，导向要素是思想，核心要素是道德，保障要素是法纪，基础要素是心理。此外，其他的要素想要提升需要依靠心理要素协调。

3. 思政教育目标的构建要素

（1）政治素质目标：对于我国的国史和国情要了然于胸，对于我国传统文化的优秀之处要加以发扬和继承，不忘初心，坚持共产党领导，继承先辈的革命斗争精神和传统，坚决维护祖国统一和团结，将祖国的利益和荣誉放在心中首位。具有献身祖国、报效人民的思想觉悟，坚定拥护党的领导和国家的政策方针，做忠诚的爱国主义者。

（2）道德素质目标：以集体利益为最高荣誉，个人利益要服从于集体利益，坚信团队合作的重要性和必要性；吃苦耐劳、勤俭节约，在生活学习工作中做到艰苦朴素，享乐在后；遵守法律，热爱国家，懂礼貌，讲诚信，为人团结和睦；积极进取，思想要具有正能量，用乐观豁达的心态面对生活，对于事业和学习要充满干劲，秉持着严肃认真的态度，能听进各方的意见和建议，吸取批评中的精华，努力完善自己的道德修养。

（3）法纪素质目标：大学生要致力于弘扬全民民主法治的风气，自发学习我国宪法，能够做到正确行使公民权利，维护公民利益，履行公民义务。

从根本上培养高校大学生的法律意识，教导学生做到自我约束、自我管理，能够运用法律武器做出正确的判断和决策。

培养学生的勇气和承担挫折的能力，在内遵守校规校纪，在外遵守社会公德和法律法规，自觉主动帮助维护学校和社会的正常公共秩序，深刻领悟法治社会的建成需要每个人来努力，要让法治变为信仰融入高校大学生的思想道德教育中去，才能让思想转化为实际行动，让法纪素质教育贯穿始终。

（4）心理素质目标：心理素质是一个人心理过程和心理特征的体现，是衡量每个人在情感、意志、性格、行为等方面的综合标准体系。良好的心理素质是培养高尚思想情操的基础，是具备高水平文化素质的基本保障。

培养高校大学生形成坚强、自爱的性格，增强他们的抗打击和受压能力，使其具有比较好的自我调节能力，这将有利于高校大学生未来的工作、事业、婚姻、家庭等，保证他们在遇到挫折时可以不丧失勇气和信心，不断努力去改善困境，拥有良好的心态，从而拥有良好的人生。

二、高校思政教育的保障体系

"在高校的所有活动中，学生的思政教育占据了重要的位置。在数字信息技术的背景下，学生的学习环境已经发生了变化。高校必须承担起立德树人的责任，整合校内外优秀资源，构建一个具有包容性、全员参与的思想政治合作体系，让学生在自己积极主动的基础上获得最大的发展"①。

（一）教育资源保障

在全球化、国际化、网络化背景下，思政教育资源应包括国际教育资源、跨文化教育资源、信息资源、机会资源、新型空间资源（网络空间）、技术资源等。资源整合的目的就是为了进一步丰富高校思政教育的资源数量和质量，为其开展提供更有力的支撑和保障。

第一，物质资源的投入。随着中国经济的不断发展壮大，国家对教育的投入越来越大，大部分高校在思想政治工作方面的投入都有所增加，一段时期以来资源匮乏的现状得到明显改善。所以，高校应当进一步增加思政教育的物质资源投入。

第二，信息资源的整合应用。高校普遍推动数字化校园建设，在高校管理中普遍采取了数字化、网络化、信息化的管理方式：思想政治工作也融入这个大潮，信息化手段在思政教育、学生管理、学生服务等工作中越来越多地采用，极大地推动了相关工作手段的现代化、推动了效率的提升，实现了学生事务处理的方便快捷。随着信息技术的发展，特别是"云技术""大数据""AI"时代的来临，对高校管理的信息化、现代化提出了更高要求，推动高校管理手段的进一步升级换代已经成为高校普遍的一种内生动力和诉求。同样，在这样的背景下，能否依托"大数据"带来的红利，推动思想政治工作在工作手段与方法上的革新和进步，将成为当前高校思想政治工作者面临的一个新的课题。

第三，精神资源的开发利用。除了物质资源、信息资源，在推动高校思想政治工作发展的过程中，还必须重视精神资源的开发利用。在新时期推动高校思想政治工作开展的过程中，高校应当加强对文化资源、精神资源的开发。文化、精神是一种软实力、巧实力，由于其柔性、隐性、可感知的特点，其在高校思政教育中具有积极的意义。

---

① 王沛沛. 高校思政教育合力育人体系的构建［J］. 知识经济，2022，622（20）：102.

第四，用好国际化办学资源。全球化的发展催生了高等教育国际化，这为思政教育带来了挑战，但同时也带来资源和契机。①国际化办学丰富了高校思政教育的内容，为高校思政教育者创造了条件，一些此前无法进行国际化对比的议题和内容在这个时候可以比较容易地进行；②国际化办学背景下，学生的跨文化交流本身也可以成为思想政治育人的素材。让学生设身处地感受到中国特色社会主义建设的巨大成就，感受到社会主义制度的优越性，可能比任何的课堂教育效果都好，这就为新时期思想政治工作带来了新的机会和资源；③全球化为高校思政教育者打开"外部世界"的大门，越来越多的高校学生工作者可以有机会走出国门去外国高校学习和交流，体会西方国家学生教育管理的工作，这为我们学习其他大学学生事务管理的优秀经验提供了机会，也为通过对比发现他们的不足提供了平台。

(二) 组织领导保障

组织领导保障是正常地进行思政教育的基础，是其凝聚的核心。

第一，加强领导。建立党委统一领导、有关部门各负其责的领导体制和运作机制，确保党的领导和部署落到实处。

第二，建立"大学工"体系。以学工为主，建立多部门参与的"大学工"体系，调动各方面力量来共同努力。高校思想政治工作要由学校党委统一领导、统筹推进。宣传部门要统筹做好意识形态工作和宣传、思想、文化工作；高校要成立教师工作部门，负责做好教师思想政治工作；教学、科研、后勤等部门也要各司其职，按照具体职责，逐项落实思想政治育人任务要求。全国高校思想政治工作会议强调，要调动教师的积极性，让教师回归课堂、回归育人，让所有教师都承担起教育育人使命。

第三，党政主要领导参与。高校党委是思想政治工作的当然责任主体，推动高校思想政治工作发展，党委书记是第一责任人。与此同时，高校行政领导班子也承担着"一岗双责"的责任，必须协同做好思想政治工作。为此，高校要积极探索建立党政齐抓共管思想政治工作的格局体系，特别是要推动主要领导参与思政教育。高校相关职能部门应努力创造条件和机会，通过学校主要领导参与思政教育规划制定、参与联席会议、担任领导小组负责人、召开专题会议、出席重要活动、听取经常性汇报、审阅刊物、参与慰问师生等，使党政主要领导能及时了解信息，关注思政教育，提供支持和指导。

（三）制度建设保障

思政教育的制度建设亦至关重要，必须依靠制度使开展思想政治工作就能做到有章可循，有据可依，明晰权责，流程规范。新时期，做好思想政治工作的制度建设，要着力做好以下两个方面的工作：

第一，法律法规与政策的校本化转换。关于高校思想政治工作，国家出台了一系列相关政策文件。但基于中国复杂的国情和高校各不相同的实际情况，在执行这些上位文件的过程中，必须实事求是、因地制宜、具体问题具体分析，必须在坚持上位文件基本原则和精神的基础上，将其转化为可操作的校本化规范，就是说可以结合学校的实际情况，通过学校文件与其他制度规范的形式，对其进行进一步细化的、可操作化的解读和转化。例如，为落实中央文件精神，很多高校都制定了若干配套文件，对大学生思政教育的若干专项都进行了细化规定，从而使中央文件精神真正落到实处，使高校学生思政教育更加科学、规范和有章可循。

第二，制度建设的科学化与现代化。制度建设本身是一门科学，制度并非越多越好、越细越好、越严越好，如何使制度发挥好最大效用，即使高校思想政治工作规范开展，又不至于因为繁杂的制度而缩手缩脚，这是一个值得重视的问题。为此，应当借鉴现代管理学的若干原理，使高校思政教育管理从传统管理向现代管理转变。新时期，高校思想政治工作制度主要是两类：管理制度和工作制度。

（四）加强评估教育

1. 评估教育的人与部门

在进行思政教育时，处于主导位置、起主导作用的其实是教育人。要想对教育人的素质进行提升、对思政教育的各个环节进行改进，就必须正确地评估教育人的情况。评估教育人的素质情况，主要是需要正确评估教育人的政治、思想、智能素质和心理素质，以此为依据对提升教育人的素质提出建议。而评估教育部门时，主要针对的是那些可能对全局造成影响的指导思想、人员素质、制度管理模式等。例如，要对思政教育的规划情况、落实情况、检查及督促情况进行评估；要评估思政教育相关的制度和管理规定的科学性、合理性；思政教育相关人员队伍的思想、作风及组织建设情况等，包括培训、考核等；开展思政教育调查研究及理论研究的情况等。

2. 评估思政教育的过程

思政教育的过程是一个相互作用的过程，它离不开三个要素，即教育人、受教育人和教育环境，即以教育目的、内容、手段、活动作为联结来进行。教育的效果离不开教育的过程，只有在过程合理、完善的情况下，教育的效果才能合乎我们的期待。所以，科学、及时、有效地评估教育过程是十分有必要的。我们在评估教育过程的时候，一定要秉持辩证唯物主义观点、联系和发展的观点。

（1）横向进行评估，即需要从方向上对教育过程中的三个主体和四个要素进行协调性、一致性的检查和评估。三个主体，即教育人、受教育人、教育环境；四个要素，即教育的目的、内容、手段和活动。

（2）纵向开展评估活动，即对教育过程的循环性进行检查和评估，判断其是否形成良性循环。

（3）针对教育计划进行评估，即对教育的四个要素的科学性、正确性进行检查和评估。

总而言之，就是要对教育过程进行检查和评估，及时发现问题、解决问题，确保教育的过程和发展是符合规律的。

第三节 高校思政教育的规律与发展

新时期背景下，高校应进一步把握思政教育的工作规律，促进育人工作开展的合规律性；进一步把握思政教育的目标、内容、平台、载体、方法等关键要素，促进育人工作的创新发展；进一步强化思政教育的各项保障机制，促进育人工作的可持续发展。

一、高校思政教育的规律

推动高校思政教育科学发展，就是要使思政教育工作符合思政教育发展规律，使教育活动真正起作用、有效果。为此要重点从两个方面探求思政教育规律：一是遵循思政教育的普遍规律；二是遵循思政教育的过程规律。

（一）思政教育的普遍规律

与单纯的知识传授、技能训练相比，思政教育是高等教育工作中的特殊形态，具有其独特规律。以下三项规律是与高校思政教育工作紧密相关的，需要高校思政教育工作者认真把握，在工作实践中主动遵循：

1. 内化与外化

思政教育是一种教育者有目的、有计划、有组织地帮助和引导受教育者实现内化和外化，使受教育者形成一定社会所期望的思想品德和人格的过程。

内化是一种认知过程，即教育者帮助和引导受教育者将一定社会的思想品德和人格要求转化为自己的思想认识的过程。大学生思想品德形成的过程，实际上是他们知、情、意、行统一发展的过程。在这过程中，知是情、意、行的基础，也是行的先导；情是知、意的催化剂，也是行的推动力；意是知、情的体现，也是行的杠杆；行是知、情、意辩证运动的外在表现和最终结果，又是强化和巩固知、情、意的基础。知、情、意、行四种要素同样重要，缺一不可，都是构成大学生思想品德的重要组成因素。认知是开展日常思政教育的前提，高校思政教育工作者应通过对时代特征和基本国情的解读引导大学生认识到自己所肩负的社会责任和历史使命。内化是开展日常思政教育的关键，学生应通过对日常思政教育形成强烈的认同感，不断内化为自身的需求，实现由"自发发展状态"向"自觉发展状态"的转变。

外化是一种践行过程，即教育者帮助和引导受教育者，将已经形成的思想认识转化为自己的思想品德行为，并养成良好的思想品德行为习惯的过程。人们既在改造世界活动的基础上认识世界，又在认识世界活动的指导下改造世界；既在行的基础上去知，又在知的指导下去行。离开了行，人们就无法认识世界、获得真知；离开了知，人们就无法改造世界，只能盲目地行。行为对认知起到检验作用，并巩固、强化了原有认知或修正、调整原有认知。同时，行为能够使个体产生对某项活动的经验，每当个体做出一定的行为时，他总能不断地取得新的经验，而经验则是以知识的形式存在的，因而行为能够不断丰富认知。因此，行为实践是开展日常思政教育的归宿，通过形式多样的实践将对思政教育内化的认识予以展现，发挥日常思政教育的作用，在实践中检验思政教育的效果。

2. 需求与动机

个体发展的内在力量是动机，动机是由各种不同的需要所组成的，包括生理的需要、安全的需要、爱和归属的需要、尊重的需要、自我实现的需要等。人的需要是多样性的，需要动机理论是促使人们接受新思想新事物的重要动力来源。

高校在开展思政教育的过程中，要特别注重教育内容的选择和教育环节的设计。对于中国特色社会主义理论体系、社会主义核心价值观、理想信念教育等方面的教育内容，要在教育的方法和载体上下功夫，要增强这些主题教育内容的可亲近性、可感知度，增加理论和思想的代入感、与学生的关联性，要使大学生认识到这些理论和思想的重要性，认识到与其学习生活的相关性，认识到其自身发展对这些理论和思想的需求性，从而激发主动学习热情和动力。

3. 情绪与情感

大学生的思想成长过程是在其一定的接受情绪情感的参与中进行的，大学生对思政教育的接受情绪与情感的效应表现为：如果认同，则强化对教育活动的接受；如果不认同，则阻止对教育活动的接受。

高校在开展思政教育的过程中，要通过教育活动形式和方法创新，增强教育过程的学生参与感、体验感，增强学生对于教育活动的情感认同，注意调动激发学生的积极情感，抑制、转化其消极性情绪，使积极情感成为大学生选择、认知思想信息的催化剂和驱动力，从而增强思政教育入脑入心的效果。

（二）思政教育过程的规律

思政教育不仅是政治工作，也是教育工作和管理工作。所以，正确认识思政教育的本质和特征，对于把握思政教育的规律至关重要。推动高校思政教育的科学发展，就是要促进思政教育符合其自身的发展规律，在开展思政教育时，要注重从规律性、全面性、针对性三个方面提升。

1. 规律性

（1）高校思政教育是一项融合多学科理论、操作性、实践性较强的复合型工作，从认知到判断、从推理到决策、从制订计划到开展活动、从效果反馈到整改提高，所有思政教育的工作领域、工作板块、实践过程，都应当遵循相关的规律和规定性，不能违背规律。

（2）高校思政教育工作始终处于不断发展变化之中，因此必须加强调查研究，不断针对新问题采取新措施，使学生思政教育工作的实践符合客观规律的要求。

（3）高校思政教育工作者要通过经验总结和理论分析，以及基于调查研究的判断，对思政教育未来发展趋势做出预测和研判，从而未雨绸缪、提前做好规划和预案。这就需要高校思政教育工作者树立"按规律办事"的理念，做到四个加强：①加强学习、掌握多学科知识，以促进理论指导实践；②加强调查研究，不断更新认识和工作方法；③加强总结提炼，将一些行之有效的实践做法进行理论分析，形成新的规律性认知；④加强工作研判，对国际国内形势和学校发展走向，对学生工作可能面临的变化、发展和挑战，经常性地进行预判和展望，不断修正工作规划和实施方案，从而使工作与时俱进、紧跟时代步伐。

2. 全面性

高校思政教育是一项系统工程，从工作部门上看，除了思想政治理论课教学部门、学生工作部门、团学部门外，还包括教务、人事、科技、财务、工会、后勤等部门，需要构建一种"全员育人"和"部门联动"的工作机制；从工作空间上看，除了第一课堂教育、第二课堂教育，还包括被称为"第三课堂"的网络思政教育平台；从工作时间上看，包括大学生从入学到毕业的全过程；从工作主体上看，除了教师，还包括学生、家长、社会大众等。

提升思政教育的全面性，就是强调要从全局的高度、从全方位的广度、从全过程的深度来看问题、理思路、想办法，构建起全面的、立体的、系统化的育人工作体系。为此，高校应做到坚持知识、能力培育和价值观培育相结合，课内教育与课外教育相结合，解决思想问题与解决实际问题相结合，专职教师队伍与兼职教师队伍相结合，主动服务与学生自我服务相结合，学校教育与家庭教育相结合，传统方法与现代手段相结合，及时应对与建立长效机制相结合。同时，高校应注意处理好四个关系：①处理好基础工作和重大工作之间的关系，不要厚此薄彼；②处理好单项工作和整体工作之间的关系，不要以偏概全；③处理好服务性工作和教育性工作之间的关系，不要顾此失彼；④处理好思政育人与教书育人、管理育人、服务育人之间的关系，不要各自为政，要加强联动和配合，构建全员育人体系。

3. 针对性

提升高校思政教育的针对性，就是强调学生工作中的政策、举措、活动等要贴近大学生群体需求、贴近大学生心理行为特点，使二者之间的契合度进一步增强；注重思政教育的方式方法，既体现思政教育主题，又比较生动和富有感召力，增强思政教育活动的黏着力和可接受度。

（1）高校思政教育工作者应正视大学生所处的人生发展阶段，从生理和心理两个重要方面，深入把握大学生的思想行为特点。大学生处于"成人化""社会化"的转型阶段，处于未成年向成年人的过渡阶段，具有这个人生阶段独有的思想行为特点。

（2）高校思政教育工作者应把握当代大学生的时代特点。当代大学生存在断裂性和传承性并存、功利性与超越性并存、个体性与社会性并存的特点，高校思政教育工作者必须针对这些特点，使思政教育活动更有现实针对性。

（3）高校思政教育工作者应把握学生的个性特征，针对不同学生的个体差异，积极探索"一把钥匙开一把锁"的工作方法，从而"对症下药"、促进教育效果提高。

总而言之，高校思政教育工作者必须对学生的思想和心理状况进行深入细致分析，调研学生需求和愿望，把握学生个性特点，有针对性地开展工作。

二、高校思政教育的发展

高校想要推动思政教育的发展，就需要把握其中的关键要素，因此，可以从以下方面着力推进：

（一）思政教育的理念重构与发展

"当前高校开展思政教育，在紧紧围绕立德树人根本任务、聚焦主渠道主阵地的同时，也要不断与时俱进，开拓创新，抓好主力军建设，打造创新型平台，注重项目培育，不断提高高校思政教育的针对性、实效性，培养德智体美劳全面发展的社会主义合格建设者和可靠接班人"[1]。为此，高校要做好以下两项工作：

第一，树立以学生为本理念，科学规划思政教育工作体系。在规划高校思政教育工作体系时，必须以学生为中心，围绕"目标—内容—平台—机制—项目—活动—成效"的路径来展开，为高校思政教育工作开展提供理念指引、路径设计和资源配置；通过制订标准、开展评估、检查督促等方式，促进工作成效提升。

第二，构建全员育人系统，完善合力育人机制。高校具有五大功能：教书育人、科学研究、社会服务、对外交往、文化传承创新。每一项功能都非常重要，每一项功能实现都成为决定学校内涵建设成败的重要因素。虽然强调五大功能的实现最终目的是服务于人才培养目标的实现，但是在五大功能实现过程中，每一功能系统都有其自身边界和发展规律。与此同时，高校功能在日趋多元化、具体任务更加多样化的同时，相互之间的协作要求也日益增强，单一系统已经很难靠单打独斗来完成工作，五大功能系统之间日益呈

---

[1] 王芳. 简论新时期高校思政教育的创新举措[J]. 文教资料，2022（11）：80.

现出整合和交叉的趋势。高校思政教育工作开展需要进一步调动各方面积极性，整合资源，实现合力育人，为此需要构建全员育人良好格局，实现全员、全方位、全过程育人。与此同时，在实现三全育人的过程中，高校思政教育工作者要自觉围绕和服从学校改革发展稳定的大局，围绕和服从教学、科研工作，找准定位，发挥优势，体现价值。

（二）思政教育的可持续发展

高校思政教育科学发展的关键在于可持续发展，可持续发展理念包含了三个方面的要求：①学生的可持续发展，即要促进学生在德智体美劳方面的全面发展，要开发大学生的发展潜能和发展后劲，要为其毕业后的发展打好基础；②辅导员队伍的可持续发展，即要使辅导员队伍保持较强的战斗力和执行力，保持适度规模，促进合理流动，保持持续发展动力；③教育工作本身的可持续发展，即要依托顶层设计、制度体系，实现其长期保持较好的针对性、有效性、科学性。前两者可以看作是高校思政教育所要实现的目标，即"人的可持续发展"；后者可以看作是为实现这一目标的保障，即高校思政教育工作自身的科学化。高校思政教育的可持续发展，可从以下两个维度进行解读：

1. 促进意识与理念层面的可持续发展

高校要以保证学生的长远发展为本，以促进学生的全面发展为本。为此，高校要着眼于促进长期、良性、有效地开展各项工作。

（1）克服狭隘的"政绩观"，避免陷入"事务主义"，反对以零星活动代替系统教育。如果高校思政教育工作者只注重做"表面文章"、不注意日常教育机制的完善与创新、不关心学生的内心需求、工作比较粗放而不细致等，就会与可持续发展理念背道而驰，也与"以人为本"思想相悖，是需要纠正的。

（2）避免"短期行为"。当有资金支持时，思政教育工作就多开展一点，集中开展一段时期；当资金或其他资源不是那么充足时，就不开展思政教育，这样的思想也是需要反对的。可持续发展理念要求高校思政教育工作者始终着眼于学生工作的长远发展，注重建设长效工作机制，注重动态、稳定、有序地推进各项工作，不论外部环境与资源的如何变幻，都坚守作为思政教育工作者的价值追求，教书育人、入脑入心。

2. 做好物质与制度层面的可持续发展

高校想要保持思政教育的可持续发展，就必须确保必要的物质资源。为此，高校要做好物质层面与制度层面两方面的工作。

（1）物质层面。一方面，高校要广泛拓展思政教育资源，包括资金、场地、设备、人力资源、政策氛围等，要善于呼吁和争取资源，要善于整理和管理资源，使其实现最大化；另一方面，高校要节约资源，尽量避免工作中的铺张浪费。在市场经济条件下，高校思政教育工作者也要有"成本和产出"意识，要用最小的成本实现最大的收益。在日常思政教育中，要注意使资源效益发挥最大化，应当尽可能使更多学生获益。

（2）制度层面。高校要建立健全制度体系，"以制度管人、以制度管物、以制度约束行为"，变"人治"为"法治"，有效克服因人的情感和主观因素、因人的变动而使思政教育规划或计划执行走样甚至中断的弊端，从而促进思政教育可持续发展。以制度固化成果，将比较好的做法和举措以制度的方式固定下来、传承下去，从而促进高校思政教育工作长期保持比较良好的状态。

第二章 高校思政教育的体系建设

第一节 高校思政教育的内容体系

一、以理想信念教育为教育核心，提升精神素养

（一）理想信念与思政教育的关系

"培养什么样的人""为谁培养人"和"怎样培养人"作为一个关乎社会主义教育全局性、根本性的战略问题，始终是思政教育工作必须牢牢把握的核心。"理想信念在一个人的生活、学习和工作中扮演着重要的角色，它不仅可以为人们的不断前进指明道路，同时也是一个国家繁荣昌盛的精神脊梁"①。加强和改进思政教育的主要任务是以理想信念教育为核心，深入进行树立正确的世界观、人生观和价值观教育；以爱国主义教育为重点，深入进行弘扬和培育民族精神教育；以基本道德规范为基础，深入进行公民道德教育；以学生全面发展为目标，深入进行素质教育。

由此可以看出，理想信念教育居于思政教育工作的首位，具有核心的地位和"灵魂"的作用。

1. 理想信念教育是信仰教育的核心

在高等学校加强理想信念教育是时代的要求，在新的历史时期，必须要有青年学生参与，也只有赢得青年，才能赢得未来。理想信念教育是学生基

---

① 郑思思，孙忠良. 新时代大学生党员理想信念教育研究［J］. 公关世界，2022（10）：149.

本价值观的重要组成部分。青年是祖国的未来，国家的命运总要掌握在他们手中。学生是青年中的佼佼者，他们的学识和才能决定了他们不仅要成为社会主义事业合格建设者，还要成为可靠的接班人。

理想信念教育是我国教育的光荣传统。从中华人民共和国成立到今天，理想信念教育一直没有停止。理想信念教育只有做到主观与客观相一致，认识与实际相结合，才能起到积极作用，收到较好成效。理想信念教育的定位要得当，既要符合社会经济、政治、文化等发展的实际情况，也要符合人们的思想实际。

（1）个人理想与社会理想教育。个人理想是个体在对现实生活各个方面奋斗目标的向往和追求中，表现出来的具有积极意义的价值选择和创造精神，主要包括道德理想、生活理想和职业理想。社会理想是指人们对于未来社会制度和政治结构的要求和设想，是一定的阶级或集团的利益和愿望的集中表现，反映这些阶级或集团对"最完善、最美好"的社会制度和社会结构的追求。两者是辩证统一的关系。个人理想受社会理想制约；而社会理想又根植于个人理想之中。离开了社会理想，个人理想就可能偏离方向；而没有个人理想，也就无所谓社会理想。因此，两者不能偏废，过分强调哪一方面，都可能出现误差。

理想作为人类特有的精神现象，深深植根于人的需要之中，而人的需要又总是从最基本的物质生活条件开始，逐步深化。所以，人的理想必然是从生活理想开始，逐步展开、升华，最后达到个人理想与社会理想的完美统一。可见，没有远大的个人理想，就没有远大的社会理想。正是从这点出发，理想教育应从承认、确立个人理想入手，鼓励学生为实现个人理想而奋斗，以调动广大学生的热情和积极性。

个人理想与个人主义是不同的概念。同是个人理想，有的与党和国家的奋斗目标相一致，与人才成长规律相吻合，这样的个人理想是积极的，是应该肯定的。由此可见，鼓励学生为实现个人理想而奋斗并不错，关键是帮助学生树立怎样的个人理想。我们要教育学生把个人理想与社会理想统一起来，既符合个人利益，又反映广大人民群众的意志和要求。同时，我们的社会也应允许以个人利益为重，但不损害他人和集体利益的个人理想存在，并为其创造实现的条件，在实现的过程中努力将其引导到更高的层次。

（2）共同理想与共产主义理想。社会理想教育应从确立共同理想入手，原因主要有以下三点：

第一，共同理想和共产主义理想都代表了工人阶级和广大人民群众的利益，两者的最终目的是一致的。

第二，共同理想是共产主义理想的基础。共产主义理想的实现是一个漫长的过程，包括许多阶段和目标。共同理想就是中国人民在特殊的环境下，要实现共产主义所经历的阶段和目标。没有这个阶段任务的完成，就无法迈进共产主义。所以，共同理想是共产主义理想的基础，教育学生为共同理想奋斗就是为共产主义理想奋斗。

第三，共同理想更易于被广大学生接受。共同理想就在我们的生活中，对全国人民携手共建社会主义具有巨大的鼓舞作用。另外，对于那些对人生价值有不同认识的学生来说，只要他们热爱祖国和人民，共同理想就会产生感召力和凝聚力，使他们在不同程度和范围接受共同理想并为之实现而做出努力。

社会理想教育要从确立共同理想入手，并不等于说排斥共产主义理想教育。由于共产主义理想揭示了社会发展的必然趋势，具有真理性，因此，在积极引导学生树立共同理想的基础上，还要努力使他们树立共产主义理想，并且要把他们中的一部分人培养成为坚定的共产主义分子。使学生树立共同理想的意义，在于突出理想教育的层次性。在目前情况下，信仰共产主义的学生是少数，他们是骨干，是中坚力量。对于多数学生来说，教育的重点应放在共同理想上。要使他们能够把理想与祖国建设结合起来，立志建设、立志改革，脚踏实地干事业。

2. 理想信念教育是思政教育的灵魂

思政教育工作的实践归宿，就是要引导学生树立正确的世界观、人生观和价值观。要达到这一目的，就不能离开理想信念教育这个核心和灵魂。通过理想信念教育，使学生对国家和民族的前途有清醒而正确的认识，对复杂纷繁的社会有准确而又成熟的判断，能够把个人利益与国家利益结合起来，从而以主人翁的姿态，积极、主动地投入到社会主义现代化建设中去；通过理想信念教育，使学生在当前价值观念日益多元的情况下，能够保持清醒的头脑，经受住各种考验；通过理想信念教育，使学生树立正确的世界观、人生观、价值观，进一步实践党的全心全意为人民服务的宗旨。政治上的清醒与坚定，归根结底来自坚定的社会主义、共产主义信念和崇高的理想，来自对社会发展规律及其趋势的准确把握。

（1）理想信念是道德修养的基础。道德修养是以理想信念为基础的，没有理想信念的人是不会有高尚道德境界的。对理想的追求就意味着有勇于为民族、为国家、为社会献身的精神；没有对理想的坚定信仰和执着追求，是很难达到"忘我""无我"的思想道德境界的。从道德的这个作用来看，对道德追求的本身，也是一种理想，即道德理想，道德理想的最高境界是理想人格的实现，这是人们在道德修养上所能达到的最完满状态。

（2）理想信念赋予文化教育活动价值和意义。文化理想是指人们基于对文化现实的认识而产生的改善现实的设想，核心内容是希望从根本上改善人的社会境况，使人更具文化修养，从而建立起一个更文明的社会。文化教育是实现文化理想的基础手段和工具，反过来，文化理想赋予了文化教育活动以价值和意义，并给这一教育活动指明了方向。文化理想有社会文化理想和个体文化理想的层次差别，使两者统一起来，是文化教育的任务，更是理想教育的任务。

（二）理想信念教育的优化路径

1. 理想信念教育内容的优化

（1）联系学生实际，增强针对性。在世界多极化、经济全球化的历史时期，学生思想活动的独立性、选择性、多边性和差异性逐渐增强，加强学生理想信念教育，就要从学生的实际出发，时刻关注学生在生活、学习、交往、修养、心理和职业发展等方面的实际需求，把理想信念教育与解决学生成长成才发展过程中遇到的实际问题结合起来。

第一，侧重学生的内在需求。理想信念教育的作用对象是受教育者，把握学生的特点，是加强其实效性的关键。大学生思维灵活、对新事物充满好奇以及对兴趣点探究的执着为多元价值观念的传播提供了土壤，也是教育的有力武器。大学生群体与其他群体具有差异性，他们还没有真正步入社会，思想观念还没有定性，是进行教育引导的最佳时期。对不同专业、不同个性特点的学生，应把握其认识水平和接受能力的差异性，因材施教。

第二，侧重解决深层次思想问题。在理想信念教育过程中，学生总是有选择地将一些感兴趣的知识、理论和价值观念纳入自己的知识体系中，总是有选择地将一些社会要求的思想政治素养"内化"为自己的观念和品质，再将这种观念和品质自觉地表现到具体行动之中，长此以往就会形成一种稳定的心理倾向，进而形成坚定的理想信念。理想信念教育是一个内化的过程，是一个从知到信再到行的过程，具有长期性，不能急于求成，要给学生选择、判断的机会和时间，在循序渐进中完成教学目标。社会主义核心价值观的养成绝非一日之功，要坚持由易到难、由近及远，努力把社会主义核心价值观的要求变成日常的行为准则，进而形成自觉奉行的信念理念。

第三，侧重对个人理想的引导。个人理想指处于一定历史条件下和社会关系中的个体对于自己的未来物质生活、精神生活所产生的种种向往和设想。学生要树立坚定的理想信念，就是要认识人类社会发展的基本规律，把个体放到历史发展的维度中，审视自己的价值。因此，不仅要强调理想信念对实现社会发展的作用，也要强调理想信念对每一个个体生存和发展的价值，这也是个人理想得以实现的基础。

（2）联系第二课堂，增强实践性。加强大学生理想信念教育，不仅要抓好思政教育课等课堂教学环节，更应该紧密联系社会实践、团学活动等第二课堂，增强其教育内容的实践性。第二课堂的理想信念教育是加强和提高理想信念教育实效性的重要补充，它能够使学生在实践过程中加强对社会主义和共产主义理想信念的认同。

第一，走进社会，了解社会。理想信念的产生离不开理论基础，更需要在现实中加以验证，让学生全面掌握课堂上学习的理论知识后，到社会上加以灵活运用，为社会发展做出自己的贡献。社会实践是连接校园和社会的桥梁，是理论教学的拓展。利用社会实践，学生可以积极地走进社会，了解所担负的社会使命，实现个体理想同社会理想的融合。

积极带领学生按照就近原则实地考察部分革命圣地、爱国主义教育场馆，调查参访当地群众，用照片、影像等方式记录相关资料，撰写调查报告，分享考察的收获和体会。学生通过亲自调查，能够切实体会到革命志士的爱国精神和满腔热血，能够客观看待和积极分析社会主义的阻力和难题，不断提高学生对践行中国特色社会主义理想信念的热情。

第二，参与组织，提高认识。重视党团组织、学生社团、寝室公寓等建设，将各类组织作为桥梁，科学分配教学资源，注重对学生各类文体活动的科学引导，组织一些受学生认可的健康文明的文化活动，将理想信念教育的相关内容无形中融合到文化建设过程中，使学生在耳濡目染中健全世界观、人生观和价值观，提高道德素养，坚定理想信念。

各类学生社团是我国校园文化建设的重要载体，是第二课堂的引领者，以其思想性、艺术性、知识性、趣味性和多样性吸引大学生积极参与其中。社团不但充实了学生的日常生活，给学生提供一个施展个人才能，体现自身价值的机会，增加其团结协作能力，更能让学生走向社会，建立沟通联络的渠道。学生社团在开展各类活动中，应在社会主义核心价值观的引导下，通过开展征文比赛、演讲比赛、学术论坛、文艺演出等方式，使学生在校园文化活动中陶冶情操，提高文化素养。

第三，走出课堂，无私奉献。志愿服务是学生第二课堂的重要组成部分，他把服务他人、服务社会与实现个人价值有机结合起来，不求回报。为改善社会、促进社会进步自愿付出个人的时间和精力，不仅可以陶冶情操、提升境界，还可以培养大公无私、乐于奉献的责任感。大学生的志愿服务活动包括"三下乡"、边远山区支教等深入社会基层，将自己所学知识传递给当地的老百姓，体验当地群众的生活，在实践中磨炼自己，在实践中领悟我们的理想信念教育，把共产主义理想信念内化于心，外化于行。

（3）联系理论成果，增强时效性。理论是行为的先导，坚持和发展中国特色社会主义，在增强理论自信中推动事业的发展，坚持理论和实践相统一。实践不断发展，也要求党的理论研究成果要不断创新，而理想信念教育要随着时代的发展而不断更新教育内容，才可以让学生紧跟时代步伐，树立正确的世界观、人生观和价值观。因此，必须要及时将党的最新理论研究成果纳入理想信念教育内容，增强学生理想信念教育的时效性。

第一，加强新时代中国特色社会主义共同理想信念教育。中国特色社会主义理论体系是时代发展的产物，获得了改革开放以来中国取得伟大胜利的实践印证，其内容宏大，视野广阔，结合国际国内环境，从我国基本国情出发为国家的发展指明了正确的道路和方向。中国特色社会主义共同理想既体现了历史观和价值观的统一，也体现了人类发展的普遍规律和民族发展道路的统一，只有坚持这个理想，中国才可以走自己的路，探索适合自己发展的模式。

中国的改革和发展已经进入了一个新的时代，也是一个关键的阶段，当前的社会变革，给我们带来了机会，也给我们带来各种矛盾和问题。一些学生诚信缺失，道德失范，对社会主义的优势存在各种质疑甚至出现唱衰的现象，这些都与学生的理想信念淡化和缺失有着紧密的联系。新时代加强学生的理想信念教育，必须要对学生开展共同理想的教育。结合我国改革开放取得的巨大成就对学生进行中国特色社会主义理论体系的梳理和讲解，让学生切实将个人的发展和国家的繁荣昌盛、中华民族的伟大复兴紧密结合起来，从而增强自己的历史使命感和时代感，以坚定的信念为实现中国特色社会主义的共同理想而奋斗。

第二，加强新时代社会主义核心价值观教育。新时代要加强学生理想信念教育，必须要继续坚持和促进对学生进行社会主义核心价值观教育。社会主义核心价值观是凝聚社会共识的最大"价值公约数"，是当代中国的兴国之魂。学生作为个体的人，需要有一个核心的价值追求，不然容易陷入迷茫，失去奋斗目标。青年的价值取向决定了未来整个社会的价值取向，而青年又处在价值观形成和确立的时期，抓好这一时期的价值观养成十分重要。

在国家层面，我们党要带领人民为建设富强、民主、文明、和谐的国家而努力奋斗；在社会层面，我们党要带领人民努力建设自由、平等、公正、法治的社会；在建设社会主义现代化进程中，我们党倡导公民个人要努力践行爱国、敬业、诚信、友善的行为准则。由此可见，学生的理想信念教育要让学生对社会主义核心价值观的内容入脑入心，在教育中感知、领悟核心价值观的深刻内涵，从而可以自觉地内化于心，外化于行。

2. 理想信念教育方式的优化

教育方式对于提高理想信念教育的实效性至关重要，要用群众喜闻乐见的方式说明白，使之更好地为人民大众所理解、所接受。社会环境复杂多样，变幻莫测，坚定大学生的理想信念使其追随主流而不是随波逐流，就必须转变落后的教育方式，创新教育方式方法，用"喜闻乐见""简单质朴"的教育方式将深奥的内容转化为质朴的道理，让理想信念转化成学生持之以恒的行动力量。

（1）倡导双重主体。思政理论课作为理想信念教育的主阵地，能否把共产主义理想信念教育中的基本理论、基本知识、基本观点内化为学生的世界观、人生观、价值观，很大程度上取决于它的教学方法。传统的灌输法是教育者有目的、有计划、有组织、循序渐进地通过讲解和论证等手段向学生系统地传授方法。教师要以科学的态度认识灌输法，要在教学实践过程中使灌输法与时俱进，增强其有效性。

第一，单向灌输式教育转向双向交流。所谓从单向灌输向双向交流转变，是指教育者为了实现思政教育的目标和要求，从过去以教育者为主导，系统地向受教育者传授思政教育的内容转变为与受教育者进行平等交流、共同讨论的教育方式。双向交流就是要通过双方平等地讨论、交谈、对话等加强双方的思想交流和信息沟通，加深双方的情感融合，增进双方的互信和理解，使教育者发挥引领作用，促使学生主动接受教育。同时，社会物质财富的快速发展和科技的迅速发展为教育者和学生之间提供了便利的物质条件和技术条件，使双方的沟通和交流变得更加便捷和密切。

第二，发挥教师和学生的双主体作用。"教"与"学"是辩证统一的过程，教师与学生作为主体是有意识、有实践能力的人，教师是教的主体，学生是学的主体，两种主体的作用是相对的，也是能够相互转化的。实施双主体的教育模式，是以发挥教师主体意识与主导作用为前提，着力构建全方位的学习主体，使教师主体和学生主体在相互合作、协调互动中求得共同发展。

为了提高理想信念教育的作用，教师应采用引导式、激励式的教学方法，引入全方位、开放式的教育模式，与学生建立交流与合作的互动过程，开创新的工作思路，打造丰富立体的教育目标与内容体系。教育方法和手段注重开放务实，不断探索出符合传播规律的理想教育双主体工作模式。

（2）倡导实践育人。理想信念教育只有有效转化为实践的理想信念教育，才能发挥出应有的效力。新时代的学生思想活跃，接受新事物的能力强，他们更善于用新的教育方式和方法获取知识，相对于传统的授课方式，学生更喜欢和容易接受实践教育活动。因此，理想信念教育要运用灵活多样的教育途径，采用新的适合学生身心特点的有效载体，积极搭建实践教育平台，开展课内外、校内外的实践教育活动。

第一，理论渗透课内实践教学。课内实践教学，就是在教师的主导下，以学生为主体，参与到整个课堂教学过程的方法。教师根据教学内容和社会时事热点，设计符合学生思想特点和实际需求的问题，让学生通过查阅资料、独立思考、归纳总结，形成自己的理论观点，然后在课堂上组织讨论，让学生走上讲台成为教学活动的主角，发挥自己的主体性作用。教师则转化为幕后工作者，为学生提供和创造各种课堂活动的条件，通过对教学内容体系和疑难点、热点问题的介绍提示，对课堂讨论和学习内容的总结，强化学生对知识的理解，矫正学生的思想偏差，引导学生形成正确的观点，完成教学任务。这种教学模式，有利于发挥学生的主观能动性，让学生从被动的接受者转为主动的钻研者，让学生充分地、正确全面地认识问题，从而深刻体会到自己的社会责任，坚定自己的理想信念。

第二，丰富课外实践教育活动。社会实践是新时代学生理想信念教育的重要途径，学生只有投入到社会实践中去，才能深刻了解社会的真实情况，锤炼自己的品格意志，才能深化对党的路线方针政策的认识，才能树立中华民族伟大复兴的共同理想和信念。

学生开展课外实践教育活动形式多样，既可以是个人单行，也可以是集体同行。例如，学校开展社会公益实践活动，组织学生参加与自身专业相符的社会调研，并完成社会实践调查报告。还可以以支农、支教等为主题，组织学生集体参与到实践活动中去，一方面可以增强集体的凝聚力和荣誉感；另一方面又可以亲自体验生活，从内心坚定理想信念。在类似抗战胜利纪念日等特殊时间节点上，学校可以组织学生到革命圣地实地考察实践，体会老一辈革命家为了国家的利益而不惜牺牲自己生命的高尚情怀，铭记历史，珍惜当下，进而增强对崇高理想信念的向往和追求。

二、以道德教育为教育基础，提升公民道德

（一）坚定诚实守信教育，牢铸公民道德基础

"大学生是社会发展的接班人，道德素质是大学生综合素质极其重要的组成部分"[1]。以基本道德规范为基础，深入进行公民道德教育是加强和改进大学生思政教育的主要任务之一，强调要以诚实守信为重点，引导大学生自觉遵守基本道德规范。高校必须把诚信教育纳入大学生思政教育的内容体系，并逐步完善内容、方法、评价体系，使诚信教育系统化。开展诚信教育具有以下重要意义：

第一，诚信在一个人思想道德品质中占有重要位置，它是人的道德素质的综合体现，是衡量一个人道德水准的标准尺度。要把提高诚信素质作为培养高尚道德情操的突破口，把诚信教育作为加强大学生思政教育的切入点，通过诚信意识的增强带动道德品德的净化。

第二，诚信是中华优秀传统文化的重要构成部分，是中华民族的传统美德。新的历史时期，我们要代表中国先进文化的前进方向，就要重视诚信在民族精神中的地位，赋予其新时代的精神，注重开展诚信教育，通过对中国传统文化的发扬光大，达到弘扬和培育民族精神的目的。

第三，诚信教育具有重要的现实意义。小康社会不仅是经济发达的社

---

[1] 张漾，阮怀堂. 浅论大学生道德教育[J]. 亚太教育，2015（30）：165.

会，而且是精神文化、民主政治发达的社会。以诚信教育带动全民族道德素质的提高，不仅是实现小康社会的手段，而且是小康社会的内容之一。

第四，加强诚信教育是实现高校根本任务的要求。高校是培养人才的基地，诚信作为道德品质的重要组成部分，对学生的思想政治状况、道德品质、科学文化素质和健康素质的提升都有直接的影响。高校要重视诚信教育，发挥其在文明建设中的辐射和带动作用，推动全社会讲诚信、守道德。

（二）进行集体主义教育，实现公民道德提升

集体主义是社会主义和共产主义道德的基本原则，是调节个人与个人之间、个人与集体之间利益关系的根本准则，它体现了无产阶级和人民群众的整体利益，贯穿于社会主义和共产主义道德的全部规范之中，是社会主义和共产主义道德区别于一切旧道德的根本标志。

高校要把集体主义教育纳入思政教育的内容体系。开展集体主义教育，一方面，要强调集体利益高于个人利益，因为集体利益是个人利益的源泉，是实现个人利益的前提和保证；另一方面，也不能轻视或否定个人利益，因为没有个人利益，集体利益也没有存在的意义，它的发展也得不到保证。因此，进行集体主义教育，最基本的就是要求人们坚持个人利益与集体利益、眼前利益与长远利益、局部利益与全局利益的统一，正确处理好集体主义和人的个性发展的辩证关系。

三、以大学生全面发展为教育目标，促进素质教育

（一）推动人文素质教育，提高个人道德修养

人文素质教育，旨在发挥高校文化育人的功能。在高等教育内涵建设进程中，高校思政工作应注重时代特征与高校特色的结合，将人文素质教育贯穿学生培养的各个环节，提升大学生的人文修养，推动文理交融，完善综合素质，增强文化自信。

1. 人文素质教育的重要意义

（1）人文素质教育是人的全面发展的重要途径。教育的本质是对"人"的培养，通过人文素质教育让大学生学会"如何做人"，帮助他们树立正确

的世界观、人生观、价值观，健全大学生的人格，增强学生社会责任感、历史使命感。人文素质教育的就是要培养人高尚的人格品德和全面发展的人。进行人文素质教育，可以满足人对人文知识学习的需要，满足人们对高尚品德的追求，而人的全面发展要求人具备高尚的道德品格、优秀的内在品质、良好的知识结构和科学的思维方法，这与人文素质教育的内容是充分契合的。实现大学生的全面发展需要人文素质教育的开展，这是理论落脚于实践的内在需求。

（2）人文素质教育有利于学生道德品质的提高。人文素质教育让大学生的情感得以熏陶，心灵得以净化，思想得以升华。挖掘中国本土性、母体性、民族性的人文因素，结合当下国情与时代背景，进行现代性转化，这不仅有助于丰富大学生思想道德教育的内涵，更有利于大学生道德水平的整体提升。人文素质教育不仅仅教学生以人文知识，更大程度上教学生认识自我，从而认识他人、社会乃至全世界。人文素质教育同样可以将许多先辈留下的人生体悟和人生哲理教给学生，有助于帮助大学生更清楚地认识自我，同时通过自我认识更清楚地了解世界以及自身对他人、家庭、社会、国家的责任。

（3）人文素质教育有利于创新精神的培育。良好的人文素质能够激发人的创造力，通过人文素质教育，开拓大学生思维，激发创新灵感。人的文化背景越宽泛，视野也会随之开拓，融会贯通能力也随之增强，进而创造力也得以激发。开阔的视野能够帮助大学生站在前人的肩膀上，高瞻远瞩。人文素质的提高是一个由外而内的过程，通过对人文知识的学习、认知与感悟，将人文知识内化为自身的一种"精神内涵"，这种精神内涵有助于对问题的深刻反省，对知识的灵活运用，能够击破思维的惯性与情性，有利于发现、提出有价值的问题与创造性地解决问题。因此，人文素质对大学生创新精神的培养具有一定的作用。

2. 人文素质教育的主要内容

（1）推动先进文化教育。对大学生开展社会主义先进文化教育，就是要培育大学生的爱国主义精神、民族精神和改革创新精神，其中爱国主义精神和民族精神是重中之重。开展大学生爱国主义教育，就是要引导大学生充分认识社会主义建设伟大成就，增强大学生对于社会主义道路、制度、理论和文化的自信，并增强投身社会主义建设、为国家建设添砖加瓦的主动性和自觉性。开展大学生民族精神教育，就是要引导大学生增强民族自豪感和自信心，对实现中华民族伟大复兴充满信心，同时要引导大学生积极弘扬民族文化、民族精神，传承和发扬好基本价值观念。

（2）推动革命文化教育。革命文化蕴含着丰富的革命精神和厚重的历史文化内涵，它既植根于中华优秀传统文化，又成为社会主义先进文化发展的直接来源。革命文化体现了中华民族自强不息、厚德载物的民族精神，是社会主义核心价值体系的源头之一，在爱国主义教育方面具有独特的优势。高校应当通过组织参观寻访、观摩主题影视资料、举办红色经典作品品读、开展演讲比赛和征文比赛等形式多样的活动，促进大学生重温老一辈的红色岁月，了解红色文化，潜移默化地使青少年学生接受更多的革命历史知识、革命传统和革命精神，进一步激发大学生对党的热爱，对社会主义的热爱。

3. 人文素质教育的实现途径

（1）举办多样人文教育活动。高校人文教育活动因其形式丰富、贴近学生、参与者众而广受学生喜欢，举办各类人文教育活动亦成为高校人文素质教育最主要和最直接的方式。人文教育活动种类丰富多彩，包括舞台演出、人文讲座、读书活动、体育比赛等。

阅读是人们学习科学文化知识、获取信息、体验艺术最重要和最直接的方式，因此，开展人文阅读，是对大学生进行文化素质教育最有效的方式。一方面，高校应为学生人文素质的提高提供阅读书目；另一方面，高校要利用大学校园这块阵地，配合校园文化建设，开展经典阅读活动、朗诵比赛、知识竞赛，演出经典情景剧，校报刊登经典作品评介，广播、电视播放配乐、配画的经典作品欣赏等。让人文经典的气息弥漫于大学校园之中，让人身入其中，接受人文熏陶。

学术讲座是人文课程教学的有益补充和拓展，是人文素质教育教学体系重要的组成部分。高校可以积极邀请国内外知名专家、学者，打造校园经典人文讲座，形成大学讲坛文化。人文知识讲座要结合实际，有统一的组织和合理的安排，增强系统性和针对性。通过组织各类学术活动，开展传统文化教育等方式增强大学生修身意识，传承学校精神文脉，促进优良学风建设，营造文明修身、健康向上的校园文化环境。

（2）营造高雅校园人文环境。人文素质的形成需要通过提升自身的修养来达到，而提升修养的过程就需要不断受到人文环境的熏陶，在耳濡目染中提升艺术修养，在隐性教育中提高人文素质教育的成效。校园人文环境包括自然环境和人文环境：自然环境指山水园林、校园建筑、学习场所及娱乐设施；人文环境包括学风、教风、校风以及校园文体活动、人际关系等。

校园人文环境建设是校园文化建设的有力抓手，也是人文素质教育的有效载体。加强校园人文环境建设，营造积极向上、健康高雅的校园文化氛围，对于大学生人文素养的形成具有重要意义。重视校园文化景观的教育意义，发挥校内雕塑、广场、建筑小品、景观景物的文化熏陶功能，进一步开发校内建筑及人文景观的文化价值，通过组织学生参与设计校园景观作品、命名楼宇街道等活动，鼓励学生积极参与校园环境建设。

（二）进行心理健康教育，培养全面发展人才

从广义上讲，心理健康是指一种高效而满意的、持续的心理状态；从狭义上讲，心理健康是指人的基本心理活动的过程内容完整、协调一致，即认识、情感、意志、行为、人格完整和协调，能适应社会，与社会保持同步。大学生群体看似轻松，实则承载着巨大的压力，如学业困惑、就业迷茫、人际关系紧张等。因此，加强和改进大学生心理健康教育是新形势下全面贯彻党的教育方针、建设人力资源强国、推进素质教育的重要举措，是促进大学生健康成长、培养造就拔尖创新人才的重要工作，是推动高等教育改革、加强和改进大学生思政教育的重要任务。

大学生处于自我意识渐趋成熟的重要阶段，也是个性形成的关键时期。由于大学生独立意识和自尊心的不断增强，而他们的心理发展尚未完全成熟，自我调节和自我控制能力还不强，因此在处理学习、工作、社交、友谊、爱情以及个人与集体、个人与国家的关系等方面的复杂问题时，常常引

起心理矛盾的激烈冲突，造成心理发展中的失调和不平衡。另外，从外部环境来看，随着社会竞争的日趋激烈和生活节奏的加快，大学生由学习、生活、就业、人际关系等问题所带来的压力越来越大，由此而引发的心理问题和心理障碍日益明显。因此，高校开展心理健康教育，提升大学生心理素质，既是思政教育的需要，更是高校人才的培养的基本需求。把一个学生培养成为人才，必须先把其培养成为一个人格健全的人，而良好的心理素质是评判一个人人格是否健全的基础性指标之一。此外，在缓解大学生心理压力、塑造良好的个性心理、提高大学生适应社会的能力、促进学生全面发展等方面发挥了极其重要的作用。

1. 有效开展心理健康课程教育

课程教育是对大学生进行心理素质教育的主渠道，是高校心理素质教育的重要组成部分。大学生心理健康教育课程不同于高校的其他学科课程，大学生心理健康教育课程的教育内容和教育方法要体现学生良好心理素质培养的总目标。因此，探索和创新大学生心理健康教育课程建设，是高校心理素质教育的重要任务。

（1）课程的教学理念。课程的教学理念是课程建设的核心，它决定了教学目标、教学内容的建构以及教学方法的选择。建设大学生心理健康教育课程，应当遵循的理念主要包括以下方面：

第一，课程教育的重点是大学生。大学生心理健康教育课程关注的是人，是学生这些活生生的人的心理健康。人是课程设计的出发点，理论和知识都是为人服务的，不能本末倒置。关注人的课程价值理念就是要在课程内容设置上研究大学生的心理发展特点、大学生心理成长发展的需要以及大学生心理发展的困惑，以学生为中心选择课程内容，选取相应的心理学理论；关注人的课程价值理念就是要研究学生喜欢和可以接受的教学方法，使学生真正愿意学、喜欢学，使其学习的内容可以用于自己身上，达到人格的完善和心理的健康发展。

第二，课程激发大学生主动学习。大学心理健康教学的核心是促进学生了解自己，让学生在原有的基础上变得更加积极主动，投入生活，学会为自己负责，为自己做选择，做决定。而学生要做出这样的改变，既不是靠教师的讲授，也不是靠教师从外部的灌输可以完成的；必须经由其由内而外的心理转化才能达到。因此，只有充分重视和尊重学生的内心世界，才能促使其去发现并接受真正的自我，学会为自己负责，并作出适合自我个性的选择。这个过程只有靠激发学生内在的主动性，让其从"要我学"到"我要学"，使他们从单纯接受者的角色转变为学习过程的主体，从接受式学习转变为发现式学习、探究式学习。激发学生的学习欲望，提升学生的学习兴趣，培养学生的创新思维和创新能力，使学生以积极主动的状态参与教学活动。

心理健康教育课程重在关注生命成长，即让心理健康教育课程的学习成为师生人生中一段重要的生命经历，成为其生命中有意义的构成部分。一方面，关注生命不仅要尊重每一位学生，注重让学生在课堂上积极参与，使他们在体验中感悟，在感悟中收获成长，还要在传授心理调节知识和技能的同时，培养学生健全的心智与健康的人格，充分领悟和体验生命的意义和生活的价值；另一方面，课堂教学是教师职业生涯中的重要组成部分，课堂上学生与学生之间的分享、师生之间的互动，学生的疑问和反思都可能成为教师专业成长、情感升华、体验到生命价值的重要契机。心理健康教育课程让课堂焕发生命的活力，成为学生和教师体验生命价值、感受自我成长、进行生命实践的重要舞台，对教师和学生的生命成长都具有重要的意义。

第三，课程提倡回归现实的生活。心理健康教育课程如果要帮助学生获得更好的心理发展、更好的生命成长，就必须回归生活，在课堂学习时注重理论联系实际，使学生在学习后将所学的理论方法付诸实践，使自己在生活、学习上更适应，拥有幸福感。心理健康质教育课程若想回归生活，就要以真实的生活环境为中心设计教学内容和教学活动，通过对大学生在生活实际中遇到的适应问题、人际关系困扰、情绪管理、生命困惑、危机事件等给予指导，帮助学生将所学的心理调适之道应用于生活中，关注生活、体验生活，提升生活品质，成为自己身体健康与心理潜能的开发者。心理健康教育课程回归生活，就要敢于直面学生在心理发展中的热点问题。对于学生提出的热点及敏感话题，不回避，不说教，而是从关爱出发，引导学生讨论，让学生学会为自己、为他人负责，从而正确地做出选择。

（2）课程的教学方法。教学方法服从于教学目标，是教师为达成教学目标而搭建的教师的教与学生的学之间的桥梁。它不仅涉及教师如何教，也涉及学生如何学和怎样真正学。为使大学生心理健康课程真正帮助学生在学习并掌握心理健康知识的基础上，将其运用于自己的学习生活中，形成良好的心理素质，提高心理发展的技能，就必须改革传统的教师单向向学生灌输理论知识的教学方法，探索新的教学方法，主要包括以下方面：

第一，动态生成式的课堂教学。动态生成式教学是指课堂上要根据学生实际情况灵活调整或改变原来预设的教学计划，针对学生的问题与想法展开教学，使课堂处于动态和不断生成的过程中。要使师生在教学中成长，就要把师生的教学活动当作不可剥离、相互锁定的有机整体，把教学过程看作师生为实现教学任务和目的，围绕教学内容共同参与、沟通和合作活动，产生交互影响，以动态生成的方式推进教学活动的过程。心理健康教育课程很重视课程的动态生成性，根据大学生实际生活中遇到的问题生成教学内容，通过师生之间的互动、体验与分享，提升大学生的心理保健意识，培养大学生解决家庭生活、学校生活、社会生活中遇到的各种困扰的能力。

动态生成的生态课程观并不是不需要预设成功，即提前备课，顺利完成教学计划。预设是有效教学的基础，因为教学是一个有目标、有计划的活动，教师必须在课前对教学任务有一个清晰、理性的思考与安排。只有事先预设教学内容、教学设计，进行备教材、备教案、备学生，才能更好地在课堂发挥教师的主导作用和学生的主体作用，提高教学效率。因此，心理健康教育课程要将动态生成和预设成功有效地结合起来。教师根据大学生在生活中可能会遇到的问题做好充分的预设和充足的准备，这样才能对整个课堂有更强的掌控力。同时，要适时关注课堂生成的新问题、新内容、新方法，体验师生之间、生生之间思维碰撞、心灵沟通、情感融合的生命活动历程以及随之而来的意外收获。

第二，体验内化式的课堂教学。大学生心理素质教育课程不是为了让学生记住多少心理学的理论与方法，而是让他们将这些理论和方法内化为自我的认识，再由认识转化为完善自我的行动。当代建构主义倡导的体验式教学为人们提供了一种体验内化的教学方法。体验式教学强调"体验"，即从个人经验中感悟和理解，它既是学习过程，又是学习的结果。体验式教学指教师通过在教学过程中精心设计活动和情境，让学生通过体验、观察、反思、分享、理解并建构知识，提高能力，并把知识运用到现实中去。建构主义认为，学习不是从外界吸收知识的过程，而是学习者建构知识的过程。每个学生都在以自己原有的知识经验为基础建构自己的理解。

2. 积极建设心理健康活动体系

（1）教育活动的设计原则。如何使高校心理健康教育活动开展得更有效，使活动更能切合大学生的心理特点，满足大学生的心理成长需要，发挥心理健康教育的功能，在设计及实施心理健康教育活动时注意以下原则：

第一，活动设计的开放性原则。心理健康教育活动的开放性表现在两个方面：①形式上的开放性，在形式上，心理健康教育活动可以向不同的对象开放，尽可能地将能够促进大学生心理素质提升的资源整合起来；②内容上的开放性，内容上的开放是指在设计活动时要善于从学生的学习、生活实践中选材。

第二，活动设计的主体性原则。心理健康教育活动的目的是提升学生的心理素质，是以学生为主体的，在设计及实施心理健康教育活动时，一定要尊重学生主体的需要，主要表现在以下方面：

一是，活动内容设计贴近学生需求：活动内容应符合学生心理发展水平和特征。学生心理素质的发展必须以他们已有的身心发展水平为依托；同时，每个学生对主客观世界的认识方式和作用方式均受到其已形成的思维模式和行为习惯的影响，表现出个体的特征。因此，在进行心理健康教育活动时，活动内容必须适合不同年龄阶段学生的心理发展水平和特征。只有这样，才能调动他们的主动性和参与性。

二是，充分调动学生积极参与活动：充分调动学生参与活动的独立性、能动性和创造性，让每一个学生都成为活动的积极参与者。在活动过程中，教师只能起指导作用，不能包办代替。要注意防止两种倾向：①对活动插手过多，学生失去了自主性，只能按教师意图行事，最终失去对活动的兴趣；②将活动看成是学生自己的事而袖手旁观，听之任之，这实质上是一种不负责任的表现。教师既要确定学生在活动中的主体地位，又不能放弃自己的主导作用。

第三，活动设计的有效性原则。为了使活动有效，在设计心理健康教育活动时，一方面，要能针对学生的实际来设计活动。例如，针对刚入学的大学生，开展新生班级辅导活动，促进学生更快融入大学校园。另一方面，设计时要考虑所设计活动的可操作性。为此，要注意活动规模不宜太大，活动节奏要适度，如针对失恋者的团体辅导应以8~10人的小团体连续多次的活动为宜；而新生班级辅导则可以在几十人的班级中开展，并且一次2个小时的活动就会收到较好效果。

第四，活动设计的系统性原则。学生心理素质的提升不是可以轻易实现的，是一个系统工程。在设计心理健康教育活动时，要注意内容的系统性，使单个活动组成系列活动，具有指向集中、主题鲜明、内容丰富的特点，从而使全体学生都受到深刻的心理健康教育，也注重学生知、情、意、行诸方面的全面发展。例如，在入学时开展新生班级辅导活动；在大二、大三时开展自我探索、确定职业发展的活动；在大四时开展求职辅导，使学生适应社会的活动。

（2）教育活动的类别划分。

第一，根据活动人群范围划分。

一是，个人层面开展活动。在个人层面开展的心理健康教育活动主要是面向个体开展的，注重个体在活动中的体验及参与，旨在提高个体的心理健康意识，增强个体对自我的认识、理解和接纳，提升心理适应能力。如心理专题讲座、现场心理咨询、心理测试、心理电影赏析、心理读书会、心理对对碰、微博短故事征集大赛等活动。

二是，班级层面开展活动。大学中的班级是大学生活的基本单位，是学校、学院开展工作的终端，是大学生共同学习、共同生活的基础，因此，在班级中开展心理健康教育活动可以促进班级凝聚力的提升，增强同学的归属感，促进个体情绪管理能力、人际交往能力等心理素质的提升。在班级层面开展的心理健康教育活动主要有：心理班会、班级心理健康知识竞赛、优秀班级活动评选等。

三是，校园层面开展活动。校园文化是一种社会亚文化，是社会文化的有机组成部分，校园文化具有育人功能、导向功能、娱乐功能和辐射功能。心理素质教育活动是高校校园文化的重要组成部分。在全校层面开展心理健康教育宣传及实践活动对于构建良好的心理生态环境非常重要：一方面，充分利用报刊、网络、电台、电视等宣传手段，在全校宣传心理健康知识，营造积极、健康的文化氛围；另一方面，在全校层面开展心理素质拓展、心理情景剧表演、心理团体辅导等活动，营造特定的校园心理氛围与环境，由于渗透面广，这能够让更多的学生了解、知晓心理健康理念，让学生在有意或无意中受到教育，对学生积极心态的形成、乐观向上生活态度的培养以及和谐人际关系的建立，都产生着综合影响。高校日常的心理健康知识的普及宣传教育都在营造一种良好的校园心理文化氛围，帮助学生健康成长。

第二，根据活动组织时间划分。

一是，日常性心理健康教育活动。日常性的心理健康教育活动指不受时间限制，高校开展的心理健康教育宣传活动，主要有心理报刊、心理橱窗、心理网页的宣传，心理讲座、团体辅导活动、各种志愿者活动的开展等。这些活动没有时间限制，根据同学需要随时开展。日常性的心理健康教育活动可以随时让学生学习到心理健康知识，起到对学生的心理教育不断重复、不断强化的作用，日积月累，润物无声，学生们逐渐增长了心理健康意识，学会关心自我和他人的心理健康，学会了自助与助人。

二是，集中性心理健康教育活动。集中性的心理健康教育活动指高校在限定的时间内，集中组织的系列心理素质教育活动。集中性健康教育活动的好处是能够形成一种宣传教育的强大影响力，如果在同一时间段内进行丰富多彩的心理教育活动，能够引起学生更大的关注，引发学生积极参与的兴趣。

第三，根据教育途径划分。从教育的途径来划分，心理健康教育的宣传活动可分为实体的宣传教育活动和网络宣传教育。

实体的宣传教育途径包括创办心理健康教育宣传报刊、心理宣传橱窗、电视、广播等。各高校都有自己的心理健康教育宣传刊物或报纸。这些报刊一般都由学生自己编写，内容主要是宣传心理健康知识，介绍大学生心理调节的方法、大学生常见的心理问题、心理危机识别知识等。由于这些刊物由同学自己编写，内容贴近大学生的心理需求，编写形式图文并茂，很受大学生的欢迎。宣传橱窗、学校电视和广播则是宣传心理健康知识的重要渠道。

网络宣传包括学校或大学生心理社团建立的心理健康网站或网页，心理沟通的微博、手机微信平台，学校可以通过这些网络媒体宣传心理健康知识，搭建同学心理沟通平台，疏导大学生的情绪，发展健康心理。随着现代网络技术的发展，网络由于具有快捷性和方便性的特点，被大学生喜爱和广泛使用，运用网络途径进行心理宣传教育也越来越成为高校广泛采用的教育形式。

第四，根据活动形式划分。在实践中，高校教师和大学生们创新了许多高校心理素质教育活动形式，主要包括以下方面：

一是，心理讲座。心理讲座是高校常用的、最普遍的心理素质活动。心理讲座的组织一般是由教师调查大学生们的需求，根据学生的需要邀请校内外专家就大学生最关注的话题讲解相关的心理健康知识，对学生的心理发展进行指导。

二是，心理健康知识竞赛。心理健康知识竞赛是普及心理健康知识的一项活动。这项活动的重点并不在于比赛的结果，而是学生们在准备比赛过程中学习心理健康知识。在比赛前，教师把大学生应知应会的心理健康知识和最常用的心理调节方法编制成小册，发给同学学习，例如，心理健康的标准、认识自我的方法、情绪的种类和情绪调节的方法、人际交往的作用和人际交往的原则和方法等。在此基础上，编写出竞赛题目。通常竞赛题分为基本知识理解题和实际应用题。实际应用题是让学生运用心理学的理论与方法解决大学生常见的心理问题。实际应用题目既考查了他们对心理调节方法的掌握，也让他们学会用这些方法帮助自己和他人维护心理健康。

三是，团体辅导活动。团体辅导活动是以活动为载体，通过在团体活动中团体成员的互动，促使成员在交往中通过观察、学习、体验，认识自我、探讨自我、接纳自我，调整和改善与他人的关系，学习新的态度与行为方式，以良好地适应生活。团队辅导活动的作用是将活动作为情景，让学生在参与活动中获得体验、感悟、理解，从而达到心理成长。活动本身的趣味性、新鲜感能够吸引学生参加，激发他们积极参加的兴趣。参与游戏的过程中，学生们远离了成人式逻辑思维，回到了自然状态，凭兴趣、直觉去行动，可以进入无意识状态，从而能认识自己内心真实的需要和自己的心理特点，从而达到对自己更深入的了解。

第二节 高校思政教育的方法体系

一、高校思政教育方法的类别

思政教育基本方法是在思政教育过程中起主导作用的、其他方法不可替代的方法。

（一）理论教育法

理论教育法用来培养思想政治素质，其就是讲解和学习理论知识，教育者和受教育者的人生观、世界观和价值观都可以有正确的方向。人的思想和理论会在一定程度上左右人的实践活动，而这些思想或理论也许是正确的，也许是错误的，但人的实践活动一定会受其影响，这就是人和动物之间存在的根本区别。思想和理论与人的实践活动密不可分，人要实现的目标和前进的方向都要依靠思想和理论加以指导。人们所学习的思想和理论会成为标准和规范，同样也是一种精神力量。人们只有在实践中学习思想和理论，才能产生这些精神因素，它们无法凭空出现，思政教育中不可或缺的一部分就是思想和理论教育。

（二）实践教育法

教师可以通过实践教育法有目的、有计划地参与到社会实践活动中，提升自身的思想意识。人的意识存在于人的头脑中，其所反映的既有社会环境，也有客观事物。如果思想正确，那么对二者的反映就正确，如果思想错误，那么对二者的反映也是错误的。而实践是人们接触事物现象的唯一途径，也只有在实践中才能够看到事物的本质，找到事物的规律，从而产生正确的思想。

学生只有通过社会实践才能树立远大的理想，才能有正确的人生观、世界观和价值观。正确的思想通常都来源于社会实践。思想和理论服务于实践，但实践又是二者的基础。人可以完成世界上的任何事情，但思想却左右着人的所有活动。人只有依照正确的思想才不会偏离轨道，才能做出正确的行为。人们的道德和崇高的理想都可以在思政教育的引导下实现，它的存在就是为了帮助人们找到正确的方向，为人们在社会实践中遇到的问题提供正确的解决方式。此外，只有通过社会实践才能真正地检验出人头脑中的观念和主张正确与否，只依靠人们的判断是无法做到的。

（三）人文关怀教育法

人文关怀是一种充满爱和情感的教育理念和价值取向，强调对个体生命的生存状况、精神需要、人格尊严以及自我实现需要的关怀，其核心在于以人为本。思政教育"以人为本"的人文关怀，是强调教育者与被教育者的平等性、亲近性、贴近性和柔和性，强调尊重学生独立的人格和自由的精神，着眼学生的全面发展，凸显学生的主体地位，从人文关怀、柔性管理和隐性教育三方面入手，在潜移默化中达到较好的教育效果。

1. 实现人文关怀

人文关怀，主要体现在以人为本，关注学生的发展和需要。"人"是思政教育的出发点与归宿。推动大学生思政教育走向人文关怀，先要承认并尊重大学生是具有独立人格的人、完整的人、能动的人、创造性的人。把思政教育作为一种关怀学生，为学生服务的工作，在工作中既要坚持教育人、引导人、鼓舞人、鞭策人，更要做到尊重人、理解人、关心人、帮助人。要关心学生内心的感受，倾听学生的呼声，了解学生的情绪，关心学生的疾苦，关注细节、关注需求，善于把握学生思想变化、心理波动、学业困难、生活现状等，将思政教育做细、做活，弘扬学生的主体性，促进学生全面发展。

（1）尊重学生独立生命人格。思想政治工作说到底是做人的工作，需要"情"和"理"并用，以真挚的感情启迪人，情理交融，循循善诱，坚持以人为本。关注"现实的人"是人文关怀思想的出发点。充分认识大学生这个完整的生命体，看到大学生是有思想、有情感的活生生的人。只有立足于人，从现实的人出发，从人的现实需要出发，并最终回归于人，回归于人的发展上来，才能真正提升思政教育的实效性。尊重学生，要避免居高临下，以师长的姿态来教训学生，以刺激性词汇来管教学生。要避免对学生进行分级分层，避免标签化管理，要善于发现每个学生的闪光点，客观公正看待每名同学。保护学生尊严，对家庭经济困难、学习困难、后进生等特殊群体的学生要注意隐私的保护，帮助他们克服欠缺的方面，不断完善自我。

（2）凸现学生主体性地位。"教育主体论"从20世纪80年代开始成为思想政治工作者的一种共识。思政教育必须尊重大学生的主体地位，激发他们的主体意识，相信大学生是具有积极的能动性和创造性的，是具有潜在发展性和现实生成性的特定人格的人。凸显学生的主体地位，让学生在高校的育人、管理、服务等方面都积极参与，主动加入学生思政教育各环节，发挥主体作用。学生有权参与学校管理的全过程，并做出对自己有利的选择，避免只注重对学生行为的规范和学校教育秩序的稳定。要充分利用好学生朋辈的教育资源，依托学生群体内部资源实现自我感知和引领。

同时，发挥学生社团、学生组织以及"学生自组织"是基于学生按照行政划分、志愿兴趣、共同任务等结成的组织形式，是凝聚学生、动员学生的重要方式，具有群众性、"草根性"、生动性等优势，在学生学习生活中发挥着越来越显著的作用。通过学生社团与学生组织，可以进一步丰富思政教育的载体，贴近学生的生活需求、能力需求、素质需求、情感需求，提升影响力与覆盖面，增强渗透力和吸引力；可以依托学校丰富的资源，发挥学生在学生社团与学生组织中的主动性和创造性，构筑"百花齐放、精彩纷呈"的文化氛围。因此，必须进一步抓好学生社团与学生组织建设。通过加强规范管理、帮助搭建平台、提供资源与指导等，扬长避短，发挥其在促进学生

"三自教育"中的积极作用。

（3）满足学生成长发展需求。在科学发展观指导下，我国大学生工作提出要以学生为本，更加注重学生多样化的需求。尊重学生的兴趣，满足学生的需求，学生工作应该从重管理转型到重服务，从规范学生转型到为了学生。

大学生日常工作量多面广，学生基数大，导致辅导员经常需要处理大量烦琐的日常工作，在实际组织管理中容易出现严格按照制度开展工作，忽略了人的情感因素，以灌输式、教导式的形式达到思政教育的目的，忽略了学生的需求。学生工作必须尊重、正视和研究学生需求，并要把握学生个体、学生群体的不同需求，才能从根本上提高辅导员工作实效性。高校思想政治工作应该倾听学生的呼声，关注细节、关注需求。善于把握学生思想变化、心理波动、学业困难、生活现状等，主动挖掘学生的需求，特别是不主动表达的学生群体。然而，识别、发现学生的潜在需求与偏好，把握需求与偏好的动态过程，不仅需要大量的信息，更需要敏锐的洞察力，需要智慧与灵感。在学生特点的需求瞬息万变的时代，只有通过发挥各个方面的力量，才能造就一个灵活、智能的大学生思政教育体系，才能不断解决面临的新问题。

2. 重视隐性教育

所谓"隐性教育"，指教育者为了实现其教育目的而实施的不为受教育者明确感知的使受教育者能在不知不觉中受到教育的一种思政教育的类型，强调教育过程通过合理设计和恰当载体增强教育目标和内容的隐蔽性、增加教育过程的愉悦性、增大教育途径的开放性、延长教育节奏的渐进性、发挥教育接受的自主性，以生动活泼、喜闻乐见的形式，寓教育目的于学生日常的学习生活以及活动过程，实行隐性教育和显性教育有机结合，以"潜移默化""润物细无声"的方式对学生的思想、观念、价值、道德、态度、情感等产生影响，使他们在不知不觉中受到熏陶。长期以来，我们更多强调显性教育，强化显性课程，但隐性教育的作用和潜能还未得到很好的重视和发挥。

从思政教育方法上看，隐性教育是相对于显性教育而存在的，其特征表现在：①教育境界上追求的是"潜移默化"和"润物细无声"；②教育目的具有潜隐性；③教育功能具有浸润性；④教育内容具有渗透性间。隐性思政教育的目的和内容并不像显性教育那样直接和外显，并非思政教育第一课堂上以授课的形式给学生传授道理，也并非通过思想政治老师直接向学生传授教育内容，而是将教育的目的和意向隐藏到学生的学习、生活和各种活动之中，隐藏到学生生活学习的环境中，以含而不露的方式，引导学生自然融于学校创设的教育情境中，使其在不知不觉中接受熏陶和影响。隐性思政教育是一种潜隐的、间接的、渗透式的教育。

（1）隐性德育课程教育。隐性德育课程是指隐藏着思政教育目的，以潜移默化的方式发挥着思政教育功能的课堂，可以涵盖自然科学课程、人文社会科学课程以及专业课程，也就是今天大力提倡的"课程思想政治"，即课程思政。自然科学中渗透着科学道德和锲而不舍、坚忍不拔的探索精神，人文社会科学中贯穿着民族精神、爱国主义等思想，这些隐蔽的、无意识的、非正式的教育因素，对于培养大学生良好的思想品德和健康的心理素质都具有难以估价的作用，专业课老师对学生的影响非常大，其在专业学术上的造诣常受学生的崇拜，进而延伸到崇敬专业课老师个人。因此，专业课老师应该利用自身的优势，在专业课程上不失时机地渗透正确的社会价值观念、专业道德等，还可以通过个人人格的魅力感染同学，引领同学对专业知识的探索、对科学精神的追求，甚至生活态度的积极向上。

（2）渗透式学生发展教育。高校培养学生全面发展，为学生构建了丰富的第二课堂活动，搭建了多样化的育人平台，层面多样、内容广泛、形式新颖，参加者选择性强、自主性高，在寓教于乐的过程中，学生的自主性得以发挥，从而潜隐在活动中的思政教育因素会发挥作用，以极其自然的方式积淀到学生身上。

校园文化活动通过对活动的合理设计，运用多种学生喜闻乐见的方式，让学生积极主动地参与活动，享受活动。在愉悦的氛围中，与思政教育相关的因素如人生哲学、伦理规范和理想道德等，会以一种渗透的方式浸润学生，使学生在温馨愉悦的氛围中成长。

　　社会实践在大学生培养中有着非常重要的作用，不同于大学专业知识及技能等方面的培养，社会实践对大学生综合素质的提高存在着潜移默化的影响，其作用不可替代。将大学生个体置于整个国家与民族的背景之下，置于历史与时代的维度之中，社会实践对大学生在更大范畴上具有意义，在更广义的高等教育中扮演着角色。

　　大学生作为即将进入社会并在未来发挥重要作用的群体，通过社会实践活动，将个体与社会更为紧密地联系起来，社会日新月异的进步与民族复兴道路上发生的深刻变化，他们将获得亲身经历甚至参与创造的机会，其参与感与自豪感会让他们切身体验到国家在党的带领下所创造的辉煌成就，爱国的情感和承担民族复兴重任的使命感随之而来，形象且深刻，这将成为学生努力学习积极回报社会等正能量行为的动力。通过参与丰富多样的社会实践，大学生的社会阅读能力和解决理实际问题的能力会得到的充分的发展，其对理想和价值观的认识也不再抽象与片面，从而坚定当代大学生对其远大理想的信念和自信。在行知结合中，大学生原本相对稚嫩与单一的世界观不断成熟和完整，优秀的品格和个性在与外界的互动中形成良性的正反馈。

　　（3）校园文化环境熏陶。

　　第一，校园文化环境。校园文化环境是开展大学生隐性思政教育的主要空间和载体，包括校园物质环境和校园精神文化环境。

　　第二，校园物质环境。校园物质环境是由校园建筑、道路、植物、文化设施、内涵育人信息的人文景观等构成的空间场所，大学悠久的历史沉淀在校园物质环境中都有不同程度的体现。如学校建筑，本身承担着教育功能，结构设计、建筑外形、功能变化、名称等都可能有背后的故事，同时在悠长岁月里发生在其中人物、事件等都有可能成为教育学生、启发学生的资源。构建充满真情实感、人文关怀的校园环境，其所内隐的文化、信息和历史等都在以无声的方式影响着学生的思想。学生生活学习在校园里，对校园环境总有着自己的解读和理解，从而内化为对学校精神文化的认同。更进一步，校园物质环境中所体现出来的精神，可以被转化为学生个体的精神，从而起到以境化人的隐性教育的作用。

第三，校园精神文化环境。校园精神文化环境是指大学的精神、大学的文化传承与创新。一所大学的精神文化，指引着身处其中的人们的思想观念、价值追求和行为方式等，这是一种潜在的、无形的却又无处不在的教育因素。大学精神可能就包含学术精神、人文精神、科研精神、批判精神、爱国主义精神等，不仅可以引领校园文化的主流，还可以激发大学生的理性，提升学生的思想境界，完善学生的人格品质。如搭建校史校情的课程体系，通过正规的第一课堂、"形势与政策"课堂、报告会、参观展览等多种方式，让学生了解学校的过去和未来，在润物细无声中影响大学生的认知，给大学生深刻久远的启示。这种教育的力量能绕开意识的障碍使大学生在不知不觉中接受影响，它虽然在某时某刻不一定让大学生直接地完整地捕捉到，但它确实是无时不有、无处不在，使大学生置身于这样的文化氛围中，就受到一种无形的精神感染、吸引和改造，起着滴水穿石、聚沙成塔的积累式的教育作用。

二、思政教育的方法优化与路径创新

结合当代大学生发展多元化、需求多样化、个体差异化的背景，高校想要提高思政教育的针对性和实效性，就要进一步创新思政教育工作方法，推进精细化、个性化、人性化。为此，高校要从着力从一、二、三课堂全面推进教育教学创新，探索思政教育的新载体、新空间、新方法，不断提高思政教育工作的针对性与实效性。

1. 推动课堂教学改革

课堂是育人的主阵地、主渠道，因此提升高校思政教育效果的重点和难点之一就是要提高课堂育人效果。高校必须让所有课程、所有教师都意识到自己肩负的既教又育人的使命，各门课程、所有教师都要守好一段渠、种好责任田。为此，高校要大力推动课程思政改革——课程思政是推动第一课堂教学效果提升、构建全课程育人体系的有效办法。从价值维度上看，课程思政回应了新时代我国高校思政教育面临新课题的要求；从历史维度上看，课程思政传承了我国德育的深厚根脉；从实践维度上看，课程思政实现了显性教育与隐性教育的统一。

2. 有效开展文化育人

高校要注重文化浸润、感染、熏陶，既要重视显性教育，也要重视潜移默化的隐性教育，实现"入芝兰之室，久而自芳"的效果。我国对学校文化育人工作高度重视，要求进一步加强高校文化建设，用中华优秀传统文化、革命文化和社会主义先进文化教育人、感染人、熏陶人。其中，尤其强调要做好中华优秀传统文化传承发展工作，围绕立德树人根本任务，遵循学生认知规律和教育教学规律，按照一体化、分学段、有序推进的原则，把中华优秀传统文化全方位融入思想道德教育、文化知识教育、艺术体育教育、社会实践教育各环节，贯穿启蒙教育、基础教育、职业教育、高等教育、继续教育各领域。

3. 积极做好实践育人

高校要做好三项实践育人工作，包括创新创业实践、社会实践、志愿服务。在实践育人机制上，重点要做好"三个化"：常态化、基地化和品牌化。同时，大学生要积极参与各类社会实践，在亲身参与中认识国情、了解社会、受教育、长才干。高校思政教育只有融入服务学生成才的需求之中，才能赢得持续发展。高校思政教育工作者只有结合学生学习生活的实际，关心他们的实际需求和困难，才能使思政教育工作常做常新。为此，应当积极推动高校思政教育的"三个融入"：融入专业学习，融入道德成长，融入身心健康、职业发展与帮困助学服务过程。

4. 加强网络思政育人

"思政教育作为高校教育的重要组成内容，对于培养大学生优良的品质、完整的人格以及正确的世界观、人生观、价值观等具有不可替代的作用"[①]。在信息化时代背景下，网络新媒体充分显示着虚拟性、即时性、全民性、快捷性方面的特点和优势，因此抓好网络育人显得尤为重要。

---

① 秦怡. 互联网时代高校思政教育对策分析［J］. 才智，2022（35）：17.

（1）高校要抓好网络新媒体平台建设，建设好"易班""大学生在线"等全国性思政教育网站，建设好高校主题教育网站，既要把握好宗旨和主题，发布权威信息，强化引导，又注重网站信息交互界面优化，增强网站的吸引力、可视性和亲近感。

（2）高校要研究学生的网络生活状态和习惯，紧密跟随学生的信息聚落，做到"学生在哪里，辅导员在哪里"。

（3）高校要开发和用好新的网络工具，建好微信、微博和其他新媒体平台，强化指导、引导和监管。在这个过程中，尤其要提高高校网络思政教育工作能力，要建设一支政治素质好、业务能力强的网络思政教育工作队伍，不断培训提高他们开展网络思政教育的能力。

二、基于现代化的高校思政教育方法创新

（一）现代化高校思政教育方法的创新机遇

现代化是一个时代的巨变的过程，它将改变社会生活的各个方面。对于思政教育方法而言，现代化的进程为它的创新带来了新的机遇。

1. 现代化创设有利条件

现代化社会为思政教育提供的有利条件最明显地表现在科学技术现代化上。一方面，思政教育方法获得现代理念，即现代社会中的思政教育需要现代社会相应的技术设施，为其提供理论和实践上的先进技术支持；另一方面，思政教育获得现代技术，包括网络系统、设施系统、研究方法、学科规范、教育教学系统以及先进的实验室等。

5G时代的来临，使得现代信息技术的发展有了巨大的突破。高科技设备朝着更加智能的方向发展，使思政教育的信息系统不断地扩大化和一体化，使其不再受时间、空间的限制，更加便捷地处理各种信息和教育资源，及时做出反应，开发和创造出更多、更能适应思政教育发展需要的教育资源。例如现在流行的慕课和云课堂等网络课堂模式，只需要一部手机或者一台电脑就可以开始学习喜欢的课程，其中不乏与生活息息相关的课程，学习对象也不局限于大学生，任何人都可以通过互联网终端进行学习，且没有时

间空间的限制；另外，在慕课这样的 App 中，还可以看到许多名校名师的课程，学习全部课程之后，还有相应的测试来检验学习成果，是一种十分便利的学习手段。

2. 现代化搭建良好平台

现代化的网络环境下，思政教育原有的教育生态发生很大的改变。在传统的思政教育生态里，教育者与受教育者是一种相对单向度的传输的关系，角色意识和定位明确；时间、空间是相对固定的，通常的教育活动都在一定的场所，教育方式和手段也是相对稳定的，形成了相对稳定的教育生态系统。但是，随着信息技术的发展，尤其是互联网环境下思政教育的推进，这一传统的生态系统被彻底打破并增添了新的元素。

（1）教育者与受教育者之间的角色意识开始变得相对模糊。因为在互联网上进行思政教育工作，教育者与受教育者之间的平等性和交流性相对地弱化了教育者与被教育者之间的角色意识，甚至二者的角色是交互的，两者在网络上形成的关系只是一种虚拟的师生关系。这样就间接消除了被教育者的抵触心理，实现教育者与被教育者的平等交流。

（2）跨时空性。在网络上进行思政教育不需要固定的时间和空间，教育者只需要将思政教育的信息和内容存储在网络空间里，受教育者可以在全球有网络的地方随时随地参与学习，而不再需要受到整齐划一的时间、空间的约束。借助现代化的网络平台，教育者与被教育者能够随时随地实施教育过程，更好地实现教育效果。

3. 现代化提供发展空间

思政教育的现代化发展扩大了思政教育发展的空间范围。现代社会的思政教育实现了更加多样化和形象化的教育方法。传统的教育方法主要是理论学习和实践锻炼，现代化的思政教育则可以借助网络媒体展开多种形式多种手段的教育活动，例如同样的理论问题，就可以通过影视、动画、讲解、讨论等多种形式来进行。

思政教育的现代化还体现在传播方式和传播载体上的变化。传统的思政教育的载体主要是书籍、报刊、广播、电视和实践，其存在的信息量相对于网络来说是极其有限的，书籍报刊承载的思政教育信息是静态的，其时效性相对滞后，而通过广播、电视传递的信息却具有时效性、丰富性。作为现代思政教育载体的网络媒体具有快捷高效的优势，其容量大，更能及时准确地传达信息，传播速度和覆盖的范围都是惊人的，所以现代化技术为思政教育发展提供了广阔发展空间。

（二）现代化高校思政教育方法的创新方式

思政教育工作的现代化需要不断创新工作方式，要利用各方面的优势，利用新的途径将思政教育工作设定目标得以实践化。

1. 协同教育法

在全面进入现代社会的历史条件下，万事万物的联系因为现代科技的发展而变得更加密切。思政教育作为一项社会性、系统性的庞大工程，更作为党和国家的大事，涉及社会生活的方方面面，既要有必要的专门工作部门与机构，又要建立健全的思政教育工作责任制，坚持在党的统一领导下，各部门密切合作，充分发挥大众传媒、文学艺术等载体的作用，从而保障思政教育形成一个完整的体系，通过大众的力量不断完善此项教育工作。

（1）家庭、高校与社会三位一体的协同教育法。三位一体是协同教育法的基本要求，是指思政教育工作者在实践教育工作中，充分发挥家庭、社会和学校三个方面教育方式的优点，将三者结合起来，协调并发挥各方的作用，为思政教育工作的目标提供支持。在此种协同教育法中，教育工作者需要将家庭、学校和社会的教育方式综合利用。学生通过高校教育，能够具备基本的科学文化知识；而家庭教育能够帮助学生获得人生的基本常识；社会教育的作用是帮助良好社会氛围的形成，在思政教育工作中，这三者缺一不可。而随着时代的发展，为了充分发挥综合教育的积极作用，对三位一体的协同教育法也提出了新的要求。

第一，实行三位一体的综合教育法，能够帮助家庭、学校、社会这三个方面的教育方式相联系，丰富教育发展目标的内涵。如果不将这三者统一起来，那么就无法发挥相应的作用，而对思政教育也不会起到正向作用。

第二，家庭、社会以及学校三位一体协同教育法有助于家庭、学校和社会三种教育资源的整合，形成教育环。三位一体协同教育法的实施和发展有助于合理配置总体的教育资源，从纵向的角度来看，依据受教育者的思想轨迹发展作出针对性地教育规划，能够充分发挥思政教育的作用。从另一个方面来讲，需要合理解决三种教育方式中的衔接问题，这样有利于学生在家庭、学校以及社会中全程受到教育。需要有家长、老师、社会工作人员在教育过程中相互沟通，共同促进教育目标的实现。充分发挥家庭的基础教育作用、学校的全面教育作用、社会的实践教育作用，推动学生实现全面健康发展。

第三，家庭教育、学校教育以及社会教育的三位一体协同教育法，有助于在实践教育中互相补充。家庭教育对学生来说是第一位的，基于其处于学生的启蒙阶段，所以有利于学生形成正确的价值观，对其之后的发展具有奠基性的作用。学校教育能够帮助学生在道德方面以及智力发展有更大的发展空间。要使社会教育充分发挥作用，需要保障家庭以及学校教育的有效落实，社会教育有利于学生在发展规划上有所作为，帮助其更好地适应社会发展的需求，将社会要求与其自身的发展相结合。所以，无论是家庭教育，还是学校和社会教育，只要保障三者的协同一致，就能够弥补各自教育方式中的不足之处，提高思政教育工作的实践效果。

（2）思政课程与课程思政的协同教育法。思政教育课程与其他专业课应同向同行，同时将课程思政和思政课程结合，以此推进整个思政教育工作顺利开展。

高校的发展与建设，需要明确教育培养的目标是解决培养什么样的人才，如何培养人才的问题。在培养过程中，将课程思政和思政课程有机地结合在一起，回答课程思政和思政课程的功能定位。两者之间有机结合的关键，就是思政教育，利用思政课程培养的渠道和形式，深入的挖掘各个专业教学方式所蕴含的丰富教育资源，从而达到思想引领的目的。两者融合主要的目标，体现在三个层次：①从教学目的的角度来看，思政教育需要坚持社会主义方向，将教育相关措施落实到位，从而培养更多合格的社会主义建设者和接班人；②基于教学目的来说，可以利用思政课程与课程思政的渠道，寻找到更多的高校思想教育途径，以此强化整个高校范围的思政教育；③基于教育教学角度来看，如果想要保持课程思政和思政课程同向同行，需要强化整个高校的思想政治教育的协同效应，从而达到最终的目标，并且完成立德树人的任务。

立德树人是一个有机的整体，树人需要德为先，只有德才兼备，才能够达到德智教育全面发展的目的。立德是指立德业，养德性，培养人需要有坚实的信念的同时，也要具备优秀的道德品质。树人就是需要培养个人的才能，让其拥有自己的才学，素质高且技能强，在思想上还需要有坚定的思想信念。立德主要在育人方面，树人则主要表现在育才，无论是育人，还是育才，都是强调人需要德才兼备，从而引导学生发展成为社会主义建设者的过程中，需要与素质教育相对应的全面发展。高校的思政课程教育，主要是通过教学来引导人，而树人也是如此。

思政课程教育教学功能主要是向受教育者传授党的创新理论，尤其是思想铸魂育人的理念，以此教育和引导学生坚定信念，通过不断学习和掌握科学知识，树立自己正确的世界观、人生观和价值观，培养优良的思想品德和心理素质，而这也是立德育人的基本要求；课程思政的功能主要是包括技能和知识理论体系的教育，让学生树立强国志和爱国志，培养学生健康成长，让其能够顺利融入社会主义建设和中华民族伟大复兴的大潮中来，从而体现出育才和树人的要求。通过思政教育与课程思政在功能上的有机结合，不仅要做好育人工作，同时也做好立德的工作，将立德树人工作辩证统一起来，进而实现立德与树人工作顺利地开展。

2. 舆情分析法

舆情分析法是一个实时观察、动态分析的过程。高校思政教育活动的主体，具体包括学生与思政教育的工作者。在高校的思政教育工作中，学生的作用不可忽视，学生们在思政教育过程中，其所投入的程度会关系到整个教育的实效。高校开展思政教育，主要的目的就是为了构建起学生的精神上的支柱，进一步挖掘其潜能，从而培养学生更为敏锐的思想意识，进一步提升学生独立自主的意识。这不仅关系到大学生在思政教育的重要地位，同时也会发挥着大学生们的潜能。在整个思政教育过程中，需要充分发挥舆情分析方法的作用，提升教育的自觉性和主动性，通过各种措施疏导大学生心理，让其全心投入思政教育中。舆情分析方法不仅提升了学生学习的积极性，同时也让学生自主意识得到重视，在没有任何的压力下，掌握了思政教育的内容，保证心理得到一定疏导，同时也促进自身发展的意识。

(1) 强调参与性。在高校开展思政教育过程中，参与性是至关重要的前提条件，而大学生们则是参与整个思想教育工作的参与者，并且有着参与的权利。在开展对学生思政教育时，需要通过舆情分析方法，调动学生们的参与学习的积极性和主动性，为思政教育工作者提供更多的活动参考。在思政政治教育过程中，学生积极主动地参加，可以有效地回避学生一些不良的情绪，使其抵触心理得到改善，进而达到不知不觉地让学生接受到思政教育内容的目的。

(2) 注重接受。在大学整个群体中，思政教育可以影响到每个学生，但学生是否从心理上接受思政教育理论，仍需要进一步的探讨。思政教育理论内化过程，是学生能够更好地接受思政教育的重要因素。思政教育从表面上看，与学生当前的社会和生活活动的联系性并不强，而且很容易导致学生们产生心理抵触的情绪，甚至抗拒思政教育里涉及的各种内容，而这也是思政教育工作开展不顺利的重要原因。因此，舆情分析法实时监控着学生心理所处状态，突出学生在学习过程中的主体地位，让学生个体的思考贯彻于整个思想政治课教育活动，让其能够从精神上感受到思政教育带来的真切感受，提升学生个人的道德水平，而这种教育方式与传统的理论教育方式截然相反，而更加贴近当前学生的学习习惯，从心理上接受整个思想教育的内容，打消思想上的抵触情绪，树立学生正确的世界观和价值观，从而最终达到提升整个思政教育的实效性的目的。

(3) 积极反馈。一般而言，传统意义上高校开展的思政教育，对学生的感受和思考重视程度不够。舆情分析法基于个体多变化且受到外界的影响，对学生开展辅助，达到及时教育学生的目的，但与此同时也注意学生反馈回的建议。接受思政教育者可以通过各种渠道，向思政教育者反馈自己的看法与建议，教育者和受教育者之间相互信任，相互理解，对于深入思政教育的工作，强化参与的积极性有着重要的推动作用。随着舆情分析方法建立，高校思政教育工作与学生们建立了相互沟通的渠道，促进了整个思政教育工作顺利开展，同时也加深了受教育对象对教育工作的认识，从而达到疏导思政教育可能涉及不到的一些问题，帮助学生们克服心理上的问题，树立更加积极的学习和工作方向，让其能够主动参与思政教育的课程中来，从思想上真正的接受思政教育，监督自己的行为，树立明确的学习方向。

3. 虚实结合法

（1）隐性教育与显性教育的虚实结合。"显性教育与隐性教育可以代表高校思想政治教育的两个发展阶段。在传统教育阶段，高校思政教育讲求思政理论的传输，以思想政治课堂为主要培养形式。教育体制改革后，高校思政教育将关注点转移至隐性教育，希望以引导、熏陶的方式来提高学生思想政治素养。"[①] 隐性教育和显性教育的虚实结合法，其中"虚"即思政教育中的隐性方法，"实"也就是思政教育当中的显性方法，所谓虚实结合便是将思政教育中的显性与隐性两类方法密切联系起来，彼此补充。在思政教育方法中，显性和隐性两类方法多是结合其在开展教育期间的方式来区分的。

事实上，在实际教育过程中，完全使用单一的教学方法不但难以实现预期的教学成效，还极易遭受不同因素的约束。所以在思政教育过程中，应当将显性和隐性两类方法进行组合应用，避免单一教学法存在的弊端，摆脱不同因素的约束，尽可能实现教育的预期成效。有针对性、有计划的实施两类特性截然不同的教育方法，将思政课程的显性教育同隐性教育关联起来，能够进一步引导学生发展，丰富育人的方法和渠道，优化思政教育的真实功效。

学校思政教育工作的实施，是以课堂作为主要途径，以课程作为关键依托。思政课程的教学基本上是利用课堂这一主要途径，针对所有高校各个专业、全体学生展开，在培育人才、培养品德等领域发挥特殊的作用，对指引

---

① 黄晓锋. 显性教育与隐性教育相融合思考——论新形势下高校思政教育发展[J]. 佳木斯职业学院学报，2020，36（09）：9−10+13.

学生树立核心价值理念、建构理论自信、制度自信以及文化自信，对学生发展起到思想与价值观上的指导作用。高校思政课程长期以来得到各方的关注，其成效也日益凸显。真正品质高、具有针对性、趣味性、广受学生喜爱的思政课教学，使学生在成长期间能够终身获益。

针对高校思政教育当中的隐性教育，大众比较多的注意到间接、潜移默化中发挥教育作用的方法与活动，重视学生在接受正规课堂教育以往获得的教育，牵涉到学校文化、管理制度、物质方面以及教育期间的互动沟通过程。外国研究者将这些课堂之外的文化环境与过程中形成的德育教育功能叫作"隐性课程"。同此种"隐性课程"不一样，课程思政的隐性教育表示利用不同专业化的教育方法、课程等方面包含的思政教育教育资源展开的教学活动，在潜移默化中完成价值观与思想的引导，达到育人立德的目标。在大学课程与课堂教学当中，专业课的课时占比大大高于思政课的课时。助推课程思政的发展，应当同专业课程发展紧密关联，以课程与课堂作为基础，以师生作为核心，将院系与教研室作为工作重心。应当有效运用课堂这一主要渠道，在教学期间施展老师的主导作用，展现学生的主体地位，联系课程特点，结合现实情况，有针对性的展开工作。

利用课程与专业来进行思政教育，集中反映出课程思政所具有的隐性教育特质。课程思政将老师的政治理念、主张渗透到专业课程的教育当中来，将价值理念指导融入知识教授的过程中来，利用理论与技术的教授，让学生在求知的驱动、愉悦以及引导下获得陶冶，让学生形成自觉认同，在思想上形成共鸣，实现升华，达到润物细无声的教育成效。课程思政的隐性教育拥有诸多特征，如交流平等性、榜样示范性、知识专业性以及方法灵活性等，能够对思政课程显性教育中存在的某些缺陷起到有效的弥补作用。

实际上，课程思政教育不存在固定的模式，其要联系不同专业、课程，通过实践摸索来不断适应，也离不开思政课程给予指引。助推课程思政，必须将习近平在学校思政课教师座谈会中强调的要点充分实践，健全课程体系，有效化解不同类型课程与思政课之间彼此配合的问题。这样才可以全方位展示出课程思政的隐性教育和显性教育在目标上的统一性，在教育方法上的相似性以及在教学成效上的互相补充，进而有助于建构学校思政教育同向同行的课程生态共同体，在育人立德，培养新时代人才的基础上完成彼此助推共进、互为补充。

（2）线下教育与线上教育的虚实结合。线下教育与线上教育的虚实结合法，其中"虚"即线上教育方法，"实"则指的是线下教育方法，一虚一实，线上教育方法与线下教育方法相结合，能够有效地提高思政教育的实效性。线下教育通过设立思想政治理论课来进行，学生在理论课中可以系统学习思政教育相关理论知识，同时辅助以各学校开展的团日党日活动，在活动中增强大学生对于思政教育活动的参与感，以达到思政教育目的；线上教育的方法则更加多样化，渠道更加广泛，如微博微信官方账号、电视公益宣传、新闻媒体等。虚实结合法，不仅打破时间和空间的界限，更是虚化了物质和精神的隔阂。

第一，虚实结合法能够克服各种教育因素的约束。任何一种思政教育方式的运用，均无法摆脱各种教育因素带来的影响。这些教育因素具体涉及教育的目标、内容、环境、主客体等。

由教育目的和任务角度来说，在控制社会局面、科学世界观教育以及其他诸多方面，显性方法拥有隐性方法无法比拟的优势；但是在引导教育对象情感、培养个人心理健康以及建构人格等诸多领域，隐性教育又比显性教育展现出显著的优势。

由教育内容方面来说，显性方法多是针对国家与党的有关理论、政策直接进行宣传教育，带有较明显的强制性色彩，对于正规教育模式与专门的教育场所有着很强的依赖性。但隐性方法更多是把理念、情感以及心理等内容渗透到施教对象平时的生活学习当中来，运用的教育方式以无形为主。

由教育环境角度来说，社会教育应当更多的选用显性方法，而在家庭教育中应当更多地运用隐性方法，学校教育需要把两种方法充分综合起来加以应用。由施教对象方面来说，面向广大学生、职工这类群体的思政教育，采用隐性方法常常可以更好地实现预期成效。与此相对比来说，面向不同级别党员领导展开思政教育，采用显性方法可以实现更显著的成效。

总而言之，在思政教育的践行之中，将显性与隐性两类方法充分融合起来，与现代教育的实际需求更为相符，能够有效提高教育成效，避开不同教育因素给单一教育方式产生的不利影响。

第二，虚实结合法可以防止单一教育法导致的不利影响。显性方法最突出的特征在于公开化、专门性以及规范化，面向施教对象展开理论方面的教育宣传等正规方式的思政教育活动，其可以对施教对象的理念、情感以及认知形成直接影响，迅速把国家的政策方针与理论思想等传递至基层，帮助和推动施教对象的思想建构与发展。但是实行显性方法多是利用一些公开的宣传活动，或是专门的教学活动，还可能采取强制手段，这种手段的运用在思政教育过程中如果出现偏差，便会导致人们产生反感，难以实现预期的教育成效。隐性方法凭借其"非正规"手段，不直接展示其教育目的，而是把教育内容、要求同大众的学习、生活等各个方面联系起来，在强化个人主动性、构成教育合力等方面展示出显著优势。

与公开的显性方法相比较来说，隐性方法在占领思想意识形态教育主阵地、畅通宣传教育主渠道、唱响主旋律方面起到的效果并不明显，主要是在培育个人人格、熏陶性情以及转变思想等领域呈现出更大的功效。所以，二者间的充分结合，可避开使用单一方法导致的不利影响，让教育者能够在实践期间，不但坚守以社会主义意识形态作为主要导向，还可以降低施教对象的排斥感，有助于其优良人格的建构。

第三，虚实结合法有助于思政教育实现广覆盖。显性方法一般用于正式场合，产生功效的范围多是组织生活或是政治生活等方面。除此之外的活动空间受到的影响作用微乎其微，很难覆盖到大众生活的各个领域。因而倘若个人在生活当中被一些消极观念所影响，便会让显性方法产生的教育效果大打折扣。隐性方法尽管拥有优良的渗透性、广阔的覆盖范围，但是其使用范围同样受到来自教育目的、内容、条件等方面因素的限制，在传递思政教育理念，迅速把控社会政治形势等诸多领域作用甚微。从施教对象方面来说，隐性方法更适合于职工、学生等，而显性方法比较适用于党员干部队伍。可见，显性教育方法和隐性教育方法有机结合的虚实结合法能够弥补各自的缺点和不足，共同为思政教育提供服务。

(三) 现代化高校思政教育方法的创新原则

高校思政教育方法的创新是多角度的，但无论从哪个角度入手，其内在发展规律以及具体要求在很大程度上直接决定了现代化视域下高校思政教育方法需要坚持创新，需要遵循方向性原则、协同性原则、开放性原则以及时代性原则。

1. 方向性原则

在现代化视域下创新高校思政教育方法，坚持方向性原则是其重要基础之一，这一方向，就是中国特色社会主义事业的发展方向。从某种层面来说，思政教育是社会发展到一定阶段，根据社会发展现状和某种程度的政治思想规范通过一定的教育方式来影响受教育者，由此帮助受教育者树立正确的政治方向和立场。从本质上而言高校思政教育是通过科学规范的教育方式来培养受教育者的政治信仰。就当前我国高校思政教育而言，是通过教育手段培养受教育者正确的政治立场和信念，包含党的基本纲领、爱国主义以及形势政策等诸多方面的教育。除此之外，思政教育依照已有的哲学思想来对受教育者进行影响，由此帮助受教育者树立同社会时代发展相契合的世界观和人生观，通过教育来培养受教育者努力奋斗的精神，具体而言包含科学社会主义、无神论教育等。

在现代化的进程中，要注意始终保持社会秩序的稳定。从某种程度上而言，稳定的社会秩序在很大程度上可以增强社会成员的安全感，进而增强其归属感和使命感。除此之外，在一定程度上思政教育有助于受教育者对其所处的社会意识形态有所认同，进而由此来促进社会稳定发展。

中华文化博大精深，我国承认且需要思想文化领域的相互碰撞和共存，但这并不代表他们作用和地位相同。对于一个民族而言，要想屹立于世界民族之林，民族文化的主流必须是明确的，任何一个国家若要开展现代化建设，在意识形态领域中的占支配地位的思想只能是一种，因此需要保证指导思想的唯一性。对于高校而言，其作为培养社会主义未来接班人的重要场所，在开展思政教育法上必须坚持正确的方向，明确高校的培养目标是为社会主义现代化事业培养人才。

2. 协同性原则

高校思政教育在实现教育现代化的程序上是相当复杂的，因为在教学实践的过程中，不同方式的要求之间是存在差异的，而这些方式之间缺乏必要的关联性，因此需要有一个相对完善的体系对此进行规制。所以在开展思政政治教育的过程中，需要树立相对全面的出发点，对重点领域的工作强化工作力度，在工作中要把握协同一致的理念，从而促进思政教育工作中的各个方面更加紧密，提高教育质量，使整体思政教育的水平提高一个台阶。有利于提高教学资源的资源利用效率，进而落实思政教育的宗旨，提高大学生的能力。

在思政教育体系中，各个方面需要相互联系在一起，如家庭、高校、学生以及社会等四个方向协同发展、共同作用才能更好进行思政教育工作。根据目前高校思政教育的发展状况来看，我国高等院校思政教育系统已经相对完善，能够就突发事件进行针对性地处理，而协同性原则的落实能够减少工作中出现的问题、弥补职能缺失带来的教学真空。在高校思政教育工作中，促进教育方式现代化的过程中需要落实协同性原则，需要对思政教育中的问题进行全面地分析和处理，进而使思政教育工作得到全面落实。

3. 开放性原则

开放性原则，即在现代化思政教育方法创新的过程中，把握住思政教育工作和整个教育背景中的关系，正确处理它们之间的辩证关系，以促进其理论的丰富和政策的完善。

实现思政教育的现代化要保障其开放性，其主要包括三个方面：①根据思政教育在整个时代背景下发展的新特点，需要根据现实情况对相关理论进行实时更新；②保证思政教育工作和其他学科领域的最新知识保持一致，这样能够充分吸收和借鉴其他学科的专业知识，因而一些落后于时代的知识结构也将随着其效用的低下或落后而被淘汰；③现代化的思政教育方法创新发展的理论体系和形态也要随着理论研究的深入而不断完善。

4. 时代性原则

时代性原则，即保证思政教育与时代的特性相联系，将思政教育的教学方式与时代特点相结合。要给思政教育的教学方式赋予时代特点，就需要推动思政教育方式的科学化、社会化和现代化。具体来说，思政教育方法的科学化，就是推动建立并完善思政教育这一学科，将此项工作置于科学的指导方式之下，这样能够推动思政教育发展为一个专业或科目，并使其成为科学领域的具体部门。在思政教育工作中的教育者则需要具备相关的自觉性，推动教育工作在实践中具有更广泛的科学性。学科的社会化并不意味着其在学科领域内具有专业性，成为专业工作者从事的专门事业，而应该成为全社会共用参与的活动。人们可以利用各种途径来把握思政教育工作的发展脉络，如新媒体、网络等，从而掌握基础的教育常识，全社会形成思政教育共同活动的良好风气。推动思政教育工作的现代化进程，需要保证其与时代发展相契合，与时代相适应，在当前社会就是能够适应现代社会，能够有效地为现代社会服务、为人民群众服务。

（四）现代化高校思政教育方法的创新途径

理论只有落实到实践才可以有效服务于实践，思政教育方法同样需要使用于思政教育的实践中才能达到教育效果。

1. 从"单向传授"向"多维互动"转变

传统的思政教育受到传统社会的影响，不可避免地存在封闭性的特点。而此种封闭性是全方位的，在社会环境、地理甚至是思想方面均展现地较为充分。现代社会是开放性社会，这里提及的开放性不但反映在经济一体化的发展趋势上，还反映在文化彼此碰撞交融，社会开放度，甚至是相伴而生的价值理念之间相容并存的状态。开放的社会环境与日益发展的市场化、信息化，让不同领域学科彼此融合，需要持续打破封闭化、传统的教育思想与体系带来的束缚，思政教育创新并不单纯地体现在课堂、教材以及理论上的革新，树立开放化的教育思想，同时构建开放化的教育系统，如此才可以同现代社会的前进步伐保持统一。

现代思政教育迎来现代语境与开放化的环境，拥有开放精神，要打破传统，改革创新，不但要提高系统内部不同要素间及其同外界环境间的沟通和互动，还需构建起学校、社会、家庭以及个人共享资源的多维界面，也就是思想政治教育思想革新所期望的开放性互动结构。

思政教育拥有多样化的方法与手段，而课堂教育属于实施综合性思政教育最为基础的方式之一。其同别的课程采用的教育方法并不存在根本上的差异，可自个体接受教育开始直至结束。每一种思想的产生均要历经长期的累积与沉淀，我们自小开始学习有关道德、权利与责任等方面知识，自身素养与参政议政的意识获得根本上的强化，民主便自然而然地形成了。

显然，学校并非课堂教育唯一的场所，思政教育活动还可利用家庭、机关以及社会等场所开展。企事业单位与机关是国家信誉的代表，对大众的言行举止均有所影响，它们的活动范围需要接受要法律的制约，在民主管理期间，保障所有公民的正当权益，使民众真正体会到民主，体会到法治，体会到人权的充分落实，进而激发起民众对社会的热情。倘若发生公民不遵守法律，必须实施适宜的措施来进行防范与遏制。如此也仅仅是消除了表面问题，若要彻底解决根源问题，思政教育应该让家庭与社会拥有教育作用，在思想层面上加以矫正。思政教育方法必须完成由原先的单一传输方式，不断往多项互动形式演变，如此才可以实现持续革新与长久平稳的发展。

2. 从"经验型"向"科学型"转变

思政教育的目标直接决定了其教育内容以及日后的发展方向，以人为本是其发展的必然趋势。对思政教育而言，推动人的发展是其最为核心的一个目标，在开展思政教育期间，也需要将人文关怀当作最核心的内涵。因此，倘若想切实提高当代思政教育的实效性，就应该将推动个体的全方位发展当作基本前提，将人作为核心，重视人对利益与价值的追求，慢慢脱离工具化倾向以及实用主义，进而推动个体的全面、自由的发展，把当代思政教育由传统的社会本位慢慢转变为以人为本。

在对思政教育进行改革的过程中，可以采用一定程度的"迂回性""隐蔽性"等满足公众政治化内涵的相关内容。同时，当代思政教育还应该和时代特征结合在一起，满足实际要求，把思政教育由抽象化慢慢转变为实际化，进而更好地推动当代思政教育的全面发展。此外，还应该从教育方式的角度着手，积极展开这方面的创新，采用国内外较为前沿的思政教育理念，让教育对象由传统的被动接受慢慢转变成主动思考，不仅可以培养他们正确的价值观，同时对提升思政教育成效也发挥了巨大的积极作用。

3. 从"单平台"向"全媒体"转变

在5G时代，将大众传媒引入高校思政教育模式的范畴内，是新时期社会发展的基本要求。现阶段而言，智能终端已转变成大学生生活学习的一个必需品，其对他们的生活学习产生了至关重要的影响。因此，高校思政教育工作者应该积极借助这一工具，利用微信、腾讯QQ的社交功能，进一步扩大思政教育的范围。

以微信为例，目前，微信已成为手机等智能终端中的一个不可或缺的软件，几乎每个手机都会安装这个应用，因此思政教育工作者在开展日常教学期间可以充分借助这个工具来扩大思政教育的范围。微信是互联网时代下衍生的一个重要社交工具，其具有的作用是非常巨大的，高校思政老师需要正确认识微信在生活中发挥的巨大作用，仅有如此才可以更好地利用微信开展思政教育工作。

总之，利用互联网终端的优越性能帮助思政教育及时、高效的传播出去，进而进一步提高思政教育的成效。思政教育方法不仅仅局限于课堂之上，微信、微博等媒介也可以为思政教育提供平台和支持。

第三节 高校思政教育的生态体系

高校思想政治教育是中国高等教育体系中的一项重要组成部分，旨在培养学生的思想政治觉悟、社会责任感和创新能力。这一教育体系构建了一个复杂的生态体系，包括内部和外部各种要素相互作用，以满足多层次、多元化的学生需求。以下探讨高校思政教育的生态体系，强调其重要性和各个要素的相互关系，以及未来发展的方向。

第一，课程体系。高校的课程体系是思政教育的核心，为学生提供政治理论和法律法规知识的传授。这些课程涵盖了政治学、国际政治、法律伦理、社会科学等领域。通过系统的课程设置，学生能够深入理解国家政治制度、社会伦理道德和国际事务，从而培养其政治敏感性和思考能力。

第二，课外活动。除了课堂教育，高校思政教育还应鼓励学生参与各种课外活动，包括学术研究、社会实践、志愿服务等。这些活动可以帮助学生拓宽视野，积累实践经验，培养批判性思维和解决问题的能力。通过参与课外活动，学生能够将理论知识与实际应用相结合，更好地理解社会和国家的发展需求。

第三，师资队伍。拥有高素质的思政教育师资队伍对于高校思政教育的质量至关重要。这个队伍包括政治理论教师、心理辅导师、社会工作者等，他们提供专业指导和支持，帮助学生解决问题，促进他们的思想政治觉悟和社会责任感的培养。教师的激情和专业知识将直接影响学生的学习体验和成长。

第四，校园文化。高校的校园文化氛围对思政教育的成功至关重要。校园文化应该积极向上，尊重多元文化，鼓励学生自主表达和思辨。一个包容和鼓励创新的文化氛围将促进学生的自我认同和自信心，同时也有助于他们更好地融入社会。

第五，学生自治与参与。鼓励学生参与学生自治和学生社团等组织，培养他们的自我管理和领导能力。这些组织提供了学生参与决策、组织活动和解决问题的机会，从而锻炼他们的领导才能和团队合作能力。学生的积极参与有助于培养他们的社会责任感，使他们更好地为社会做出贡献。

第六，社会资源。高校可以与政府、企业、社会组织等合作，借助社会资源来丰富思政教育的内容和形式。合作可以包括开展研究项目、提供实习机会、举办讲座和培训等。社会资源的引入能够使思政教育更加贴近实际，帮助学生更好地理解社会和行业的动态。

第七，评估机制。建立科学的评估机制，用以监测和改进思政教育的效果，确保它能够实现培养学生思想政治觉悟和社会责任感的目标。评估应该包括学生的学术成绩、参与活动的情况、综合素质评价等多个维度。通过评估，高校可以不断改进教育方法和内容，以提高思政教育的质量。

第四节 高校思政教育的信息管理体系

思政教育信息管理体系，是以思政教育信息的管理为中心，依据信息管理的过程、规律和要求，对信息管理的主体要素、客体要素、介体要素进行系统整合所形成的一种关系结构。高校思政教育信息管理体系，是由信息资源采集整序管理子系统（包括思政教育信息开发收集、加工处理）、信息交流管理子系统（传递共享）、信息运行管理支持子系统（监控管理、评估及反馈）构成的综合系统结构。不论思政教育信息管理的体系如何划分，都是在较为宏观的意义上对思政教育信息活动要素的一种结构性整合，是可以从不同维度划分的要素立体交叉的有机组合。从本质上来看，思政教育信息管理体系，实质是各类要素相互联系所构成的一种关系实体。

一、高校思政教育信息管理体系的要素

思政教育信息管理的实现需要多方要素的支撑，而思政教育信息管理在实践层面上的内容指向，则构成思政教育信息管理的现实内容与信息管理的实践边界。信息管理不单单是对信息的管理，而是对涉及信息活动的各要素（信息、人、机构、机器等）进行合理的组织与控制，以实现信息及有关资源的合理配置。就高校思政教育信息管理的实际来看，思政信息管理体系构建所包含的基本要素有以下方面：

（一）高校思政教育信息管理体系的主体要素

高校思政教育信息管理体系的主体要素，指在思政教育信息管理活动中起到能动性的控制作用的人及其组织形式。作为体系中唯一能动的智慧性存在因素，信息管理的主体主导者整个体系的构建与运行。信息管理主体的专业化水平，决定着信息体系的整体运行成效，管理方法的选择、管理技术与载体的应用、思政教育信息的开发、信息需要的满足都考验着管理主体的专业化能力。管理主体的专业化能力、职业性品质渗透在体系的各个环节，是

支撑信息管理体系的核心力量。

(二) 高校思政教育信息管理体系的客体要素

高校思政教育信息管理体系的客体要素，指信息管理的直接对象，特指思政教育信息。作为体系建设围绕的中心对象，思政教育信息是凝聚其他要素的重要客观依据。思政教育信息客观属性，决定着管理主体的实践方向与目标的制定，思政教育信息的客观存在状态，决定着信息开发的方式方法与信息技术的应用范围。思政教育信息的科学性认识，是一切信息管理活动开展的客观前提，贯穿于信息管理体系的各个环节。

(三) 高校思政教育信息管理体系的介体要素

介体，即借以实现目标的中介性存在，信息管理体系得以实现的介体因素，指的是管理逻辑与管理方式两个方面的内容。信息管理体系的建设内涵着"双重逻辑"。

管理逻辑，是指信息管理的组织方式与信息管理流程结构。一方面，指管理活动的一般逻辑即"计划、组织、领导、控制、评估"；另一方面，信息管理的特殊逻辑即对信息的分类、定位、采集、追踪、处理、分析、传播、应用。信息管理体系建设的实践特殊性，决定了两者的有机统一，两者缺一不可。

管理方式，是指实现思政教育信息管理所需的技术手段、载体形式。以互联网、计算机为代表的现代信息技术，是信息管理体系构建的技术基底，然而信息技术的开发、应用有其自在的规律性要求，信息管理任何目标的实现都必须在技术层面上对技术与载体本身有一定的见地，思政信息管理方式、手段和管理逻辑，必须符合思政教育规律并有利于思政目标任务的实现。

(四) 高校思政教育信息管理体系的管理实效

管理本来就属于思政教育工作的载体，思政信息管理实效，既指思政教育信息管理工具性效益的最大化，也指思政主客体对思政教育工作的满意度。高校思政教育工作的现实需要，是思政信息管理体系构建的起点和依据，是推动体系运行的根本动力，是体系构建的根本价值指向。作为体系构成的基本逻辑要素，信息管理实效是信息管理体系生存发展的根本动因，是整个体系构建的落脚点，也是进一步完善、发展体系的出发点。在信息需要的满足中实现体系构建的终极追求，在信息服务的反馈与评价中寻求内在的发展方向。

二、高校思政教育信息管理体系的原则

（一）高校思政教育信息管理体系的系统性原则

唯物辩证法认为，联系是普遍存在的。所谓系统，就是指由相互联系的诸要素组成的具有一定功能的有机整体。信息管理体系要着眼于高校思想政治工作的结构性连接，能够实现思政教育工作现有分工之间的信息协同，促进思政教育工作各单元实现信息融通，形成高校内部整体性的信息格局，进而发挥思想政治工作的结构化分工的整体效应。

信息格局的构建，要求信息在思政教育工作体系中充当"黏合剂"的作用，通过信息把思政教育的结构有机地联系起来，使得思政教育的整体结构稳定协调；要求信息充当"催化剂"的作用，通过信息催化思政教育内部结构之间的"连锁反应"，发挥思政教育大格局的整体效应。不仅建立起思政教育工作体系内部的物理连接，更是通过信息交流，使得思政教育工作各个子系统产生化学反应。形成宣传、组织、统战、学工和教务等部门工作协同融通，党委统一领导、党政齐抓共管、宣传部门牵头协调、相关部门分工负责、各级党组织上下联动、广大干部师生共同参与的工作格局。因此，高校信息管理体系是信息管理的系统性原则，是高校思政教育工作的内在特征的重要反映。

（二）高校思政教育信息管理体系的一体化原则

信息管理体系的构建，要着眼于高校思想政治工作之间的有机联系，形成一体化的运行模式。"一体化"强调思政教育工作开展过程的整体关联性，是整体方向的协调一致，是从体系动态运行的连贯性着眼，发挥信息在各个系统单元中的"动力连接"功能。

第一，信息资源系统的构建，要深入思政教育的动态运行中反映思想政治工作展开的过程。从体制机制所构建的关系中,动态的把握思政教育工作之间的相互关系。同时关注具体思政教育工作中要素、结构、过程、效果之间一体化的逻辑联系,避免静止、片面的给予思政教育某一方面的描述,忽视思政教育工作开展过程一体同向的相互作用。

第二,信息交流系统,要着眼于思想政治工作的整体推进,通过信息通道的有效构建,信息流的有效传导,充分激活各系统单元的协同推进思政教育的工作部署。保障思想政治"一体化运行"的过程交流,为各系统单元工作的协同推进传递工作信号,整合思政教育体系中的"动力连接",为各个系统单元之间动力的连贯性与共向性提供保障。

(三)高校思政教育信息管理体系的目标性原则

高校思政教育信息管理体系建设,是一项系统性的工程,必须要有明确的目标。科学目标的确立建立在主体需要的基础上。高校思政教育工作的信息需要的满足是体系建设的根本性目标。信息需要是指人们在认知或实践活动过程中,为满足自身需要所产生的对信息的缺乏感和求足感。

思政教育工作的信息需要,是信息生产的根本性动机,也是推动信息管理体系构建的根本动力,是信息管理体系构建的首要依据。面向高校思政教育工作内部的信息需要可以大致分为以下三类:

第一,贯穿思政教育管理性工作的整个过程中的领导与决策需要、组织与管理需要、监督与评估需要。

第二,高校思政教育"主渠道"的教学工作组织开展的教学需要。

第三,面向思政教育工作者科研与大学生学习成长等方面的服务性需要。

在此基础上,信息管理过程中各个环节与层次的建设发展要求也构成了整体性的目标要求。组织建设所需的专业化水平、信息管理流程结构一体化的要求、信息管理技术应用智能化的发展趋势、信息资源整合加工遵循的科学与高效标准、信息服务多元化的建设要求等,都构成了信息管理的目标,并通过目标性的管理实现管理的效能。

三、高校思政教育信息管理体系的系统

（一）高校思政教育信息的采集管理系统

思政教育信息资源管理系统，是开发思政教育信息实现体系化应用的基础与前提。信息在现实环境中具有分散性与无序性特征，需要克服其外在的存在状态使其内在的价值转化为外在的有用性，因此信息的资源性转化是信息管理的首要过程。

1. 拓展信息采集空间

信息所承载的观念、方法等是推动思政教育工作的创新发展的重要先导性因素。从思想政治工作创新发展的一般路径来看，高校思政教育工作创新的内在原动力还有待提升。高校的思政教育工作的创新发展在遵循上位文件引领的同时更需要增强自身的外在适应性，自主适应把握外在社会变化发展的"大势"，建立自身与社会发展的独特共振模式，增强内生性的适应能力。因此要信息管理立足于思想政治工作与时俱进的发展性信息需要，从信息层面上引入外部丰富的信息资源，建立高校思政工作与外部信息空间的有效联系，丰富高校思政教育工作体系的信息总量，增强思想政治工作对外在信息的掌控能力。

（1）实现思想政治工作体系整体性的对外信息联系。这里的"对外"系指校外，在信息化时代，高校思政教育工作的信息大量地来自校外，利用信息资源系统的建立，拓展思想政治工作体系各个环节、重要节点的对外联系的广度，增强高校在意识形态工作、舆论引导工作方面的信息捕捉、信息追踪能力。

（2）扩展信息交流的广度，为高校思政工作体系敞开与外部信息交流的空间，使得高校各类工作主体能够在信息空间的自主交流中引入优秀的信息资源，适应高校思政教育内部管理、教学、育人体系的建设需要进行有针对性的信息更新。

（3）通过自主性的资源引入，确保思想政治工作创新发展的活力，为思想政治工作体系注入新的理念、方法提供更多地可能，激活思想政治工作的

内在元素，提升思政教育的工作品质。

（4）适应大资源共享计划，融入国家数字教育资源公共服务体系建设进程之中。推进开放资源汇聚共享，打破教育资源开发利用的传统壁垒，利用大数据技术采集、汇聚互联网上丰富的教学、科研、文化资源。高校思政教育信息资源系统能够广泛的引入相关公共信息资源，完善思想政治工作体系中的信息资源结构。

（5）与专业信息库建立多元化的对接。信息资源系统要开放信息合作的空间，与其他高校、新媒体公司、数据库公司、网络信息公司、信息咨询公司等开展专业的信息资源合作，使得思想政治工作能够获得多元化的信息产品。并通过于学术性数据库、信息门户网站、搜索引擎公司、电子商务平台、社交软件平台等信息平台的信息沟通，为高校思政工作输送适宜大学生网络生活的信息，为拓展高校思政工作的信息量，丰富思政主客体的信息资源，进而科学有效开展思想政治工作。

2. 科学采用信息整序

信息整序，是利用一定的规则、方法和技术对信息的外部特征和内部特征进行揭示和描述，并按给定的参数与序列公式排列，使得信息从无序集合转化为有序集合的过程。信息并非天然的能够适应主体的需要，科学的信息整序就是克服信息分散性与无序性，实现结构性信息服务。信息是知识的原料或半成品，知识是经过整序和提炼的信息，是系统化的信息。科学合理的信息整序，要从以下方面着手：

（1）外部特征与内部特征的标识。对高校思政工作中的各类信息单元，进行外部特征与内部特征的标识，具体如下：

第一，实现信息外部特征的有效描述，对思政教育信息的来源、载体形式、产生时间、生命周期、传播路径、流动方向等进行标识。

第二，对信息的内部特征进行有效的揭示，对思政教育信息内容的主题、要点、类别、反映的问题、应用层级等进行归总。

总体而言，就是赋予思政教育信息在思想政治工作体系流通中应有的"身份特征"。

（2）对信息单元进行结构性重组。依据各类信息单元的内外特征对高校思政工作中的信息单元进行结构性重组，具体如下：

第一，利用大数据的智能分析，对各信息渠道中重复、冗杂、低质量的信息进行过滤。

第二，按思想政治工作的逻辑关系从语义、语用和语法上对信息内外表征进行细化、挖掘、加工整理，并按照一定时间序列、空间序列进行排列组合，形成适应思想政治工作体系的规律性的信息结构。

第三，经由数据存储的格式、存储载体加工转化，最终形成信息资源系统的结构化存储。

3. 有效实现知识管理

知识管理是一种重视与人打交道的信息管理活动，其实质是将结构化与非结构化的信息与人们利用这些信息的规制联系起来。相对于记录型信息与数据型信息的管理，知识型信息的管理把信息的显在状态与信息形成的过程联系起来，对信息内容的吸收与提炼，转化为人类智力成果的形态，实现信息的增值。要对思政教育信息资源进行知识型管理，具体内容如下：

（1）实现个体经验的系统化。高校思政教育工作的经验、智慧，等智力成果多数存在于个体头脑中，少数的智慧成果通过外显形态的文献资料进行传播，也有部分在以教学、会议的形式在小范围传播。个体经验的系统化就是建立高校内部思想政治工作者之间的联合并鼓励经验、知识、智慧的共享，在最大范围内的交流中实现知识的理解、学习、协商、再生产，使得相对分散的个体智能能更加高效地转化为集体智能。

（2）实现理论性的信息转化。理论是信息价值的转化的一种高级形态，信息开发的关键是实现作为一般表征与外在联系的信息内容能够实现理论意义上的价值转化。挖掘信息的价值意义是一个由浅入深的过程，要能够把信息的显在状态与相关理论结合起来，要能在理论支撑的基础上通过表象的分析，探索信息背后的本质联系。基于丰富信息内容搜集处理基础上的现象、过程、特征的表象性分析到事物变化的规律性分析，挖掘大学生行为现象与思想动因之间的相关变化规律，确定信息加工的公式算法，并为领导性的思政教育工作提供前瞻性的预测。

(二)高校思政教育信息的交流管理系统

信息如果不在一定的交流之中通过有效的系统载体与一定量的信息主体相联系,信息内涵的价值就无法转化为使用价值,则意味着信息管理在根本上是失败的。因此,从定意义上讲,信息交流应用过程系统的设计与开发,直接关系到信息使用价值的有效实现,关系到信息管理体系存在的实际意义。

1. 有效创新信息资源传递

实现多样化地信息交流对接。教师与学生是高校思政教育工作体系中信息交流与运用的基本主体,信息交流系统不仅要服务于管理内部的交流,更要满足师生的学习性、教育性需求。要通过思政信息管理系统,为一切学习者提供适切的学习连接。一方面,要尽力满足教师利用丰富、优质的信息资源进行自主学习并推动思政教育工作;另一方面,也要注重学生方面的自主学习,同时还要通过信息交流系统搭建师生交流互动桥梁,以利于思政学习、工作主体与思政教育资源之间的自主对接。大学生丰富的课外实践活动决定了内在多元化的知识需求,需要外在教育资源的引入借以补充课堂中有限的学习内容。因此,教育资源与学习者多样化的对接形式则构成拓展思政教育课堂教学的重要前提。

信息交流系统要把学习者个性化学习需求的反馈与教育资源的适应性选择联系起来,通过两者自主式的反馈与响应,建立个性化的信息交流通道,为学习者传递适应个体兴趣与情景的内容,推送相关视频、课件、文献等信息资源,满足学习者个性化的自主需求,为学习者构建自主学习的资源空间。此外,针对高校管理与教学模式中思想政治理论课教师、辅导员、学生缺乏有效的交流空间,教育内容的影响较为分散等问题,信息交流系统要着力促进学习主体之间、学习者与教育者之间的有效互动。要通过主体交流空间的构建,减少教育信息资源在不同教育过程中的流通障碍,在课堂与日常的学习、生活中形成连贯的思政教育通道。

催生思想政治工作创新的新动向。思政信息交流系统,既要实现管理所需的主体之间的信息交流,也要实现思政教育工作中信息的自主创造。信息交流系统的功能之一,就是为思政教育信息的自组织发展提供广阔的空间,使得信息的价值应用打破既定的对象限制,实现一定的生存和发展自由。首先,在高校思政教育内部的信息交流中,在思政教育工作主体的推动下,促使思政信息在一定时空内的自由流动会形成多种创造性的结合。经由实际工作过程及工作需要的筛选加工,形成一种新的稳定性的信息应用空间和正确方向,为思政教育主体的再创造及教育客体的信息需求及满足提供多种可能。其次,在高校思政教育信息的内外交流中,外部信息与内部信息之间既可以生成切合,也难免产生碰撞。思政工作者有责任也有必要利用有益信息资源并促进内外信息的切合;至于相碰撞相的信息对于常规信息会带来一定的干扰与偏离,但同时也可能孕育着新的信息雏形,这些信息雏形有可能蕴含着高校思政教育工作的新动向乃至思政创新发展的新趋势,能够引导信息利用主体自觉跳出传统信息在一定程度上所形成的束缚。最后,促使思政教育信息实现非线性的信息交互,激发思政教育工作者的新意识,带来思政教育工作变化的新萌芽,激活思政教育工作的自我塑造能力,打开思政教育工作不断革新的新境界。

2. 科学优化信息交流环境

立足思政教育工作网状联系中的管理过程、教学过程、主体之间、主体与对象之间的信息交流,信息交流环境的优化要通过技术、制度等手段,防治思政教育体系中的"信息污染"[①] 现象的产生,保障信息交流过程中的安全。"信息污染"生成的原因是客观多样的,针对信息污染产生的不同原因,思政教育工作要从多方面入手。

(1) 建立严密性、强制性和稳定性的信息制度,确立起信息交流的基本规范。对不同环节中信息交流的时效、信息交流的内容做出规定,如思政教育中交叉性与重复性的工作内容各个信息主体交流的信息要有所侧重,不能重复雷同。

[①] 信息污染是信息流中出现了信息的失真、过时、重复、堵塞、误导、干扰等一切违背人们正常需要原意的异常现象。

(2)利用互联网信息技术建立起思政教育工作信息安全系统，阻挡外来的危害性入侵，拦截内部虚假等不良影响的信息，过滤内部重复、低效、冗杂等质量差的信息。建立起信息交流过程中的安全防控系统。此外，按高校思政教育工作体系中的组织机构与人员层级合理规划信息的访问权限，对于思政教育工作中不同保密层级的信息访问进行严格的把控。例如建立领导层信息访问的专用技术通道。

(3)提升思政教育工作主体的信息素养。增强思政教育工作者捕获有用信息的敏感力，培养思政教育工作者结合专业知识进行分析、判断的信息处理能力，改善思政教育工作者解决实际问题、回应现实需求的信息转化能力。使得思政教育工作者能够以自身信息素养的提升为思政教育工作的开展营造良好的信息交流环境。

扩展思想政治工作的信息时空。信息交流空间的广域性是信息社会发展的时代特征，与思想政治工作中的信息壁垒形成一种反差。思想政治工作者与思政教育信息的关系会随着信息时空的大小变化表现为不同的状态，当一定场域内对外联结的信息表现为不具有整体性的半封闭状态时，两者之间的关系则更多地表现为一种依赖与限制，信息在思政教育工作中应用的广度与深度、信息获得新应用的可能性就会受到信息时空的限制。反之，当信息对外处于整体性交流状态时，信息时空的拓展则会为思政教育工作的发展变化提供多样的可能。高校思政教育更多的是以个体的形式、局部组织的形式进行着思政教育内外信息的交流。信息交流主要是高校内部之间，并受限于体制机制、工作方式所形成的信息时空，导致高校思政教育工作的自我革新、自主创新的内生性能力不足。

因此，信息交流系统的着眼于高校思政教育各工作系统、工作主体之间信息交流，借助现代信息技术的对传统信息交流形式的变革，打破传统思想政治工作中由于技术原因、信息形式问题形成的信息壁垒，进而促进内部信息实现真正的贯通。在信息层面上使得高校思政教育内部形成一个有机整体，并以整体性的方式实现对外的信息联结，拓展思政教育工作稳定、发展、创新所需的信息时空。

3. 有效实现信息供需平衡

信息质量是信息交流的前提性保障，但思政教育信息交流中的信息质量问题并不完全是信息本身的问题，而是信息数量激增所形成的信息相对贫困。各类良莠不齐的信息相互混杂充斥，有价值的信息被淹没在信息海洋之中，使得信息掘取的成本超越了个体的能力，降低了高校内部的信息流动。高校思政教育工作每天都会产生大量的信息，但信息都富集在思政教育工作者与思政教育管理组织之中，主要以主体经验、组织文件的形式存放，多数信息无法获得形式上的解放，真正活跃在思政教育工作之中。此外，思政教育较为孤立的信息富集点缺乏有效的联结形式，思政教育信息缺乏有效的流通空间，无法实现内部信息的自发流动与自主匹配。

因此，信息交流质量的提升在于实现高校信息领域内的"供给侧改革"，实现思政教育信息最优配置。保证信息流在不同渠道中有序流动，信息的开发与利用在有领导、有组织的统一规划和管理下，协调一致、有条不紊地进行，使得各类信息以更高的效率与效能、更低的成本提升管理的水平。通过对不同分布特征的信息进行系统联结，改善信息流动的结构形式，降低信息需求与供给之间的结构性差异，增强信息对需求变化的适应性与灵活性，提高信息的整体利用率，提高信息对思想政治工作的支持程度。转化信息交流的形式，突破信息交流中的体制机制障碍和信息原生形式的束缚，构建思想政治工作主体之间、工作主体与工作对象之间的信息交互网络，满足思政教育工作的信息需求。

四、高校思政教育信息管理体系的实施

（一）高校思政教育信息管理体系的建设

高校思政教育信息管理体系的运行需要现实主体的推动，主体的形式与内在能力作为实践的本质力量构成高校思政教育信息管理体系建设的关键。

1. 高校思政教育信息管理组织机构建设

明确的职能定位是高校思政教育信息管理职业化、专业化主体建设的首要前提。高校思政教育信息管理组织的职能可以划分为两部分：一是对内职

能，面向对象的服务功能即满足高校思政教育内部对信息劳动、信息产品和服务的生产与消费，进行非商品化的信息生产分配。思政教育工作者的学术科研、思想政治理论课教师课程教学、学生实践活动等全方位、全过程"十育人"的各类信息需要。二是对外连接职能，高校思政教育信息机构参与信息市场购买信息商品或信息服务，与外部专业性的信息部门进行信息交换，信息技术的引进与融合、应用。联系信息技术设施生产商、各类搜索引擎网站、数据信息中心、信息咨询公司等，购买相应的技术设备。根据育人实际工作的需要，还可以构建校级和院级两级信息管理组织，校属学院一级更便于从各自的实际出发，使育人工作落到实处。

以上基于信息生产角度的宏观思考，在高校思政教育信息管理中又可以进一步细化为面向外部的交流职能、面向领导层的服务职能、面向内部对象的服务职能、面向整体的管理职能四个方面。面向外部的交流职能，是一级职能的具体化，外部信息、技术、方法、数据、信息管理政策法律等资源的交流；面向高校思政教育领导层的服务职能，是基于思政教育领导性工作的内容而提供的协调性、决策性、督导性、预警性信息；面向整体的管理职能，是从监督评估的角度掌握高校思政工作的信息，从科研条件、信息素养、信息空间的角度优化思政教育现实的工作条件；面向对象的服务功能，是落实到思政教育工作者、高校大学生、高校内部职能机构之间的信息资源交流与服务。

（1）为高校思政教育提供决策支持。面向高校内部服务的信息管理，其职能是从宏观、中观、微观三个层面营造高校良好的信息环境。高校思政教育信息管理机构可以为高校思政教育各类工作提供有力的信息技术工具，同时为思政教育领导者提供科学规范的信息采集分析平台。高校思政教育信息管理工作，主要包括以下内容：

第一，参与制定高校思政教育工作的规划及相关政策、规范和标准，并给予信息管理上的支持，监督评估其实施情况。

第二，根据思想政治工作及工作者的需求，改善各工作渠道思政教育信息的可获得性和易存取性，特别是对不易获取灰色信息、海量的互联网信息、国外信息和多渠道的意见建议信息等。

第三，针对突发、复杂问题和不同程度的危机，进行重要信息的采集、整理和验证等工作，满足思政教育领导者的情报需求。

第四，开发与引进能够提高工作效率的外部信息资源与辅助性信息工具，为高校思政工作提供必要的支持。

(2) 支持思政教育科学研究与发展。信息管理开展的信息工作，可为思政教育的科研活动提供全方位的信息支撑，具体如下：

第一，便捷、多元的科研文献供给。高校是思政教育科研的主阵地，信息管理机构可以为思政教育的科研工作海量的信息资源连接，人性化、精准化的信息资源检索，并通过建构专业理论框架与视角的文献结构，节省科研者的文献检索的时间与精力。

第二，智能化的科研动态监测。信息管理机构与专业人员可以为思政教育研究者提供学术发展状态与趋势的监测分析，提供学术研究热点与未来发展方向的参考性信息。

第三，思政教育科研活动效果的评估与评价，通过专业性的大数据平台对比，对科研成果的创新性进行多维的立体分析，对科研成果的效用进行量化的参考性评价。

(3) 提高思政教育工作者的信息素养。信息管理机构承担着提升全校思政教育领域内各类人员信息素养的工作，是开展全校思政教育工作者信息素养教育培训工作的主要部门。信息素养是全球信息化对思政教育工作者提出的新要求，信息管理部门依托多元化的信息资源、现代化的信息设备、多样化的信息技术方法等，为各类高校思政工作主体提供良好的培训学习的环境，针对各类主体多样化的信息能力需求，进行专业方面的技能培训。利用信息管理的专业优势，增强全校思政教育工作者的信息意识与信息能力。

2. 高校思政教育信息管理职业队伍建设

人是管理要素中唯一主导性的存在，一定意义上来讲，思政教育信息管理工作的专业功能的实现程度取决于队伍建构的专业化、职业化程度。

(1) 明确职业特征。职业角色的确证是承认信息管理者对于思想政治工作的价值存在，赋予思政教育管理者在思想政治工作中的独特价值与职业使命。思政教育信息管理者不仅决定着思政教育信息活动的管理存在与发展，而且决定着信息管理活动的方向与效益。思政教育信息管理者，一方面，要具备良好的思想素质与业务素质，善于透过表现各异的信息表象捕捉各种真实的信息；另一方面，在信息的加工、传递、反馈过程中，讲求科学方法，避免信息失真。

信息管理者工作者是信息管理活动的设计者。信息管理者在活动之前必须理解管理的目标，认识管理的对象，钻研管理的内容，选择管理的方法与途径，设计管理的过程程序。信息管理者是活动的组织者。从管理活动的开始到结束，管理者要充分组织各种信息资源技术资源，充分发挥思想政治工作者和大学生的积极能动的主体性因素，保证管理任务的完成与管理目标的实现。

信息管理者是思想政治信息管理工作中重要的推动者。管理者在深入了解和分析思政教育微观过程中教育者与大学生的信息规律的基础上，针对教育者、教育对象、教育过程的发展特点，明确思政教育工作的内在因素信息的变化轨迹与特征，从而启发思政教育工作者在具体现状的基础上开展富有预见性、针对性的教育活动。不论从何种角度来理解管理者的信息管理活动，我们都必须肯定信息管理者的信息管理实践活动在思政教育管理过程中的专业性特征。

（2）确保职业地位。职业地位的确立，在于明确高校思政信息管理工作者在思政教育工作体系的职业性存在，建立有序完整的职业体系，形成思政教育信息管理职业化与专业化的发展路径。高校思政教育要实现"全员育人、全方位育人、全过程育人"，从普遍意义上来讲，没有与思政教育无关的人员。但严格意义上来讲，并不是人人都具有思政教育工作的能力与素养。

因此，思想政治工作队伍的多元化构建，需要有明确的职责归属与之相适应，真正实现人、职、能、责的统一。高校对于思政教育信息管理队伍职业地位的确立，实际意义就是确保内在思政教育的信息管理工作获得相对稳定、相对独立的工作力量，不被消解、替代为其他类型的思想政治工作者，从而导致相关工作的弱化。从外在的社会变革来看，就是主动适应信息化程度日益提高、信息科技日渐专业高端化发展对思想政治工作者专业性能力提出的考验，进而使得思想政治工作队伍的建设能够积极顺应、主动融入时代发展的大势。

（3）优化队伍结构。合理的队伍结构，是确保思想政治工作能力的重要前提。信息管理队伍的结构优化在于增强队伍内部不同角色构成的合理性，理顺不同角色之间的关系、实现不同角色的优势互补，进而发挥队伍的整体协同效应。

第一，优化信息管理队伍的能力结构。思政教育信息管理工作对思想政治工作能力与信息管理能力的要求，体现在信息管理队伍的内在组成的能力结构之中。从更为深层次的内在原因来看，思政教育信息管理队伍职业能力的形成，来源于思想政治工作内在综合性能力要求基础上的知识分化，是综合性素养与专业性能力的辨证统一。任何思想政治工作问题的解决都有其赖以依存的必要性前提，这些前提性的条件归属于其他的知识领域，外在于思政教育工作，但又制约着思政教育工作的有效展开。因此，单一的知识背景并不能很好地满足思政教育所面临的工作需要，思想政治工作在综合性能力要求的基础上又充分地发展了其专业性能力，复合性人才成为思想政治工作队伍多元构成的一个特征。

从高校思政管理的角度来讲，信息管理队伍人的能力结构来应当由处于信息管理高层的信息管理领导能力、处于信息管理中层的管理能力、处于信息管理基层的执行能力构成，分别对应思想政治工作体系中的领导者、管理者、执行者。高校党政干部和共青团干部，思想政治理论课和哲学社会科学课教师，辅导员与班主任既是高校思政教育的主体也是高校思政教育管理的主体。从信息管理队伍构成的能力类型来讲，应当坚持思想政治工作能力与专业信息技术能力并重的原则。以专业的思想政治工作能力为基础，确保信息管理工作有效立足于思想政治领域，统领各项专业技术能力的发挥，实现其核心特质。以专业性的技术能力为关键补充，确保信息管理工作以科学的技术工具解决思想政治工作中的信息问题，满足思想政治工作的信息需要，实现思想政治工作体系的创新发展。

第二，优化信息管理队伍的体制结构。体制身份是确立信息管理职业地位的重要体现。信息管理队伍在高校管理体制中的地位得以确立，至少有以下三个方面的内容：首先，高校主要领导成员已经形成信息管理是高校思政工作创新发展的重大战略选择这一明确共识；其次，确保全面有效的信息掌握已经成为思政教育管理的核心工作之一，并由高校思政教育高层管理人员专职负责；最后，以思政教育信息管理中领导者的职务设置为标志，形成健全的工作体制，保证思想政治信息管理工作核心效力的提升。因此，信息管理队伍外化为体制中的职级存在，先是外在的职级定位、再是内在的层级设置。

思政教育信息管理的领导者应当是高校的高层领导之一，是信息管理系统的代言人、规划人、指挥人和协调人，他以战略性的目光，去统筹组织的信息管理，即组织中的信息管理不能仅依赖于他，而应在其领导下，设立以其为主导的健全的信息管理部，形成健全的体制。

信息管理的部门负责人，一般称为部门主管或信息系统主任，分管高校思政教育信息管理的分设部门，信息技术部、信息处理中心、信息服务部等。具体主持负责全校信息管理的技术开发、信息的资源性转化、信息资源的应用与服务等某一方面的工作。

信息管理的基础管理者是一线信息采集、信息服务、信息维护等工作内容的人员，他们从事信息资源管理、系统和技术管理等专业性的信息工作。管理的组织内部，各个层级的管理者与工作者相互协作，以实现管理的效力于目标共同而构成一个整体。

（二）高校思政教育信息资源的准确定位

高校思政教育信息资源定位，是信息价值生成的重要体现，是明确信息采集方向的基本性环节，是以思政教育信息的分类与指标为基础前提，立足思政教育现实的信息需求，结合信息源与信息路径的科学性与可行性一个综合性的思考过程。

从根本来看，高校思政教育信息资源和信息要素定位的精准性，既取决于实践自身的发展程度，也取决于对实践的认识程度即思政教育相关领域内的理论研究的深度。实践上理论上都无法一次性的确定高校思政教育信息资源具体所指哪些内容。因此，基于高校思政教育信息分类基础上的信息资源定位更多地表现为一种实践探索。

1. 高校思政教育主体

高校思政教育主体，包含两种基本形式：①思政教育工作者，直接从事思政教育工作的人；②思政教育工作组织，与学生相关的思政教育管理组织。高校领域内与思政教育活动相关的组织，是思政教育信息大量集聚的区域，管理部门的数据是思政教育要素信息动态完善的重要组成。

(1) 工作队伍信息。思政教育者的素质，主要是指教育者履行职能必须具备的思想、政治、道德、知识、能力等方面基本条件的总和。作为思政教育工作者的素质是多方面的，就其核心层面的内容来讲，是指从事思政教育工作的专属特质，有别于作为一个教育者的一般素质要求。

(2) 组织运行信息。组织运行信息是从高校不同领导机构与职能部门的日常运作过程中收集全校常态化的工作信息。高校学生工作模块采用党政合一，实行校、院（系）、年级、班级逐级管理的方式，并实行条块结合各二级学院既对同级党委行政负责，又对上级党委行政负责。按照高校思政工作的组织体系，管理上划分为校级领导层、校级管理层、院级领导层、院级管理层，并针对不同层级的管理内容，进行信息定位。

2. 高校思政教育客体

确立大学生思政教育的信息维度是信息定位的基本要求，从更为综合与全面的角度来看，应当确立以大学生为核心的成长性分析，从大学生的入学与录取、学业行为与态度、课外活动、日常生活与消费、心理健康、职业与人生规划、毕业与就业、价值观与信仰状况等方面着眼，建立起大学生的整体信息框架。

(1) 入学与录取过程中的信息以学生的背景性信息为主，以个体的家庭情况、高中学习情况、专业选择情况，突出学生重要背景信息中由高中到大学过渡情况的重要内容特征。

（2）学业行为与态度信息，以大学期间的学习过程中的表现与主要学习成果为主。从量化的考勤、资格证书、学业成绩数据和质性的学业自我效能感、学习动机、学业满意度的调查，构建起对全校大学生整体性与个体的学习情况分析。以适应思政教育管理对校园文化育人环境即班风、院风、校风评价的重要指标，也作为实现思政教育针对性的重要因素参考与背景依据。

（3）课外活动信息，以观察学生个性特征的表现为重点，通过学生在实习、社团、兼职、担任学生助理与学生干部中的具体表现为重点，客观反映学生综合素质与能力，构建起对全校大学生整体性与个体的综合素质能力分析，以适应实现高校针对性的培养大学生素质能力的信息需要。

（4）日常生活与消费信息，以大学生日常生活中的主要行为习惯与消费特征为主，从吸烟、饮酒、睡眠、消费水平等日常生活状况，分析大学生日常生活中的观念行为的具体表现，建立起对大学生思想价值的关联性分析，从生活习惯的层面上确立对大学生思想价值观念分析的背景支撑，并及时观察大学生生活中的不良行为习惯所隐含的思想价值观念问题。

（5）心理健康信息，以量表性心理健康测量数据为主，通过阶段性与跟踪性的性格、情绪、成就、自我效能感、自尊水平等方面的心理健康测量，分析本校大学生心理变化发展、特殊重要阶段的心理状况。通过科学的整体性心理健康分析，实现思政教育内容方法的普遍适应性的调整，同时通过特殊个体心理分析，实现不同心理特征下思政教育的针对性与实效性。

（6）职业与人生规划信息，关注大学生毕业意向、就业规划、财产规划、家庭规划等方面的信息，重点分析大学生职业理想与人生规划中所蕴含的世界观、人生观、价值观的内容，描述大学生职业期望与人生规划的整体态势，关注大学生的内在成长中理想信念，进行相应的纠正或引导与强化。

（7）毕业与就业信息，关注大学生的实际就业岗位、待遇等现状，描述大学生融入社会过程中存在的思想、价值、观念上的变化特征，描述全校大学生就业的整体现状与特殊现状。关注大学生的社会适应性信息及其社会适应中存在的思想、价值、观念问题，在实际生活中对待国家、社会的实际思想认知。

（8）价值观与信仰信息，以思政教育的根本目的与核心要求为主，关注大学生的国家观、社会观、利益观、政治态度，并与大学生的入党意愿与行为、日常行为特征等信息关联。重点描述思政教育内容对大学生内在情感认知的塑造程度及其在大学生行为中的外化实现程度，分析思政教育工作的现实成效。

以大学生为视角的思政教育信息是一个有机的整体，各个维度的信息都是紧密联系在一起的，不能孤立地去看待某一方面的内容。通过对全校大学生整体性的信息观察与个体性的信息跟踪，形成思政教育工作的背景与重要起点，使得对大学生动态、全面的信息掌握的基础上，在普遍性指导的同时，针对不同状态下的学生寻求不同的切入点，以适应思政教育的多端性，使得高校思想政治工作的各项工作更具有灵活性。

3. 高校思政教育介体

高校思政教育育人体系，既构成一个相对稳定的结构，又是一个思政教育各要素在特定领域内相互运作的过程。因此，思政教育信息在育人体系中的定位，既要通过结构化的信息方式对育人体系的要素及结构进行整体性的现状描述，又要通过过程化的信息描述方式对育人体系的运作过程进行系统性的描述分析，具体从以下方面探讨：

（1）文化育人信息。文化育人体系的建设要求注重以文化人、以文育人，深入开展中华优秀传统文化、革命文化、社会主义先进文化教育，推动中国特色社会主义文化繁荣兴盛，牢牢掌握高校意识形态工作领导权，践行和弘扬社会主义核心价值观。从高校思政教育管理的角度来看，文化育人的信息定位主要有三个方面的关注点：①文化环境的营造；②文化教育的养成；③意识形态的引导。

第一，文化环境的营造信息，包含外在的文化氛围与内在的文化氛围两个方面。外在的文化氛围，是校园内以文化标识为主的物质载体所营造传达的效果；内在的文化氛围，是校园人员交往言行中所散发出的文化内涵，体现校园整体人文风貌、文化礼仪的精神性内容。

第二，文化教育的养成信息，是微观的课程教学、主题活动开展过程中，教育者对四类文化内容的教育过程、教育效果的质量性信息。同时包括传统教学过程中文化氛围的营造、文化内容传导、文化因素渗透等方面的信息。

第三，意识形态的引导信息，主要包括校园师生在校园生活、社会生活、网络生活中，个体言行中所透露出的政治观点、政治价值、政治态度等方面的倾向性信息。学校在校园网络舆情的管理与引导等工作计划、开展、成效方面的信息。

（2）课程育人信息。课程育人信息，首要的是思政教育理论课的基本建设信息，从高校课程建设的基础性与整体性要求来看，从组织管理、教学管理、队伍管理、学科建设、特色项目五个方面，构建了全面科学的指标性评价维度，形成了课程育人信息管理的基础性信息内容。

就其更高层面的建设发展来看，课程育人是依托高校课程体系的系统建构，通过高校课程体系内部诸课程之间的分工、配合、联动，发挥课程体系与价值教育的同向效应，最终实现育人的整体目标。从实然性的信息结构来看，课程育人信息的宏观考察，立足于思政教育理论课与其他课程之间整体育人效应的发挥程度，先掌握哲学社会课程、自然科学课程等课程蕴含的思想政治内容价值信息，以及其表现的程度与形式的信息；再从思想政治价值引领的本质要求出发，明确各类课程"课程多元化与育人全面性"的互补协同的关系性信息。

从课程思政的应然指向来看，以思政教育课程体系为载体，各门课程协同、共进、相比补充、相互配合的实现程度与实现效果为主要的信息评价，其中思政教育理论课"主渠道"的主导性发挥与"主阵地"的保障性功能的实现，是信息管理首要的信息关注点，然后是各类课程之间与思政教育课程之间的"价值衔接与价值耦合"状态以及整体运行应当达到的状态是信息管理的主要信息关注与评价依据。此外，教学是课程育人的主要实践形式，课程中的教学信息构成信息管理的另一重要信息领域。教学过程中的要素及其相互作用的状态与教学效果构成信息观察的三个维度，其中教师作为教学过程中的主导性要素,作为课程育人的主要实施者,具体细化为教学评估中的教师、教学内容、教学方法等方面的内容要求。

(3)管理育人信息。管理育人体系的建设要求加强教育立法,遵守大学章程,完善校规校纪,健全自律公约,加强法治教育,大力营造治理有方、管理到位、风清气正的育人环境。从高校管理实际来看,高校思政教育管理性信息的定位,主要是深入高校各管理系统中,对相关管理工作中蕴含的思政教育元素进行信息反映。

具体而言,对高校党的管理系统、行政管理系统、团学管理系统、院系管理中事关思政教育工作的开展状况的管理性信息进行有效的收集。对各个系统中管理部门与人员的工作素养、管理规范、工作行为风气等进行信息跟踪;在党的系统中突出规划性、领导性的信息,突出各级党委与基层党组织对学生党员的管理培育信息;在高校团学系统中,突出对学生社团管理、学生各项实践活动的组织开展信息;在高校行政系统的专职性的管理中,突出对学生的纪律管理、学生宿舍管理等方面;在院系管理系统中突出学生日常事务性管理过程中学生需求、问题处理中的信息。

(4)实践育人信息。实践育人是实现大学生道德情感认知的理论教育与能力品质素质的行为养成的重要过程,是通过实践养成,教育引导师生在亲身参与中增强实践能力。实践育人信息的定位,是对高校思政教育实践育人体系中的关键节点与主要方面信息的定位与管理。

高校实践育人体系,是一个结构性的运作模式,从实践育人工作的总体规划、各项实践育人工作的统筹开展、实践育人工作的组织领导三个方面,对实践育人的各项工作即实践育人资源开发、实践教学改革创新、军事训练、社会实践活动、实践育人队伍、班级社团等学生组织的主动性发挥等方面做了明确的要求,并从高校各项实践育人工作的合力、经费投入、考核管理、实践育人的经验积累与宣传等方面对实践育人工作的组织领导提出了多方面的发展。从思政教育实践育人的结构性信息定位,着眼于实践育人体系重要环节的建设情况,即实践育人资源的开发建设、实践育人队伍的构成与培育、实践教学方式的、学生组织的运行与管理等方面的信息。

从思政教育对实践育人的要求来看，高校实践育人运行过程中各构成要素之间不断相互联系、相互作用、相互影响，形成和达到结构合理、功能完整、关系和谐、程序严密、运行持久的运动状态，不断促进和调节高校实践育人工作健康稳定发展。思政教育实践育人的过程性信息定位，着眼于思想政治实践育人资源的利用、实践教学及过程的社会实践。

（5）网络育人信息。互联网时代，网络生活已经构成大学生活的重要组成部分，大学生在网络空间的活动成为现实生活的一个重要延伸，网络空间也成为大学生的思想观念信息的重要富集区。网络育人信息包含：①高校网络环境的建设与管理；②大学生网络生活的言行信息；③网络中的思政教育实践情况。

第一，高校网络空间的建设与管理信息，以网络空间管理的关键环节与成效、网络环境的营造、高校为主体进行的网络空间活动为主要关注点，具体包括高校网络建设的措施、管理过程、管理成效，高校参与网络活动的方式、内容、广度与深度等方面的信息。

第二，大学生网络生活的言行信息，主要关注电子公告媒体、网络日志媒体、即时通讯媒体、手机新媒体、微媒体等大学生网络生活工具和路径中记录的思想言行内容，对大学生日常生活的网络化信息表达中传递的价值、思想、观念等方面的信息点进行收集、整理、分析。

第三，网络空间的思政教育实践信息，是对反映网络空间中思想政治实践过程与实践效用的信息收集，主要包含网络队伍的建设、网络平台的建设、思政教育内容的网络化发展、网络文化产品的开发、大学生网络意识和素养的培育等工作开展的计划、过程、效果进行质量性信息反映。

（6）服务育人信息。思想、心理问题总是与人们的现实生活紧密联系在一起，高校思政教育服务性信息的价值生成，就体现在对思想政治工作者与思想政治工作对象现实生活问题的反映之中。高校思政教育服务过程中的信息定位，主要表现为服务对象的满意度信息。

第一，对思想政治工作者的保障性信息。针对思想政治工作者的生活、工作、发展的服务性保障，及时跟踪思想政治工作者的生活、工作、发展方面的需求性、问题性信息，获取思想政治工作队伍的保障性政策、条件以及工作的成效信息，关注队伍的建设、更新、培训等方面的结构性信息。

第二，对大学生校园生活提供的服务。采用问卷访谈性的信息调研方式，针对大学生成长过程进行的心理健康教育、择业就业服务、贫困家庭学生资助等工作开展的实际效果、满意度、存在的问题等方面进行信息搜集。采用信息反馈的方式，针对大学生生活中校园硬件条件的充足、安全、便捷、等方面的满意度信息。

（三）高校思政教育信息管理的规范保障

高校思政教育信息管理的规范，是影响和制约信息管理主体、客体、介体等要素的存在状态与作用形式，是思政教育信息管理活动有效开展的重要保障。

1. 加大信息管理的规范建设

规范高校思政教育信息管理，既是实现思政教育内部有效管理的方式，又是保障思政教育信息有效利用的重要条件。高校思政教育信息管理所处的组织环境、网络环境、技术环境、信息环境中客观存在着各类不利因素，这些因素直接或间接影响着信息管理活动的安全性、有效性和稳定性，因此，信息管理技术支持与制度环境建设就显得尤为重要。

对思政教育信息进行有效管理、系统管理具有很强的针对性和现实意义。为减少信息管理环境客观存在种种不利影响，信息管理技术层面上可以采用数据加密、信息隐藏、数字水印、入侵检测、安全智能卡、PKI认证技术、漏洞检测等安全技术，建立信息管理系统的安全防护网，防止外部侵害；采用信息屏蔽、信息筛选、信息导航等信息技术减少信息泛滥、无序现象对思政教育信息管理的冲击，努力营造安全稳定的信息管理技术与制度环境。此外，要通过管理规范建设，增强思政教育工作者的信息管理规范意识和技术运用能力。因此，高校思政教育需要通过制度与规范的手段调控内在信息管理活动，从根本上减少信息管理环境中的不利因素，具体如下：

（1）建立技术规范，计算机安全标准、网络安全标准、操作系统安全标准、数据与信息安全标准、电磁兼容性标准、电磁泄露极限等。从专业技术的层面减少信息管理的技术威胁。

（2）建立管理工作规范，确立科学规范的思政教育信息管理流程，明确规定思政教育信息在采集、整理加工、交流运用中的工作标准与工作要求。通过技术和工作制度规范的建立，统一信息管理人员的思想与行为，增强责任感，克服工作中的随意性。

2. 确保教育信息的科学运用

在确保信息管理安全稳定的同时，思政教育信息管理规范另一个深层次的关注点是思政教育信息的使用规范问题。高校思政教育信息管理，不仅要确保外在技术层面的支持，同时要确保思政教育信息使用的规范性、科学性。思政教育信息的使用失范，会直接冲击信息管理活动内在正当性，甚至会造成信息管理的难以为继。

（1）依据思政教育信息的实践来源确定其适用范围，明确思政教育信息的使用对象、范围与使用时效。思政教育信息来源于特定的实践活动并受其适用性限制，有其内在的局限性。思政教育信息的这一内在局限性决定了信息适用的对象及时空界限，因此，不能泛化思政教育信息的使用。思政教育信息主观能动的整合、运用等过程要尊重信息的这一客观属性，不能用主观意图裁剪思政教育信息实际。

（2）依据思政教育信息的管理层级，合理划分思政教育的适用及保密等级，明确思政教育信息的适用层级。为不同管理层级加工整理的信息就克服其外在的自由性，与公开自由类信息相区别为特定的管理层级所专有，这种专有专用性依据管理层级的高划分为不同的保密等级。思政教育信息的保密性由管理的专有性所决定，保密等级与管理层级相适应，为思政教育信息的使用确立体制内的归属规范，并与初始阶段信息的共有性相区别。

第三章　高校思政教育立体化模式

第一节　高校思政教育立体化模式的理论

一、思想政治教育的立体化理论

思想政治理论课立体化教学既是培养大学生综合素质和能力的重要途径，也是实现大学生思想道德修养"知与行"统一的重要手段。因此，在立体化教学中无论是教学目的和教学内容的选择，还是教学手段和方法的运用，大学生始终处在主体的地位。思想政治理论课立体化教学旨在通过思想政治理论课教学活动进一步巩固大学生掌握的理论教学基本知识、基本理论和基本原理，把感性认识上升为理性认识，并提高大学生运用分析和解决问题的能力。思想政治教育的价值和归宿就是以人为本。思想政治教育的对象是人，它是教育人、说服人、塑造人的工作，它是建构在"人"的基础上的社会实践活动，它肩负着关注人的自身发展、解读人的存在意义、建构人的精神家园、促进人的全面发展的历史使命。人的价值问题既是思想政治教育价值的逻辑起点，也是思想政治教育价值的最终落脚点。因此，只有坚持以人为本，思想政治教育才能卓有成效，才能产生亲和力和影响力，取得实效性。

以学生为本，创新思想政治理论课教学最关键的是思想政治理论课教师要热爱和尊重学生。此外，真正的教育存在于人与人心灵距离最短的时刻，存在于无言的感动之中。因此，要抓住学生的心灵，思想政治理论课教师必须要对自己所讲授的内容真信、真懂、真用，做到为人师表，热爱和尊重学生，以人格教育人格，以性情培养性情，以心灵感动心灵。这是实施以学生为本的思想政治教育教学创新的核心和精髓。

当代大学生都出生在改革开放以后的年代里，他们的成长伴随着中国经济社会的巨大发展，承受着社会发展变革带来的重要影响。特别是处于经济全球化、政治多极化、信息网络化、文化多元化这一时代大背景下的当代中国，经济体制深刻变革，社会结构深刻变动，利益格局深刻调整，思想观念深刻变化。与之相伴，利益多元化、思想多样化，各种社会思潮涌动，各种文化相互碰撞、激荡、交融。原有的价值理念和道德标准受到了严峻挑战。人们的思想观念、价值取向、社会交往、生活方式都发生了深刻的变化，纷繁复杂的社会现象和问题会使大学生产生许多新的认识问题和思想困惑。因此，思想政治理论课教学如何以更加贴近大学生的精神成长需要，更好地展示理论的现实力量，将改革开放和科学发展的理论内涵、思想魅力和实践展开引入教学过程中，以更加客观地传递事实逻辑的方式和内涵进行思想政治理论课教学，即如何把思想政治理论课的课堂伸向蓬勃开展的经济社会实践，加强当代大学生与广阔社会天地之间的联系，不断创新讲述方式和价值传递方式，而不是枯燥无味地照本宣科，这是思想政治理论课教学方法创新的迫切要求和重要环节。

此外，坚持"以学生为本"的教学理念是教育发展的本质要求。在这日新月异的时代里，对于走在时代前沿的当代大学生来说，他们对事物会有不同的认识和看法，由于大学生的情绪波动易受环境因素的影响，其性格尚未稳定和完善，存在盲从、自卑、傲气和依赖心理，致使在思想政治教育工作中出现诸多障碍。如果思想政治教育工作依然采用传统的单向传授法，而忽视师生间情感互动交流的教育方法，则明显不利于当代大学生的心理健康发展。所以说，坚持"以学生为本"是思想政治教育能否顺利发展的前提和基础，应把大学生的核心作用和个性差异两者相互结合起来，全面提高大学生的综合素质。大学生思想政治教育方法创新工作，应坚持以学生为主体，不仅需要依赖心灵沟通法，还需要逐步引导大学生进行自我教育和自我管理，运用自我督促法，提高大学生的学习主动性和创造性，将教育理念和教育实践经验贯穿于思想政治教育方法创新工作的始终，实现大学生自我教育，全面提高大学生综合能力素质，使思想政治教育方法创新工作得到改善和提高。

二、现代道德教育的立体化理论

高校思想政治教育立体化模式构建具体体现在教学观念上，要体现出现代教育新理念和新思想，用新的教育理念和思想指导立体化教学活动，思想是行为的先导，改进思想政治教育，必须首先更新思想政治教育观念。思想政治教育作为一种有目的、有指向的、社会的、文化的活动，更加突出地受到思想观念的支配。过时的、保守的教育体制和方式，往往凭借过时的、保守的思想观念维系而习惯地持续下去，对反映时代特征的教育内容和手段，也会按过时的、保守的思维方式给予裁定和阐释。构建主体性思想政治教育模式，必须以观念更新为先导和动力，以创新精神更新教育观念。

我国正在进行的改革开放是一场深刻的社会变革，它促使人们的生活方式、思维方式、行为方式和思想观念发生了巨大的变化，从而使思想政治教育既面临着发展的机遇也面临着巨大的挑战。新形势下，作为我们党的政治优势和优良传统的思想政治教育，也只有高高扬起创新的旗帜，才能真正增强自身的有效性，开创出生动活泼的新局面。只有解放思想、勇于创新才能克服传统思想政治教育的弊端及其消极影响；如果无视社会的发展变化、学生思想行为的发展变化、学生生活环境的变化，仍坚持守旧的、保守的观念进行思想政治教育，拒绝研究新情况、新问题，就会导致思想政治教育体制的僵化，达不到思想政治教育的目的。当前，构建立体化的思想政治教育模式，应树立新的思想政治教育价值观、任务观。

（一）确立统一的价值观

由于受传统"社会本位说"的影响，在思想政治教育领域存在着片面的"唯社会价值观"，人为地把社会价值与个人价值对立起来，过分强调社会价值，忽视甚至否定个人价值。在这种思想指导下，思想政治教育目标只强调社会要求，忽视甚至否定个人的内在需要；思想政治教育功能只重视思想政治教育在促进社会发展方面的社会功能，忽视甚至贬低思想政治教育在促进个人发展方面的个体功能，致使思想政治教育难以吸引受教育者的积极参与，因而收效不大。事实上，人是社会发展的手段，更是社会发展的目的。思想政治教育通过培养具有主体性的人来促进社会发展，而社会发展的最终目的也是为了人更好地发展。因此，在思想政治教育工作中必须克服片面的"唯社会价值观"，确立社会价值与个人价值相统一的科学价值观，在满足社会发展需要的前提下，充分尊重和兼顾个人的内在需要，促进社会价值与个人价值协调发展。

（二）科学确立任务观

思想政治教育的最终目的不仅在于为教育对象提供理论的灌输，更重要的在于教育对象能在生活实践中践行思想政治品德行为。因此，培养人的主体意识、主体能力是思想政治教育主题的应有之义。我们必须克服片面的只灌输社会规范的任务观，同时，也要防止忽视甚至否定社会灌输规范的倾向，确立灌输社会规范与培养能力和发展个性相统一的新观念。在改进灌输方法，提高灌输效果的同时，重视社会实践的锻炼，着力培养人的能力和个性，促进人的全面发展。受传统教育思想的影响，思想政治教育的全部任务仅归结为"传道"，即灌输社会规范，视受教育者为社会规范的接收器，而不重视能力和个性的培养。因而，在思想政治教育中简单说教、硬性注入的现象一直存在。

事实上，完整的思想品德系统是一个由心理、思想和行为三个子系统有机结合而成的三维立体结构，具备思想政治品德知识，为人的思想政治品德行为和习惯提供了基础和前提。在教学内容上，要不断根据社会发展出现的新形势、新特点、新要求，更新和充实教学内容，使教学内容贴近时代、贴近社会、贴近教学对象思想实际，坚持与时俱进，由不同层次的内容相互作用，共同构成思想政治教育的内容整体，统一于思想政治教育目标之上。同时，随着社会的发展进步，思想政治教育内容也处在不断地变化发展之中，是稳定性和动态性相结合的有机整体。在新形势下，大学生思想政治教育与大学生的学习、生活和就业问题结合得更加紧密，其内容和目标都与以往相比发生了重大变化。大学生思想政治教育的内容为适应社会形势的变化和发展，逐步扩大其所包含的范围，并不断地更新思想观念，扩充知识体系，使其内涵更为丰富。

思想政治教育内容，是指根据一定的社会要求和针对受教育者的思想实际，经教育者选择设计后有目的、有步骤地输送给受教育者的思想意识、价值观念、政治观点和道德规范等信息。要使教育对象符合教育目标的要求，坚定政治信念，端正思想观点，建立道德理念，优化心理品质，形成行为规范，都取决于采用怎样的教育内容。思想政治教育内容结构是指思想政治教育内容的构成要素及其相互关系。思想政治教育内容包括哪些基本要素，理论界的认识并不完全一致。因此，本书认为，思想政治教育内容是由政治教育、思想教育、道德教育、法纪教育和心理教育五大要素组成的既相对独立又有机联系的逻辑结构系统。

1. 思想教育的根本性

思想教育是依据一定的哲学思想及其方法论对受教育者施加影响，以帮助受教育者树立正确的世界观、人生观、价值观以及思维方式的教育。思想教育主要包括科学的世界观、人生观、价值观教育，艰苦奋斗精神教育，创新精神教育等，它通过引导人们对人类社会发展规律的认识和理解，使人们形成科学的世界观、人生观、价值观，具有正确的理想信念、科学的思维方式和开拓创新精神，为人们认识世界和改造世界提供根本的思想方法和强大的思想武器，为政治教育、道德教育、法纪教育和心理教育提供价值理念支撑和世界观、方法论基础。其中，世界观、人生观、价值观教育是思想教育最根本的内容。

2. 政治教育的导向性

政治教育是一定阶级和社会依据一定的政治思想和政治规范对受教育者施加影响，以帮助受教育者树立正确的政治方向、政治立场、政治观点、政治信念、政治态度，即实质上培养政治信仰的教育。政治教育的具体内容主要有党的基本理论、基本路线和基本纲领教育，理想信念教育，爱国主义、社会主义教育,形势与政策教育等。在思想政治教育内容体系中,政治教育始终居于主导地位,是思想政治教育的导向性内容。①政治教育具有鲜明的政治性和阶级性,政治教育总是同党的意志紧密相连,传播一定的政治思想和政治主张,从而从根本上发挥引导人们思想和行为的作用。②政治教育贯穿思想政治教育的始终,对思想政治教育过程和思想政治教育其他内容起着指导和支配作用。③政治教育指引思想政治教育沿着正确的方向发展。

3. 道德教育的基础性

道德教育是将社会的外在要求内化成人们的道德观念、道德情感和内心信念,再外化为具体的行为,目的是培养人们良好的道德品质和高尚的道德情操。道德教育是依据一定的伦理思想和道德规范,对受教育者施加影响,以帮助受教育者培养良好的道德品质和道德人格的教育。道德教育主要包括社会公德、职业道德、家庭美德教育,中国传统道德教育,社会主义人道主义教育以及生态道德、网络道德教育等。道德教育是思想政治教育的基础。道德教育虽然在性质、方向上受政治教育、思想教育的影响和制约,但良好的道德品质对合格的政治素质、思想素质、法纪素质和心理素质的形成与发展起着引领和提升作用。

4. 法纪教育的保障性

法纪教育是对受教育者进行社会主义法制和纪律教育,培养他们具有法律观念和遵纪守法的品质,知法、懂法、守法,并且学会用法律武器保护自己的合法权益。法纪教育主要包括社会主义法制教育、纪律教育以及社会主义民主教育等。法纪规范是政治规范和道德规范实施的保障性力量,法纪教育在政治教育和道德教育的实施中起着重要的保障作用。首先,从法律与政治的关系看,政治规范是法律规范的最高层次,法律规范是政治准则的基本保障力量,进行法纪教育是维护政治原则和实现政治理想的重要保障。其次,从法律与道德的关系看,法律是道德的最基本体现,道德是法律的精神基础。只有加强法纪教育,才能更好地实现道德教育使其对象从他律向自律转化的功能。再次,社会主义法律、法规中包含着丰富的思想政治教育内容,加强法纪教育可以为这些内容的实施提供制度化保障。

5. 心理教育的前提性

心理教育主要包括青春期教育、心理健康教育、意志品格教育和个性品质教育等。现代思想政治教育是一种涉及人们认知、情感、意志和信念的特殊社会活动，必须以心理教育作为起点和前提。在政治、思想、道德和法纪教育的过程中，人的心理状况始终起着维持、调节和统合的作用。心理教育就是通过对人们良好心理素质的培养，使人们形成健康的心理品质，为思想政治教育其他内容的实施提供赖以依靠的基础和平台。思想政治教育内容是一个由多层次要素构成的系统，这些内容相辅相成，共同构成思想政治教育内容系统主次分明、和谐统一的整体。思想政治教育内容的诸要素在根本上是相互关联的。在思想政治教育内容结构中，政治教育是主导，思想教育是根本，道德教育是基础，法纪教育是保障，心理教育是前提。这些内容在思想政治教育内容结构中虽然处于不同的层次和地位，既不可偏废，又不可相互替代，但它们相互依存、相互依托、相互联系、相互渗透，推动着思想政治教育的发展。

在教学方法和手段上，要将现代教育技术运用到思想政治理论课立体化教学各个环节，充分发挥现代教育技术的功能优势，不断地增强立体化教学的吸引力、说服力和影响力。努力使教学方式和方法贴近实际、贴近生活、贴近大学生，符合大学教育教学的规律和大学生学习的特点，不断增强教育教学的针对性、实效性和说服力、感染力。首先，要不断拓展有效的教学方法。坚持以人为本在教学方法上的根本要求就是把单向"注入"式教学引向师生双向交流的"互动"式教学，倡导启发式、参与式、研究式等教学方式。针对不同类型、不同阶段大学生的特点以及不同的课程，可采取课堂讲授、课堂讨论、专题讲座、专题演讲、辩论、教学实践等方式。其次，要运用现代化教学手段。思想政治理论课必须积极推进多媒体教学，建立教学互动网站，把课堂延伸到网上，使思想政治理论课教学更加灵活、有效和充满吸引力。最后，要改革考查考试方法。重点考查学生对教学内容的理解、接受和运用的情况。同时，可采用口试、论文答辩、写读书心得和调研报告等方法。在教学评价上，要依据立体化教学特点，突出教学过程的评价，弱化结论式评价，注重教学对象参与性、实践性评价，重视全面、定性式评价，弱化片面、定量式评价，强化知识运用能力、判断能力等综合性评价，弱化知识记忆型评价。

在评价过程中，把师生的活动分解成若干部分，并制定出评价标准。根据这些标准判定师生的活动是否偏离了正确的教学轨道、偏离了教育方针和教学目标，有无全面完成各科教学大纲规定的目的和任务，从而保证教学始终沿着正确的方向发展。评价具有激励功能，教学评价可以调动教师教学工作的积极性，激起学生学习的内部动因，维持教学过程中师生适度的紧张状态，可以使教师和学生把注意力集中在教学任务的某些重要部分。对于学生来说，教师的表扬、鼓励、学习成绩测验等，可以提高学习的积极性和学习效果。同时，评价能促进学生根据外部获得的经验，学会独立地评价自己的学习结果，即自我评价。自我评价有助于学生成绩的提高。虽然教与学的相互依赖性是人所共知的，但是教、学及教学评价之间的这种相互依赖性却较少被人认识到。

实际上，若将教学活动比喻为一个信息传递系统，那么教学评价可被视为此系统的信息反馈机制。透过评价活动，教师和学生得以接收反馈信息，因此能够有效地调整教育与学习活动，明确其目标；评价活动也有助于不断增强教学成果，产生积极的激励效果；教学评价还为教育工作提供了可靠的依据。高校思想政治理论课的评价特殊性决定了其独特的评价需求，通常而言，思想政治理论课的评价需要实现以下"七个结合"：融合思想评价与政治评价、结合知识评价与价值评价、整合自我评价与他人评价、联结现实评价与潜力评价、统合量化评价与质性评价、融和显性评价与隐性评价、统一短期评价与长期评价。

除此以外，以学生学习效果为逻辑起点建构的高校思想政治理论课评价理念或体系还需要坚持三个层面的基本要求，即以"学"为中心的"教与学"的统一、以"真理"为依托的"真理与价值"的统一和以"行"为归宿的"知与行"的统一。以"学"为中心的"教与学"的统一强调高校思想政治理论课在"教一学"环节即教育教学过程中的效果评价。相时于其他课程的教学效果评价体系而言，思想政治理论课的教育教学内容有其特殊性，不仅包括国家的大政方针、国际国内形势、社会主义的基础理论，还包括政治观、道德观、价值观和心理观等教育。因此，在思想政治理论课教学评价中，教师的"教"非常重要，其教学内容的规定、设计以及传播，影响制约着学生的知识、观念、态度，也决定了评价体系设计的科学与否。

当然，掌握思想政治理论课的基本内容不是课程评价的终极目标，只是课程评价的一个基础性指标，一项基础性工作，其更重要的意义在于其作为学生树立科学价值观的依托。学生通过对历史唯物主义和辩证唯物主义的学习，通过对伦理道德基本规范的学习，树立坚定的共产主义信念，远大的理想，正确的世界观、人生观、价值观、政治观、道德观、心理观等。新型的以学生学习效果为核心的思想政治理论课教育教学评价，最终就是要实现学生所掌握的真理与价值内化的统一，即学生通过受到教育与引导，将课程的科学真理内化为自身的理念、素质与能力。

第二节 高校思政教育立体化模式的构建

经济市场化、政治民主化、文化多元化、世界全球化和虚拟化、人的诉求多样化之间铰链式的互动过程中所出现的新问题、新矛盾，构成了我国思想政治教育新的时空境遇，并对我国思想政治教育发展形成新的环境压力，在丰富学科理论体系内容的同时，又在不断地提出新的问题，凸显新的矛盾，在这种对立统一的矛盾运动中，思想政治教育方法得以创立和不断发展。改革开放 40 多年以来，我国实现了由计划经济向市场经济的经济转型，由农业社会向工业和服务业为主导的城市社会和知识社会的社会转型，由中央集权政治体制向社会主义民主政治体制的转变，由封闭、半封闭逐渐向全面开放的开放型社会转变。

一、高校思政教育立体化模式的构建条件

（一）中国社会的建设实践

改革开放 40 多年以来，我国社会的政治、经济、文化等方方面面开始逐渐地发生改变，从而引起人们思维方式、思想观念和行为方式的变革。由战争、斗争状态向生活化、常态化社会运行状态的转变，使得思想政治教育的时效性、有效性、实效性等也不断遭遇挑战，表现在对社会环境的不适应、教育制度与观念的脱节、既有教育模式和功能的缺损等，这无疑加重了科学研究思想政治工作的重要性和紧迫性。正是在提升思想政治教育实效性的过程中，思想政治教育专业和学科才应运而生。

大学生思想政治教育，是关系国家和民族前途命运的大事。思想政治教育方法作为教育过程中的重要环节，对教育目标的实现起着尤为关键的作用。当前，科学技术的迅猛发展以及东西方文化的剧烈碰撞与相互交融，必将对整个社会产生深刻影响，给高校教育尤其是高校的思想政治教育带来巨大的影响。正确认识高校思想政治教育所面临的新情况、新任务，积极探索与之相适应的新途径，创新思想政治教育方法，对提高思想政治教育的实效。达到思想政治教育的目的具有重大的现实意义。用科学发展观来指导大学生思想政治教育，高校根据教育对象的思想特点，做好多渠道、多角度和多方法的统筹安排。积极改进高校思想政治教育的途径和方法，坚持以人为本，与时俱进，贴近实际、贴近生活、贴近大学生，努力提高针对性和实效性，不断增强吸引力和感染力。积极探索建立社会实践与专业学习相结合、与服务社会相结合、与勤工助学相结合、与择业就业相结合、与个人创业相结合的管理体制。从而使大学生的思想和行为适应社会发展的需要，真正成为德、智、体、美全面发展的社会主义合格建设者和可靠的接班人。大学生思想政治教育是一个系统工程，方法创新的切入点就是要以大学生为本，从关心和理解大学生着手，创新思想政治教育方法和途径。

（二）信息技术的发展成果

信息技术的发展成果不仅使现代思想政治教育可以利用高科技成果营造浓厚的教育氛围，以含科技文化成果为载体进行思想政治教育，而且更突出地体现在可以通过高科技产品提供先进的教育手段和运用良好的教育方法进行思想政治教育。例如，我们可以利用信息技术和计算机网络技术与设备建立全社会或某一系统的思想政治教育与管理模型。这样既可以促进思想政治教育的规范化与科学化，又便于从事思想政治教育的领导和管理部门及时了解情况，为决策提供依据。

随着信息时代的到来，特别是网络技术的迅猛发展，整个社会已逐渐走进信息社会的新时代，人们的生产、生活和思维方式在新时代下自觉或不自觉地变化着；思想政治教育作为理论性和实践性兼具的认知活动和实践活动，信息时代下信息技术的发展尤其是多媒体技术的发展，给思想政治教育领域带来了巨大变革，用颠覆性形容这种变革也不为过。一方面需要思想政治教育与时俱进，转变教育方法、充实教育内容；另一方面媒体的发展拓宽了人类生活空间和交往范围，提供了新的教育手段和技术，从而改变着人们的学习方式，为思想政治教育的发展提供新手段。尽管多媒体技术的发展带给人类的影响也有消极方面的，但现代人已经不能离开多媒体技术而存在，其带给人积极的影响是主要方面，在思想政治教育领域也不例外。

网络在中国以快速发展的趋势普及开来，网络领域信息、知识的极度丰富和迅速更新为思想政治教育提供广阔平台，这主要表现在三个方面：一是新媒体依托计算机网络技术、数字技术和移动通信设备技术等形成了便于传播和交流的工具，教育者可以最大限度利用这一传播优势，主动地、大规模地、长期地向教育对象宣传和教育，即使起不到及时的作用，教育对象也能在经常的"被灌输"中不自觉地接受"鼓动"。二是教育对象能够通过媒体这一媒介和教育者进行平等沟通，减少双方之间因地位的"不平等"而产生的隔阂，以加强教育双方之间的有效交流，这是传统教育活动中师生严格界限和地位等级森严下无法实现的。三是鉴于多媒体的灵活性，教育教学活动不再仅限于教室、讲台、粉笔，而是能够更多地利用微博、微信、论坛、博客等新兴手段通过形象生动的语言、文字、图片来实现，增加了教育的趣味性和时代感，而且时间、地点不再被限制，可以在不同时空进行互动，将传统教育中限制双方交流的条件降到最低，较大程度上提高了思想政治教育的效率。在思想政治教育实践尤其是思想政治教育理论课中引用多媒体辅助技术，按照人们的多媒体学习特点、规律与技术来组织多媒体教育的方法与技术，可与讲授等传统语言教育教学方式一样通过词语和画面"两种通道"呈现同类材料，加强思想道德的教学与学习。

（三）思想政治教育学及相关学科的理论智慧

思想政治教育方法理论有广泛丰富的实践基础和浓厚坚实的理论渊源，它是一门综合性、应用性、时代性很强的学科，其学科理论体系必然要随着思想政治教育实践的发展和基本范畴内容的精确、丰富而不断完善。随着思想政治教育学范畴的不断充实更新，其体系不仅能充分反映科学发展的新成果和思想政治教育的新理念，而且具有适应时代发展、能够容纳今后科学发展和思想政治教育新理念的开放性构架。

在理论上，现代思想政治教育学通过加强学科理论体系和分支学科的研究，对各领域的历史成果和新成果进一步提炼，从而不断丰富、充实和完善其范畴体系。与此同时，与思想政治教育学相关的学科和交叉学科的发展，也促进了思想政治教育学的发展；从人学、社会学、文化学等学科视角开展思想政治教育研究，也取得了可喜的成果，展现了勃勃生机。现代思想政治教育学在学科体系上的完善与发展，与相关学科的交叉融合，不仅在理论上为思想政治教育方法的发展提供了理论支持，而且在研究方法和工作方法上也为思想政治教育方法的创新提供了借鉴。

任何学科都不是孤立的，总是或多或少与相关学科联系或交叉，需要及时借鉴和吸收其他学科的成果，思想政治教育作为一门研究"人"的学科，是一门与多个相关学科联系密切的综合性学科，借鉴、吸收其他学科理论与方法、研究成果是丰富和完善思想政治教育方法的重要途径，从而带动其方法论的更新，如在系统论中，以系统为研究对象，在其基本方法中，要求从整体出发，多层面、多角度思考问题，这对我们从思想政治教育系统与外部环境、思想政治教育系统内部各要素相互关系中，去揭示和研究整个系统的运行状况，实现教育最佳效果，提供了方法论基础。现代思想政治教育学在其学科体系上的完善与发展加上与其他学科的交叉融合，不仅在理论上为高校主导性思想政治教育方法的发展优化提供理论支持，而且在具体方式方法运用上提供创新和优化的思路。高校主导性思想政治教育方法受到思想政治教育方法理论发展的影响。借鉴相关学科的方法谋求大学生思想政治教育方法创新具有重要意义，它不仅符合一般学科发展的共识，同时也是历史维度的证实、学科特性的要求和现实层面的呼唤。

在多元文化背景下，大学生思想政治教育的复杂性逐渐提高，迫使思想政治教育不能再局限于两三门学科之间，而是需要更多的交叉学科参与进来。大学生思想政治教育方法要想有所改进和创新，同时也要借鉴吸取其他相关学科的知识和方法，因为通过借鉴其他学科的方法，可以找出它们之间的共同点和不同点，力求找出好的方法为"我"所用，这对于大学生思想政治教育方法创新具有重要的现实意义与理论价值。借鉴相关交叉学科的方法推动大学生思想政治教育方法的创新，一般而言就是通过观察、分析和比较，来汲取相关学科中的好方法和新方法，使传统的单一的、古板的灌输式思想政治教育方法逐渐转变为立体动态的教育方法，以此来不断丰富大学生思想政治教育方法体系。因此，大学生思想政治教育工作者应积极研究和借鉴多学科理论和方法，把交叉学科中新的研究视角、新的研究成果、解决问题的手段和新的研究方法有机地整合在一起，拓展大学生思想政治教育方法创新的研究视野。

二、高校思政教育立体化模式构建的原则

（一）目的性原则

目的性原则是思想政治教育目的的要求，也是思想政治教育基本规律的具体体现。目的性原则就是要求思想政治理论教育立体化教学模式为实现思想政治教育根本目的服务。因此，思想政治理论教育立体化教学新模式要明确思想政治教育的根本目的，处理好思想政治教育课堂理论教学、实验教学、实践教学和网络教学之间的关系，实现各教学协调统一，共同为思想政治教育总目标服务。

思想政治教育为何存在和发展，也就是思想政治教育的目的是什么，是说明思想政治教育存在的必要性的重要因素，更是规定思想政治教育目的的首要条件。"培养阶级或阶级社会需要的人才"作为思想政治教育的目的是可取的，我们从以下方面对这个目的进行分解，即思想政治教育的目的性主要体现在：①思想政治教育为阶级、政党的统治服务的目的；②为社会稳定和发展服务的目的；③为了人的完善和发展服务的目的。从这三个层面全面认识思想政治教育的目的，有助于对思想政治教育目的形成正确的认识。

思想政治教育并不是人类社会先天就有的，而是伴随着阶级和国家的产生而产生。思想政治教育作为一种实践活动贯穿于阶级社会的全部历史，虽然在不同的历史时期、不同的地域，思想政治教育存在的样态不同，但其主要代表的是统治阶级的利益，并且由统治阶级组织实施，是统治阶级维护其统治的最得力的工具。思想政治教育不仅承载着意识形态，更重要的是把意识形态传播出去，从而对社会成员的思想观念等方面产生实质性的影响。思想政治教育在传播意识形态方面有自己独特的优势，思想政治教育具有亲民性。思想政治教育并不是以上传下达的指令形式存在的，而是渗透于各阶层民众之中，结合民众具体的生活实际进行实践活动，接近群众、服务群众，必然得到群众的广泛支持。

思想政治教育具有广泛性，思想政治教育普遍存在于人们生活的各个领域，学校、社区、农村、企业等，它存在的广泛性同时决定了思想政治教育影响范围的广泛，影响作用的巨大。它的方法具有多样性，思想政治教育并不是简单地宣读政治指令和相关文件，而是以多彩的形式开展的，其中举办研讨会、组织参观纪念馆，开展文娱演出甚至播放具有教育意义的影片，都能够成为其教育的有效形式。由于思想政治教育的亲民性、广泛性以及存在形式的多样性等特点，思想政治教育无疑是传播意识形态最有效的手段。

此外，维护社会稳定的途径有很多种，思想政治教育属于其中既主要又关键的部分。阶级社会，虽然以阶级对立和斗争为最明显的标准，但除却阶级斗争之外，社会各阶级之间，社会成员之间都存在着联系，在很多方面更存在着共同的利益。这些联系和共同的利益将各种不同的力量整合于社会这个大家庭中，这些不同的力量能否在社会中发挥各自的作用并且做到和谐共处，是决定社会稳定关键。同时社会的稳定又是统治阶级实现政治统治的前提和人们安居乐业的保证，因此只有发挥国家的社会职能，保障不同群体的利益，才能够维系社会的稳定。要充分发挥国家的社会职能，实现不同社会成员对社会的认同，首要工作就是教导社会成员掌握社会共同的价值观念，遵守社会的制度和规范，思想政治教育是完成这项任务最有效的途径，它在对人们传授知识的同时，也将社会的规则和主流价值传递到了人们心中，使人们能够做到遵守社会规范，严格要求自己，维护社会整体的稳定和发展。

社会的稳定和发展都离不开社会管理，社会的稳定和发展又能推动社会管理的实现。此外，社会管理更多的是对社会中的人的管理。对社会中的人的管理，最重要的一个方面就是对社会中人的思想的管理。思想政治教育对人们的思想进行管理主要是通过帮助人们实现政治社会化，提升人们的精神境界，为人们提供榜样模范，激励人们不断进取和奋斗实现的。思想政治教育就是通过对人们思想的管理来帮助实现社会管理的。思想政治教育通过影响人们的思想，从而规范人们的行为，实现对人的思想和行为的管理，由于社会是由个体的人组成的，所以，思想政治教育间接地实现了对社会的管理，这不仅帮助人们不断地发展和完善自身，同时也激发了他们为整个社会服务的潜能，为社会的健康发展提供了坚实的保障。总而言之，思想政治教育在社会发展的层面上始终发挥着重要的作用，是保证社会稳定，推动社会发展和实现社会管理的重要力量，这也是我们从社会的维度对思想政治教育目的的第二层解读。

在阶级社会中占社会绝大多数的并不是统治阶级，而是以公民身份存在的普通民众，这些普通民众的思想状况和政治社会化程度直接决定着整个社会的思想道德发展水平，影响着国家的稳定和发展，从而直接关系着统治阶级利益的实现。因此，思想政治教育要实现的最基础的目标就是培养合格的社会公民，即通过一定的方式将社会的主流理念传授给社会成员，以使他们认同并接受统治阶级所确认的思想、意识、价值、观念、规范、行为方式等内容，并乐意承担一定的社会责任和义务，从而接受和维护统治阶级的统治。同时，思想政治教育在为统治阶级培养合格的社会公民的过程，也是帮助人们不断地实现政治社会化的过程。在阶级社会中，人要生存和发展都必须经历政治社会化，接受社会主流的价值理念和制度规范，支持现行的法律制度和行政制度，并且参与到政治生活之中，帮助社会维护稳定的秩序。政治社会化是人们在阶级社会中生存的保证、发展的前提，也是培养合格的社会公民的重要途径。

思想政治理论课教学方法的创新就是要研究如何通过对大学生进行健康向上的兴趣、情感、意志等方面的教育，引导学生去追求一种理想的精神境界和行为方式，进而形成更高层次的思想品德、价值观念和积极作为的人格特征，引导其个性充分和谐的发展。此外，对大学生开设思想政治理论课程的目的和任务是要紧扣大学生成长中遇到的问题，有针对性地开展世界观、人生观、价值观和法制观的教育，引导大学生树立远大理想，陶冶高尚情操，认同并遵循体现中华民族传统和时代精神的核心价值标准与行为规范，养成良好的思想道德素质和行为规范，增强社会主义法制观念，做"有理想、有道德、有文化、有纪律"的社会主义建设者和接班人。可见，思想政治理论课的任务和内容具有政治性和导向性的特点。思想政治理论课的教学目的和教学内容内在地决定了思想政治理论课教学要将世界观、人生观、价值观、法制观问题始终潜移默化地渗透在教学的全过程，努力达到论理而不说教和润物细无声的教育效果。而思想政治理论课程教学方法的改革和创新就必须服从和服务于这一教育教学目的和内容。

（二）主体性原则

主体性原则就是要求思想政治教育立体化教学模式充分体现出学生主体性的原则。立体化教学模式的出发点和归宿就是要求从教材、教学内容的选择到教学方法、教学手段、教学评价的运用都要体现学生的自主性、参与性、选择性，体现以人为本、以学生为主体的教学观。要求教学内容在选择和使用上要符合思想政治理论课教学目的、教学大纲和素质要求，要有利于大学生主体性的发挥。教学方法和手段上，要注重发挥学生的积极性，激发学生参与教学活动。

思想政治教育工作，实质上就是以人为工作对象，做人的思想转化工作。思想政治教育是思想政治教育者帮助思想政治教育对象提高思想道德素质的过程，是将一个不适应或不完全适应社会发展需要的人，培养成为能够适应一定社会发展需要的合格社会成员的过程。以人为本，就是要重视人的价值，肯定人的作用，承认人的力量和能动性，以人为根本。主体性思想政治教育模式坚持以人为本原则，就是要把以有利于学生全面发展作为最根本的标准，它是指在思想政治教育活动中，坚持一切从人出发，尊重人、理解人、关心人，充分调动和激发教育对象的积极性和创造性，以达到人的全面发展为目的的观念。以人为本，要求在思想政治教育出发点上尊重教育者和教育对象的主体地位，了解学生特点和学生需要，从学生的内在需要出发，帮助学生形成正确的需要层次和需要结构；在思想政治教育目标上不仅仅考虑社会规范和要求，更要突出培养学生全面发展、培养学生主体性的要求；在思想政治教育方法上实现由外部灌输向注重学生自我实践体验的转化；在师生关系上实现主客对立向师生互动的转变等。

高校思想政治教育要想真正富有成效，就必须坚持以人为本，从学生需要出发，把学生的需要作为工作的出发点和归宿，尊重、研究、满足学生的主体需要，从而使学生的主体需要更好地发挥对行为的驱动作用，以增强高校思想政治教育的有效性。如果思想政治教育者不考虑学生的主体需要，一味地凭自己的主观意愿进行机械地灌输，那么，这种在没有学生认同的情感基础上的教育，是不可能收到良好效果的。大学生的主体需要是丰富而又具体的，主要包括学习需要、生活需要、情感需要、发展需要、就业需要等。同时，不同层次的人有不同层次的需要，一个人不同时期的需要的重点不同，即主要需要不同。

在思想政治教育立体化模式构建中以充分发挥大学生的主体性为根本导向。大学生思想政治教育既是教育者施教的过程，也是大学生接受教育和进行自我教育的过程，教育者教育作用的发挥，与大学生自身的主观努力是分不开的。所以，教育者选择和运用思想政治教育方法时，要把大学生的因素考虑进去，把其当作思想政治教育的主体因素对待，而不把其视为单纯的被动接受客体。首先，要认同和尊重大学生的主体地位。这要求教育者在选用思想政治教育方法时，应根据大学生的实际情况有针对性地选取合适的方法，立足大学生实际情况决定所采用的方法。此外在方法运用过程中，还应根据大学生的情况随时进行必要的调整调节。其次，要对大学生的主体意识予以重视并善于激发。主体意识是人对自身主体的地位、能力和价值的认识，践活动中人的主体意识越强，越容易自觉地发挥能动性；践行大学生思想政治教育以人为本的方法理念，就应该在方法的运用过程中创设良好的情境和条件，促使大学生主体意识充分发挥作用；最后，要关注和发挥大学生的主体能力。教育者要充分关注和发挥大学生的主体能力，这也是教育方法取得有效性的重要保障。教育者在教育方法的选择和运用中，要从大学生的实际情况出发，以充分发挥他们的主体性为根本导向，尊重他们的主体地位，有针对性地立足其实际情况决定所采用的方法。此外在方法运用过程中，还应根据大学生的情况随时进行必要的调整调节，并努力创设良好的情境和条件，促使大学生的主体意识充分发挥作用，这是当前大学生思想政治教育践行以人为本方法理念的基本要求之一。

以促进大学生的自由全面发展为归宿。人是教育的基础，也是教育的根本，教育的本质就是育人，人既是教育的出发点也是教育的归宿。思想政治教育贯穿于人的自由而全面发展整个过程的始终，而人的自由全面发展是其必然的归宿和终极目的。因此，思想政治教育成为促进大学生全面发展的重要途径。促进大学生的自由全面发展是思想政治教育的最高目的，而作为有目的地培养大学生思想道德素质的社会活动，在其教育方法的制定、选择和运用的过程中，应当立足实际，以学生为本、培养全面发展的人，关注时代对人才的需要，以广大学生的成长成才作为出发点和归宿，以实现大学生的全面发展为目标。

在价值取向上实现思想政治教育的社会价值和个体价值的统一，使思想政治教育方法更能贴近大学生学习和生活的实际。具体落实到大学生的自由全面发展主要表现在两个方面：第一，大学生有实现或满足自身自由发展的需要；由于每个大学生各自的具体状况不同，就决定了各自的个体需要都会不尽相同，只有充分肯定大学生个体需要的多样性，并在教育中不断地对其加以满足，才能促进大学生的全面发展。第二，自由全面发展体现为大学生的各方面能力都能得到自由的拓展；大学生自身的能力是需要不断教育和培养的，大学生在校期间努力实现全面发展的一项重要内容就是其能力的不断开拓和发展。因此，从教育本质和时代特征方面出发，大学生思想政治教育对其教育方法提出的根本要求，就是关注、培养和实现大学生的全面发展。

此外，大学生思想政治教育方法要遵循人性化原则，凸显人文色彩，这主要是指在思想政治教育过程中，通过将大学生的自然属性和社会属性、共性和个性、理性和非理性的因素辩证统一的理解来实现和体现人文关怀。大学生既是教育的对象，也是教育者工作应该关怀的对象，教育者既需要对大学生从思想、政治、道德等方面加以提高，也需要从现实需要、物质利益、心理需求等方面充分关怀，突出大学生自然属性和社会属性的统一，体现人文关怀，尽管大学生思想政治教育的目标和要求在教育实践中是一致的，但由于每个人的个性特征不尽相同，因此在教育方法的选择上就要充分考虑每个人丰富的个性特征，要根据不同的个性特征选择不同的教育方法，做到共性和个性的统一。思想政治教育作为有目的、有计划的教育活动，往往会注意利用大学生的理性因素达到教育目的，积极发掘并利用非理性因素如大学生的情绪、情感因素等，也会取得意想不到的效果，这就是理性和非理性的统一。运用思想政治教育方法突出人文色彩，本质就是要通过关注大学生的精神生活，采用贴近生活和实际的教育方式方法开展教育，赋予大学生思想政治教育以人文关怀。

（三）实践性原则

思想政治教育立体化教学模式突出的特点就是实践性。所谓实践性，它主要区别于课堂理论教学，是利用课堂以外的时空组织的教学活动，教学方式、教学手段与课堂理论教学相比，主要采取参观、实地调研、现场参与、共同研讨等形式。内容形式上更加丰富、具体、感性，不再是强硬死板的概念、判断、推理等逻辑形式，而是活生生的事实、图像、景观和强烈的现场参与感，有利于巩固知识、理论、原理，促使感性认识上升到理性认识；在实践教学过程中，教学双方地位和角色关系较课堂教学更具有平等性、民主性、互动性，学生不再是处在被动的地位和角色，而是主动积极地参与教学活动，有利于激活学生的主体性，加快学生知与行的统一。

高校思想政治理论课作为高校教学体系中的一门基础学科，是高校教育的主渠道、主阵地，其教学效果的好坏直接影响着当代大学生的世界观、人生观和价值观。为更好地促进高校思想政治理论课实践教学的实施，我们把思想政治理论课实践教学的内涵定义为：思想政治理论课实践教学是依据思想政治理论课教学目标，在理论教学的基础上，在教师的指导下组织和引导大学生亲身参与各种社会活动与调查研究，以在活动中获得思想道德方面的直接体验，深化理论认识，提高自身综合素质能力为目标的各种教学方式或环节的总和。对思想政治理论课实践教学的理解需要把握以下方面：

第一，思想政治理论课实践教学的目标是让学生将所学理论知识运用于日常生活，培养和提高其认识世界、改造世界、解决实际问题的能力，它与其他教学课程一样需要系统的规划。

第二，思想政治理论课实践教学的形式应该丰富多样，既可以在课堂上进行，也可以在课堂外进行，亦可在虚拟网络上进行，但必须与课程内容有关，丰富多样的教学形式的最终目的都是为了培养和提高学生的思想道德水平和动手创新能力。

第三，思想政治理论课实践教学必须体现学生的主体性，即通过学生的主动参与使其主观能动性得到充分发挥。

思想政治理论课校园实践教学就是在高校思想政治理论课教育教学目标的指导和规范下，以校园环境为载体，以课外时间为活动时间，以学生的兴趣为纽带，由学生自主设计、策划、组织和开展的，在长期互动中形成的旨在促进学生社会化和全面发展的一系列活动和过程的总和。它是思想政治理论课实践教学体系的重要组成部分，是连接课堂实践教学与社会实践教学的重要纽带，能在较为广泛的空间层面上实现思想政治理论课教育教学相关理论和观点的具体展开。这种实践活动具有校园化、生活化、趣味化的主要特征，通过这些校园实践活动，大学生们既可以弥补课程学习过程中的不足，又可以在这些活动中培养互助、合作、协调、管理等良好的思想品德和作风，还为他们迈入社会、适应社会做好了准备。让大学生将所学理论知识与社会实际相结合，深入基层，通过自己亲身体验认识社会、锻炼能力、增长才干，从而树立正确的思想观念，提高自身的思想觉悟，增强服务与责任意识，培养创新精神和实践能力。

同时，把高校思想政治理论课实践教学具体划分为校园实践教学、社会实践教学以及虚拟实践教学，是基于大学生为同一实践主体，承担着受教育、长才干、做贡献的同一教学目标，以实践活动的场所、载体和环境为区分依据而进行的分类，这种分类能够拓展高校思想政治理论课实践教学的时间与空间范围，有利于高校教职员工更好地履行教育职责，有利于大学生全员全时、就近就便、可持续的参与社会实践，以便捷的方式争取社会各界对高校思想政治理论课实践教学的关心和支持，也更容易为高校学生思想政治工作者和大学生所理解、把握、操作和实施。

（四）系统性原则

系统性原则就是要求思想政治教育内容与教育方法的系统化结合以及教学方法本身的系统化构建。思想政治教育学界存在的不足之一在于孤立地研究思想政治教育方法和思想政治教育内容，既没有深入具体和针对性地分析思想政治教育方法和思想政治教育内容，也没有很好地将两者结合起来加以考察和研究。要知道只有当既有思想政治教育方法又有思想政治教育内容，而且思想政治教育形式和内容相互适应时，思想政治教育才会有效果。

思想政治教育内容适当是指时代性、对象性和政治性的有机统一。思想政治教育是党的工作的重要组成部分，为党的中心工作和中心任务服务。所以，思想政治教育的内容就必须随着党的中心工作和中心任务的变化而变化。同时，确定思想政治教育内容也必须注意教育对象的差异性，做到有的放矢，有针对性地安排教育内容，先进性与广泛性的原则要求我们在思想政治教育过程中根据不同群体、不同层次的教育对象的不同特点和不同要求，区分教育内容的层次性。当前，思想政治教育工作中还必须强调政治性，因为总有人试图去掉思想政治教育中的"政治"二字，有意无意地轻视和忽视政治性，推崇普适性和一般性。须知，思想政治教育中的政治概念既有历史性，也有不变性。目前我们所讲的市场经济、和谐社会、现代化、物质文明、政治文明、精神文明、改革开放都有一个社会主义问题，即社会主义市场经济、社会主义和谐社会、社会主义现代化、社会主义物质文明、社会主义政治文明、社会主义精神文明、社会主义改革开放。

总而言之，思想政治教育要以中国特色社会主义理论体系为指导。思想政治教育方法适当是指时效性、对象性和生动性的有机统一。时效性就是要注意思想政治教育工作的时代背景、物质条件和科学技术的发展状况。思想政治教育方法必须随着时代的发展变化而变化，随着为之服务的中心工作和中心任务的变更而变更。思想政治教育方法的对象性是指思想政治教育必须考虑到教育对象的差异性，教育内容的不同，有针对性地开展教育活动。不同对象、不同内容当然要有不同的形式，相同对象、相同内容有时也要采取不同方式。思想政治教育形式的生动性就是指在思想政治教育工作中要通过丰富多彩、生动活泼、寓教于乐的教育活动，采用为教育对象喜闻乐见的教育方式。

思想政治教育方法和思想政治教育内容的两者协调是指教育内容和教育形式的同一性、兼容性、互补性。思想政治教育过程中时代（效）性、对象性必须同时兼顾，即思想政治教育方法和思想政治教育内容必须同时兼顾时代（效）性、对象性。不能为生动而生动，更不能为形式生动而丢失政治内容。思想政治教育的政治性并不表示僵化、古板，缺乏生气、活力，反之，越是深奥的道理、政治性越强的内容更需要有为广大人民群众所容易接受的形式，这样才能达到灌输的目的。

思想政治教育要取得预期效果，不是一件容易的事情。思想政治教育方法、内容与效果之间存在着诸多情况，会出现多种不同的结果，思想政治教育只有采取合适的形式，安排恰当的内容，并处理好形式、内容的辩证关系，才能取得实效，这一理论得到了历史和现实的印证。因此，广大思想政治教育理论研究者和实际工作者，在思想政治教育理论研究和实际工作中，必须关注思想政治教育形式、内容与效果之间的内在联系，需要处理好思想政治教育方法与内容的辩证关系，认真研究"四种情况"和"六种表现"，找到思想政治教育的最佳内容与形式以及最优组合，从根本上解决现实中出现的思想政治教育低效甚至无效问题，从而使思想政治教育获得最大效能，达到最佳效果。

所以，思想政治理论课的课程性质和教学内容内在地决定了思想政治理论课的教学方法具有不同于一般自然科学专业知识教育的功能和特点，后者所研究的是自然现象，本质上是实证科学，即它要回答的是自然界中的客观事物"是怎样的"，其教学方法注重的是对知识的认知和接受，它更多具有启迪智力的功能，而思想政治理论课教学着眼于启迪人的心灵世界，建构人的生活方式，从而实现人的人生价值。因此，思想政治理论课教学方法更多的是一种启迪心智和精神引领的功能。它不仅要求接受和理解，更注重力行、实践和内化。要使学生掌握的理论知识具有向实践迁移的价值。即其教学目标不仅要解决学生对社会道德基本要求和法律规范的知不知、懂不懂的问题，还要解决信不信、行不行的问题。

此外，广义的立体化教学情境和交互式的教学活动，是指学校教学中一切相关事物的相互作用与影响，包括课内互动和课外互动，如备课活动互动；讲、评课互动、学生作业互动、测验互动、信息反馈互动等。狭义的立体化教学情境和交互式的教学活动，是指课内师生之间发生的各种形式、各种性质、各种程度的相互作用与影响，也即教师和学生这两类角色相互作用和影响的过程。

第三节　高校思政教育立体化模式的实践

思想政治教育理论教学和研究的实践导向和价值追求蕴含着对社会现实问题的不断追求，而真正的问题意识是前瞻性的，在对现实实践的考察中获得的。因此，思想政治教育理论的发展，正是在对现实问题的不断超越中开辟境界的。前瞻地解决问题，要求在解决问题的同时，使受教育者的思想认识超越现有水平，这自然要求具有前瞻性的理论来指导，从而洞见和昭示更为久远的未来，使思想政治教育实践更具预见性、科学性，思想政治教育理论研究应当通过螺旋式的发问和应答去反复追问带有普遍性、根本性的问题，在对现实问题的深刻思考中昭示未来。在高校思想政治教育中树立问题意识，建构基于问题意识的思想政治教育的学习模式，保障学习的实效。

一、高校思政教育的社会服务学习模式

"服务学习"作为一种新型的学习模式，源于 20 世纪 80 年代的美国，近年来发展迅速，引起世界上一些国家和地区的广泛参与。服务学习是将服务与学习相融合的教学方式，如学生所参与的一切对其知识、能力、品德产生影响的活动都可视为服务学习。但从严格意义上来看，服务学习更注重服务与系统化的学习紧密联系，即过服务实践与知识理论学习的相互融合来丰富学生的知识，完善学生的品格，提高学生的技能和公民能力。这一过程中，服务与学习密不可分，学习与服务并重是服务学习的主要特征。

社区服务重在公益性，这种活动与教学、课程没有任何直接的联系，也不需要学生事后进行自我反思、讨论等，而服务性学习既是一种公益活动，更是一种实践教学方法，它的核心是课程、服务与反思的结合，它的服务活动是精心组织的，有明确的学习目标，重在使学生在服务过程中把在学校学的知识运用到实践中去，并对所做所见进行反思，以巩固加强所学知识。

（一）社会服务学习的教育功能

当前高校思想政治教育取得的成果有目共睹，然而伴随社会多元化发展和高等教育普及化趋势，高校思想政治教育在实施过程中暴露出许多问题。为实现高校思想政治教育的有效性，高校思想政治教育必须开辟新的途径。随着我国社会的发展，志愿服务成为大学生参与和实践公民责任的新方式，成为思想政治教育有效的途径。因此，高校思想政治教育提倡社会服务学习模式。

（二）社会服务学习的模式构建

高校思想政治教育活动的开展主要有两种方法，分别是在第一课堂进行授课和在第二课堂的日常思想政治教育工作中开展课外活动，在高校思想政治教育中引入服务学习的模式是将服务学习分别与两种通道形式相融合。

高校思想政治教育主要采取授课方式，融服务学习于第一课堂的思想政治教育中，要求学生根据课程学习内容，参与一定社会实践服务，实现理论的内化与外化，通过课程学习与社会服务的整合实现思想政治教育的有效

性。值得注意的是，思想政治教育服务学习应着重与高校思想政治教育理论课相结合，改变以往高校思想政治教育理论课单纯说教的形式，使学生学会将理论应用于实践中，学会思考与反思，达到教书育人的目的。

高校思想政治教育也广泛开展于第二课堂的日常思想政治教育工作中，高校有计划、有组织地将志愿服务活动与思想政治学习相结合，即在学校有关政策和规范的指导下，由相关部门或学生自己对服务活动进行设计、策划与组织实施。区别于一般的实践活动，服务学习活动必须有学校配备或学生邀请的指导教师对学生进行培训与监督，并引导学生反思，给予学生评价。

为了高校思想政治教育服务学习模式的顺利发展，我们必须克服现实中存在的诸多困难，创造优良的外部环境。优化高校思想政治教育的外部环境需要多方资源注入和支持，离不开政府的重视和社会的支持，离不开学校教育观念的更新，更离不开三方共同协调和努力。指导服务学习模式的开展是一个长期艰巨的过程，所以我们应对高校思想政治教育服务学习活动进行科学的规划。高校思想政治教育在加强服务学习理论研究奠定发展基础后，要整合各方力量，努力创造具有自己特色的高校思想政治教育服务课程。逐步实现高校思想政治教育的目标。

伴随着高校思想政治教育服务学习环境的改善和规范的合理化，高校的思想政治教育服务学习模式应该努力适应各方面的需求，向组织合理化、制度规范化、活动广泛化的总趋势发展。当前，高校思想政治教育服务学习模式才刚刚起步，缺少合理的规章制度，许多问题都需要规范化的制度来解决。在合理的规范指导下，高校应进行科学化的组织，实现高校思想政治教育服务学习活动的社会化。

二、高校思政教育的网络教育模式

高等院校是我国社会"网络化"的发展前沿，随着网络在我国的日益普及和发展，上网的大学生将不断增加，网络对当代大学生的行为模式、价值取向、政治态度、心理发展、道德观念等将产生越来越大的影响。网络已成为青年的重要阵地，主动占领网络思想政治教育新阵地，要运用技术、法律、行政手段，加强校园网的管理，牢牢把握网络思想政治教育主动权，因此，这给我们指出了网络思想政治教育的工作方向，即要占领网络阵地的制高点，必须一方面抓网络建设；另一方面抓网络管理。

（一）加大网络思想政治教育的体系建设

校园网是为学校师生提供教学、科研和综合信息服务的宽带多媒体网络。网络时代，大学思想政治教育的先导性、实效性、主导性正面临严峻挑战，只有大力加强校园网络基础设施建设。加强校园网络建设是建设主题教育网站或网页，积极开展网络思想政治教育活动的基础和前提。从总体规划的角度来看，校园网建设应包括基础设施建设、网上教学软件建设和有关人员培训三项内容。因此加强校园网络建设，也主要从以下三个方面着手：

1. 基础设施建设

基础设施建设是校园网的物质基础，包括硬件和软件两大部分。其中硬件部分由主干网和子网中有关设备及连线组成，而软件部分则由操作系统及大量校园网应用软件组成。当今世界计算机技术、通信技术、网络技术发展迅速，机器设备日新月异要保持网络的优势，必须重点放在网络的基础设施建设上。校园网络硬件建设包括布线、服务器、工作站、交换机、路由器等设施和系统软件平台。其中最重要的是布线工程。未来的网络是一个光传输网络，速度和质量在现在和不久的未来网络中都将是一个重要的决定因素。因此，布线工程必须作长远考虑。网络硬件建设固然重要，但网络应用软件的建设也不可忽视。要正确处理好硬件和软件的关系。从某种意义上讲，硬件水平只是一个投入的问题，而软件水平的提高远比硬件水平的提高要复杂得多。要采取"点上深入，面上拓展"的策略，就要在"用"字上下功夫，重视校园网络关键性的应用软件配置的建设，避免低水平重复开发教学软件所造成的人才和网络资源的浪费。因此，一方面要充分利用高校自身的技术人员和网络资源优势，以及硬件同步建设，自主地逐步设计出有自己特色的应用系统；另一方面可引进现成的系统平台。

2. 网络教学软件建设

网上教学软件建设是校园网的核心内容。其任务十分复杂和繁重，需要长期、艰苦的努力才能使校园网名副其实地融入日常教学活动之中。配置、开发教学软件的设备至少应包括：非线性编辑系统，多媒体教学软件制作系统，光盘刻录系统。

3. 相关人员培训

人员培训是校园网能否正常运行的关键。校园网的出现是一件新鲜事物，学校各级领导和广大师生从观念与技术上都需要有一个适应过程，为此在安排培训对象和培训内容上应有针对性。具体设想如下：

（1）对主管校园网工作的各级领导，重点放在观念转变和对本校校园网的总体规划以及总体框架的培训上。

（2）对教学人员和学校其他职员根据上报需求的不同，进行分层次培训。

（3）对校园网的管理和维护人员，应使他们参加建设的全过程，由网管人员自己完成校园网络的系统集成，这样既锻炼了网管队伍又可以节省不少的经费，培训网管人员对校园网各硬件设备的连接及各种网管软件的使用与维护。

（4）现代教育技术培训班，目的是使广大高校教师人人都能熟悉并使用现代教育技术手段；正确使用多媒体教室的各种教学设备；能利用计算机信息网络获取信息、收发电子邮件，具有运用多媒体教学软件和管理软件进行辅助教学和管理的能力，了解计算机及信息网络的安全保护知识和法律法规，培训对象为全体教职员。

（5）老教师计算机普及班，目的是使老教师能了解计算机的基础知识，掌握一般字表处理软件的使用。

（6）计算机基础知识培训班，目的是使教师掌握基本软件操作技术；能熟练运用多媒体教学软件进行辅助教学，能运用计算机多媒体技术开发、制作简单的教学辅助软件；能运用计算机及信息网络进行教育科研；能顺利通过教师计算机考核，培训对象为全体中青年教师。

（7）教学课件制作培训，目的是培养一批能开发、制作本专业教学课件的骨干教师，为高校开发学科课件系列打好基础，培训对象为部分中青年教师。对学生，可由高校有关组织出面举办网络信息技术的相关讲座，采取多种方式组织学生学习网络知识。通过学生利用计算机完成课题的过程，培养学生的创新精神和动手能力。

4. 校园网络安全建设

加强网络安全建设也应该是校园网络建设的基本要求。随着网络迅速普及，安全性越来越引起人们的重视。如果硬件不安全，会造成网络瘫痪；软件、数据不安全，会造成重大的经济损失和不良的影响。网络的安全性对学校更是具有特殊的重要意义。

（二）重视思想政治教育主题网站与网页建设

我国目前高等学校思想政治教育网络工作已经取得了很大的成效。但总的来说，学生在网上制作思想政治教育专题主页和建立思想政治教育专题网站比较多，而校园的思想政治教育专题主页和网站、思想政治教育工作者自己本身的专题主页和网站比较少。因此，网上的思想政治教育专题或非专题主页和网站的水平，就整体而言不仅参差不齐而且缺乏鲜活的个性化、生动活泼的育人界面，需要不断提升理论深度。因而，大力加强思想政治教育专题网站或网页建设，成为高等学校思想政治教育工作者的紧迫任务。

第一，加强网站与网站建设。加强网络阵地建设，建设有特色、有吸引力、有影响力的思想政治教育网站是一项基础工程。大力拓展网上思想政治教育阵地，用中国特色社会主义理论体系去占领网络阵地。当前，尤其要注重学习中国特色社会主义理论体系重要精神以及科学发展观的深刻内涵，确保思想政治教育进网络有一个正确的舆论导向；要引导学生树立正确的世界观、人生观、价值观；要围绕一些重大的政治问题，旗帜鲜明地发表评论，进行积极引导，对错误言论要敢于批评、及时纠正错误信息。坚持网上有党、团组织的声音。

第二，贴近校园建设。在网上建立思想政治工作的平台，充分发挥"渗透式"隐形教育的功能。例如，各个高校网站上的网络论坛（BBS）、聊天室及其他相关栏目或版块，也是加强高等学校思想政治教育进网络工作的有益尝试。

第三，构建校园立体平台建设。利用校园新闻资源，整合校报、广播、电视台等媒体，搭建校园网络新闻立体平台，做好典型宣传、热点透视和舆论引导工作，从而形成网上网下思想政治教育的能力。

三、高校思政教育的校园文化教育模式

校园文化是校园环境的核心内容，校园文化迅速发展为自觉、稳定而有组织的文化阵地，是一种特殊的社会文化现象，它是以中国特色社会主义文化为根基，以学校文化活动为主体，由全校师生员工共同创造的、充满时代气息和校园特点的人文氛围。

（一）校园文化教育的具体原则

第一，主导原则。校园文化建设必须始终坚持社会主义意识形态的主导地位，坚持党的基本路线和基本方针，坚持先进文化的前进方向，坚持社会主义价值取向，坚持用科学理论武装师生头脑，坚决抵制腐朽文化侵蚀大学校园，为大学生思想政治教育营造良好的校园文化氛围。

第二，系统原则。校园文化是一个复杂的、开放的、多元并存的系统，具有整体性、结构性、层次性和开放性的系统特征。使校园文化建设有目的、有计划、有组织。具体来讲应该从学生文化到教职工文化、从物质文化到精神文化，从课内文化到课余文化，从通俗文化到高雅文化，从学习区文化到生活区文化统筹考虑、整体设计，以达到整体优化的功能。

第三，自主原则。校园活动特别是学生科研及课外活动应尽量由大学生自己独立组织、安排，充分尊重他们的创造精神，培养他们自我教育、自我管理、自我服务的能力。

第四，教育原则。开展校园文化活动是一种潜移默化的思想政治教育，应真正寓教育于各类活动之中，全员参与、全方位构建。校园文化是对青年学生进行素质教育的有效途径，在组织学生开展校园文化活动中必须注意其知识性、趣味性、科学性。

第五，创新原则。文化的核心和生命在于创新，校园文化也不例外。校园文化建设必须不断更新思想政治教育和管理的理念，着力于培养学生的综

合素质,特别是培养学生的创新精神和创新能力,激发学生的创新潜力,着力于创新校园硬件和软件环境,只有这样才能使校园文化永葆生机和活力。

(二)校园文化建设的实施路径

大学生思想政治教育既面临良好的机遇又面临严峻的挑战,重视校园文化建设势在必行。校园文化重在建设,贵在坚持,与时俱进,难在开拓创新。创新是加强和推进校园文化建设的关键出路。在新世纪新阶段,我们要弘扬求真务实的科学精神。积极探索校园文化建设工作的新思路、新观念、新形式和新方法,努力开创大学生思想政治工作的新局面。

1. 校园文化建设的核心内容

校园文化建设必须为社会主义现代化建设服务,为高校的育人目标服务,着眼于大学生思想政治教育的现状,展现新时期高校的人文精神和大学生积极向上的良好风貌。校风建设是校园文化建设的核心,校风建设实际上就是学校精神的塑造。好的校风具有历史的传承性,大学在其沿革中积累下来的宝贵财富和精神食粮是激励师生孜孜以求的内在动力。校风最集中的体现是学风和教风。教风是主导、学风是主体,要抓好校风建设首先必须抓好教风建设,而抓好领导作风建设是抓好教风建设的重中之重。我们要开展师德教育活动,并结合形势和文化建设的侧重点充实学习内容,要把学习与学校的实际工作结合起来。要充分利用专题讲座、学习交流会、图片展、知识竞赛等各种载体开展形式多样、符合学生特点的学习宣传活动,在学生中形成爱党爱国、遵纪守法、尊敬师长、团结互助、勤奋好学、积极向上的良好风气。

2. 有效开展丰富多彩的文化活动

高校校园文化建设要重视品牌文化建设,精心策划与部署,同时投入相应的物力、财力和人力,组织适合本校办学特征的全校性的大型活动,如德育节、科技节、体育节、合唱节等,让其成为学校校园文化的标志,成为实施大学生素质教育的一道亮丽风景线。激活校园大众文化。校园文化存在于学校全部教育与管理行为之中。除了组织大型活动之外,还要综合协调教师的业余生活和学生的课外活动,激活大众性生活文化。要针对当前学生活动的实际,探索通过社团文化、班级文化、寝室文化、食堂文化建设,促进学生在较长时期的潜移默化的过程中既增长才干,又接受主旋律文化。善于结合传统节庆日、重大事件和开学典礼、毕业典礼等,开展特色鲜明、吸引力强的主题教育活动。

3. 优化校园文化活动的设施

(1) 开展丰富多彩的校园文化活动,体现群众性,为加强学生人文素质教育,各高校特别是一些以理工科见长的高校应该对各专业有针对性地开设人文选修课,开设强化班。举办各种形式的人文素质讲座,组织人文精神大讨论。以网络为载体,积极主动、全方位地将学校丰富的思想政治教育内容搬上校园网,积极营造高品位的校园人文环境。

(2) 在校园文化物质建设方面,高校要精心设计,科学布局,处理好建筑风格上的传统与现代的关系,实现山水园林、人文景观和自然景观的完美结合,使其既有传统的韵味,又体现时代的气息,根据自身特色,突出深邃的文化底蕴。

(3) 在校园文化制度建设方面,高校应强化制度建设,保持依法治校,在管理原则上坚持兼容并蓄,有容乃大,在管理方法上坚持收放有度,粗细相宜,在管理制度上不断建立、完善检查防范督促机制。

4. 加强校园文化建设管理

高校校园文化建设要注重校园文化的教育性,多引导、少随意,多严谨、少盲目,多积极、少消极。也要注重校园文化的学术性、突出学术氛围,举办各种学术讲座,聘请专家学者介绍学术动态、进行学术咨询、指导学术研究,体现出高校校园文化与其他社会文化的明显不同之处。

四、高校思政教育的心理疏导模式

加强大学生心理健康教育,帮助大学生树立心理健康意识,优化心理品质,增强心理调适能力和社会生活的适应能力,预防和缓解心理问题,实现思想政治教育与心理健康教育的有机结合,是实施素质教育的重要举措,是促进大学生全面发展的重要途径和手段,是高校思想政治教育的重要组成部分。

（一）心理健康教育的意义与原则

1. 心理健康教育的重要意义

在全面推进素质教育中，必须更加重视德育工作，加强学生的心理健康教育。要把心理健康教育作为高等学校德育的重要组成部分，大学生应具备良好的个性心理品质和自尊、自爱、自律、自强的优良品格，具有较强的心理调适能力，是促进大学生全面发展的重要途径和手段。

2. 心理健康教育的具体原则

（1）主体原则。大学生心理健康教育也必须倡导主体自我教育。在思想政治教育中教师应注意引导学生主动参加多种实践活动，使学生自我生存、自我认识、自我调控、自我激励、自我发展的能力不断得到提高，使学生学会自我心理调适的方法，消除负面情绪的影响和心理困惑，促进心理健康的自觉意识不断得到增强。

（2）教育原则。教育原则要求心理健康教育必须遵循大学生思想政治教育的规律，符合素质教育的目标，纳入思想政治教育轨道，进一步拓宽渠道，探索切实可行、行之有效的多种途径，落实教育内容，围绕促进学生身心健康、全面发展、提高素质这个中心开展工作。

（3）预防原则。预防原则要求高校心理健康教育必须树立预防重于治疗的思想，以防为主，把预防放在首位，以培养发展良好健康心理素质为目标，将心理健康教育工作的重点放在心理问题的早发现、早预防上，从被动走向主动，这样既可以使大学生心理和行为问题防患于未然或化解于萌芽状态，又可以使每个学生得到关怀，普遍提高大学生的心理健康水平。

（4）协同原则。心理健康教育是一项复杂的系统工程，要想达到维护学生心理健康、优化心理素质的目的，实现其利教、促学、有益社会的功能，仅仅依靠少数教师是远远不够的，必须加强教师、学生、家长及社会各方面的协作、配合，并将心理健康教育渗透到高等学校教育、教学的全过程中去，才能产生实效。

（二）心理健康教育的疏导方法

第一，加强心理常识教育。开设大学生心理健康教育课程应作为大学生心理健康教育的主阵地、主渠道来抓。高等学校必须及时开设大学生心理健康课程，进行心理常识知识的宣传，定期举办心理知识讲座，传授必要的心理调适技巧，提高大学生的自我心理调适能力，进行挫折心理教育与挫折心理训练，提高学生抵抗挫折的能力。挫折心理训练是为了使学生积累受挫的经验与心理体验，使其逐步认识到人在一生中的努力与奋斗，有成功，也会有失败，要经受住失败的考验，保持自信与乐观的人生态度，从而增强他们适应环境的能力与抗挫折能力。

第二，推进心理咨询工作。心理咨询工作对促进大学生的心理健康具有十分重要的作用，而且有利于充分发掘人的潜力，帮助大学生形成健全的人格，提高人的素质。目前高校心理咨询工作的开展还远远不能满足广大同学的要求，与大学生存在的心理问题的实际状况也不相适应。

第三，加强教师队伍。首先，高校心理健康教育工作应当尽量选用具有一定心理学和教育学知识的专业化教师，并且鼓励其他学科教师掌握心理学的基础知识和心理咨询（辅导）的技能；其次，定期对在职教师进行心理测量和评估，及时掌握和解决在教师队伍中出现的心理问题和心理障碍，引导教师深刻认识心理健康对自己、对教育事业的重要作用，有意识地去维护自己的心理健康，培养积极开朗的情绪、乐观向上的性格、坚忍不拔的意志，对自己要有客观的认识；最后，还要积极引导教师注重自身素质的提高，努力掌握广博的知识，提高自身的文化修养，培养广泛的兴趣，保持积极乐观的心态，建立和谐的人际关系。

第四章 高校思政教育教学实效性分析

第一节 高校思政教育实效性的构成与理论

一、高校思政教育实效性的构成因素

（一）教育媒介

思政教育的内容和方法是对大学生开展专业的思想政治理论教育，从而使其具有良好的思想道德素质，树立正确的人生价值观，掌握较高的专业知识水平，理论联系实际，能够独立分析、解决问题。

1. 教育内容的制约

思政教育内容就是教育者通过教育实践活动向教育对象所传授的思政教育观念，是思政教育受教育者对教育者所传递的思想观念进行吸收、消化、内化、外化的过程。所以，思政教育内容是构成教育关系的重要一环，是连接教育者和教育对象的信息桥梁。

（1）思政教育教学内容脱离实际。随着改革开放的深入开展，我国经济社会发展迅速，社会生活方式也多种多样。但是思想政治教学就相对落后，不能准确地掌握住我国现阶段处于社会转型时期所面临的新情况，使得思想政治教学内容陈旧、单调，不能很好地引导帮助学生解决遇到的社会问题以及在价值观、人生观方面出现的问题。思政教育内容没有把握当下现实情况以及学生的思想状况，会使大学生难以掌握正确的人生价值观，使大学生对社会主义、共产主义的理想信念产生怀疑的态度，这样思政教育向大学生所传授的内容就很难转化为大学生的思想观念，学生上课只是为了应付考试、获得学分，这样很难提高大学生的思想道德素质，同时也不利于思政教育取得良好的教学效果。

（2）思想政治教师缺乏敏锐性。思想政治教师不注重自身能力素质的提高，不积极主动地在学历学识上提高，加强自身学术研究，这样使得思想政治教师在面对思政教育学科的前沿问题时缺乏敏锐的洞察力。在进行思想政治教学过程中不能把社会上的热点难点问题融合到课堂上的教学内容中，从而所开展的思想政治教学难以提高大学生的思想政治素质。即使不断进行思想政治教学内容的改革，也与现实社会的发展有一定的差距，思想政治教师站在学科的前沿引导和帮助学生解决问题、分析问题，通过努力可以缩小这种差距，那么思想政治课程的内容也不会显得陈旧单调。

2. 教育方法的制约

思政教育方法是教育者培养教育对象为完成教育目标及教育任务，达到良好的教育效果而采用的方式方法，同时也是联系教育者以及教育对象之间教育关系的桥梁。

现阶段，随着改革开放的发展，大学生逐渐从封闭僵硬的环境中走出来，开拓创新思想观念越来越盛行，这就影响着大学生在选择思政教育方法时更喜欢切合实际的、形式丰富多样，以自我教育为主的教育，这种教育方式更能激发大学生学习的动力和热情。但是当前高校在进行思想政治教学过程中仍然采取的是课堂讲授以及理论灌输的教学方式，这种教学方式只注重思政教育教育者的主导作用，采用单向教育的方法，站在自身的角度来考虑如何向大学生授课，教学方法僵硬、刻板，忽视了大学生在教学中的主体作用，没有注意到学生自身的思想特点，这就容易导致有些大学生对思政教育课产生厌烦情绪和逆反心理。

（1）"大班教学模式"。当前高校的思想政治课堂教学多采用的是"大班的教学模式"，这种教学模式无法做到因材施教、言传身教和双向交流的教学特点，不利于师生之间的交流和沟通，不利于培育学生的思想道德素质，也同时很大程度上削弱了教育的实际效果。由于部分高校对思政教育并不是很重视，为了节省教学成本，在开展思想政治教学时都采用"大班的教学模式"。特别的是思想政治教学具有鲜明的实践性的特点，要求授课教师要采用开放的教学模式，如开展课堂讨论、演讲等方式加强和学生之间的沟通交流，重要的是引导学生能够主动思考问题、分析问题和解决问题，帮助学生解决他们所解决不了的问题。但是"大班的教学模式"使得上课的学生过多，师生之间的互动大大减弱，仅仅是课堂秩序就难以维护，更别说采用学生感兴趣的教学方法进行实践教学等都造成了课堂教学效果不好。

（2）思想政治课成为"聊天课"。教师也认识到在教学过程中调动学生情绪、吸引学生注意力的重要性，但是并不是通过在遵循思政教育教学规律的基础上调整教学方法，吸引大学生的注意力，提高学习主动性，让学生接受思政教育理论知识；而是为了迎合学生的心理利用课堂时间给学生讲故事、笑话，把思想政治课完全变成了"聊天课"，这种教学方式方法已经完全脱离了教学的正常轨道，偏离了教育的目标和任务。

（3）学生扮演听众角色。现在高校中普遍的思想政治教学都是一直在教室里进行的，教师在讲台上讲，学生在下面充当听众的角色，他们上思政教育课很大的目的就是为了获得这个课程的学分。还有就是学生发现在思想政治课上所学习的内容，大部分都在初中、高中的时候已经学过，又在重复的学习，认为不用认真听课也可以掌握学习内容，从而就导致对思想政治课不重视，对课堂上学习的内容不感兴趣，也没有高涨的学习情绪。用社会角色理论分析会发现正是由于这种单调的角色导致对思想政治课产生厌烦心理，这种学习态度必然会影响高校思想政治教学的课堂效果。

3. 网络时代的挑战

随着信息技术的迅速发展，社会进入信息时代，互联网技术逐渐成熟，网络打破了时空上的障碍，使得人们的生活发生了巨大的变化。现如今的大学校园不再封闭，国内外各种信息在校园进行传播，加强学生之间的交流沟通，更何况随着网络时代的到来，学生可以更快、更全面的了解政治、经济、文化方面的信息，给大学生的生活、学习等带来了巨大的影响以及便利。大学生是运用网络的主要群体之一，对于其中复杂的信息，大学生缺乏一定的辨别能力，要是没有正确的教育引导，会使大学生思想观念、行为方式等受其影响，这就给增强高校思政教育实效性带来挑战。

（二）教育者

高校思政教育工作者不仅仅要向大学生传授专业的理论知识，还要引导其形成良好的行为习惯，这就要求教育者具备专业的理论知识以及良好的行为习惯，能够发挥自身的榜样作用。通过对现在高校思政教育队伍情况的研究可以发现专业知识水平以及科学的理论功底不强，并且他们暂时没有从事思政教育工作的长远打算。而有些教育者本身就对教育的作用以及价值持有怀疑的态度，就在思政教育过程中缺乏责任心和亲和力，对工作没有执着、奉献的精神，情感投入的很少，并不重视对学生的教育引导，这都是影响教育实际效果的因素。

（三）教育环境

人和环境是相互作用的，环境离不开人，同样的人也离不开环境，两者之间是相互作用，相互影响的，因此环境对大学生思想的形成和发展有着重要的影响。大学生的思政教育并不是独立进行的，社会环境、学校环境以及家庭环境等多方面的因素都对它的开展起着制约作用。所以，高校思政教育实效性受到社会、学校、家庭这三方面因素的综合影响。

第一，社会环境。社会环境是指人所生存的外部环境条件，根据社会的发展进步，客观的从外部制约着人的生存和发展。人的生存和发展离不开社会，因此要考察社会环境的实际情况来研究怎样提高高校思政教育实效性。现阶段社会的基本特征是经济全球化、文化多元化以及我国经济社会处于转型时期等，这些特点给大学生这个群体的健康发展带来了重要的影响，高校的思政教育面临的社会环境是开放的同时也是复杂的。

第二，学校环境。进行高校思政教育，首要影响环境就是学校，这是学生活动的主要地方，学校环境建设的好不好直接影响着教育能否取得实际的效果。其中学校文化、制度、管理等方面都是大学生所重视的问题，根据有关研究发现，学生在遇到解决不了的问题的时候，先是寻找老师帮助，对于教师的教学水平、教师的师德等方面的因素。高校一直在不断加强校园文化建设，加强校园管理，创造安全健康的校园环境，促使大学生积极健康的发展。

第三，家庭环境。家庭教育是学生成长发展过程中必不可少的一环，是所有教育开始时最基本的教育，同时也是对学校教育的补充。家庭教育所产生的一些效果是学校教育或者社会教育都无法达到的，因为家庭教育最主要的影响是先入为主，对大学生的思想道德素质有着定向的作用。父母不管是有意识还是无意识的教育、训诫都潜移默化地影响着大学生的思想道德素质，还有就是父母的社会地位、职业特点、思想道德素质、家庭成员之间的关系等这些因素在学生发展以及社会化过程中起着重要的影响，由于学生最重要的学习阶段是童年，这些影响会在学生成长过程中产生不可磨灭的印记。大学生的思想道德品质其实在成长阶段在逐渐的发展形成，现阶段的大学生对家庭仍有依赖性，虽然他们都已经成年，但是他们还没有完全独立，在遇到问题的时候还会是把家庭作为安全的港湾，因此家庭环境对大学生的健康发展有着不可忽视的作用。整体上来说现在社会的家庭环境是文明健康的，这都是得益于我国注重并加强家庭伦理道德建设。但在家庭环境中还是有许多的不确定因素，这些不确定因素可以说是随着社会的发展所带来的，其中有正面的影响，同时也有负面的影响，这些都使得在思政教育中家庭环境应发挥的功能难以发挥出来，从而不利于高校思政教育实效的增强。

（四）受教育者

对于受教育者而言大学是一个人成长发展过程中重要的时期，在这个时期所接受的教育能够帮助大学生树立正确的思想观念，并积极把其转化为外在的行为习惯，引导实践，使得大学生做到自身全面的发展。在高校开展思政教育就是针对大学生，要准确地掌握它们的群体特征和个体差异，在开展高校思政教育工作更有针对性。要从以下三个方面把握受教育者对进一步加强和改进高校思政教育实效性的制约因素：

第一，受自身认知水平的影响。学习活动本身就是为达到一定目的所开展的活动，但是当人们对学习活动认识不清的时候，也就没办法产生学习需求、产生学习动力。高校思政教育也是这样，大学生对教育意义、教育目的存在认识上的障碍。大学生所接受的政治观念、思想道德等方面的教育不但有利于自身的发展，而且有利于国家的发展进步和社会的稳定，但是当前大学生并没有自觉地认识到这一层面的内容。大学生本身对接受教育有着很大的热情，渴求理论知识，但是在如今各种知识充斥的社会，难以做出正确的价值判断，就认为高校思政教育并没有起到很大的作用，使得他们对接受教育缺乏主动性、缺乏动力、缺乏热情，使思政教育变成了被动的接受教育。因此，大学生首先要明白接受思政教育的重要意义，才能够取得实际的教育效果。

第二，受"予存经验背景"的影响。大学生先后经历的小学、初中和高中三个阶段，一直在接受思政教育，对思政教育的理论知识已经模板化，并且在分析问题、解决问题时已有了个体的思维定势。大学生有了"予存经验背景"即先入为主的经验认识，这种先入为主的观念也直接影响着大学生思政教育的实际效果。现如今，社会价值多元化，大学生对于高校思政教育本身就存在着信任问题，更何况其之前已经有了一定的政治观念、思想道德经验，因此在面对新的思政教育内容和任务时，就会与自己原有的知识经验、人生目标、社会现实等与教育者的言行来对比，从而来确定其是否对自身或社会的发展起到一定的作用和意义，然后再考虑是否接受。社会生活中存在的负面信息的影响以及教育途径的问题会导致思政教育内容的一些要求不被认同，但还有更重要的原因是大学生"予存的经验背景"所存在的问题，对思政教育存在偏见，甚至有逆反情绪，这都导致高校思政教育达不到实际效果。

第三，受自身客体地位的制约。一般在高校思政教育过程中，教育者和受教育者所处的平等的位置，但现实却不是如此，因此大学生对教育过程中自身所处的客体地位有不满情绪。现在的高校思政教育，还存在教育者位于主动的一方，在思政教育过程中积极主动地提出教育的目标和任务，然后向大学生传授教育内容，根据学生的实际情况进行引导教育，大学生却落到了被动的一方，他们成为思政教育的对象，在理论知识以及社会实践上大学生与教育者相比本身就存在差距，也存在一定的分歧。这就特别容易导致大学生对高校思政教育产生消极的的情绪，使得思政教育达不到实际效果。

二、高校思政教育实效性的理论分析

高校思政教育实效性就是教育主体根据教育目标的预期，通过教育环境以及中介，使教育客体最终所达到的真实有效的程度。而对于这种真实有效的符合程度需要是高校思政教育实际的结果不管是在质还是量上都能通过内在和外在两方面充分的表现和反映出来。

（一）高校思政教育实效性的特点

高校思政教育实效性表现形式多种多样，仍有滞后性、多样性、广泛性三个显著特点：

1. 实效时间上的滞后性

受教育者在接受思政教育内容时，需要先内化为自身的思想再外化为良好的行为这个复杂的过程，因此在获得教育效果时就有了滞后性的特点。其实，高校思政教育实效不会在思政教育实践活动后立马显现出来，需要经过一段时间之后才能体现出来。大学生把教育内容内化成自身的思想观念，再外化成良好的行为，并不是一个简单的过程，影响其的因素很多，因此是一个不断消化、吸收、反复和巩固的过程。大学生必须在知、情、信、意、行等方面不断提高自身能力，因为大学生思想政治道德素质的提高以及良好的行为的形成是要经过一个漫长的潜移默化的过程，只有这样才会达到教育效果。教育者要有充足的耐心进行教育，学生的思想观念的转变不是一蹴而就的，要想取得实际的教育效果需要不断的积累。另外，当大学生走上工作岗位之后，参与到实际的工作当中才能把教育效果显现出来，才有机会评价。

2. 实效表现形式的多样性

高校思政教育的效果的表现形式多种多样，比较复杂。高校思政教育实效性表现形式多种多样，包括以下方面：一是，显性效果和隐性效果。显性效果和隐性效果是有机统一的，显中有隐，隐中的发展必然也会显现出来。从受教育者的语言、行为、情绪等方面可以明显的感受到和观察到的教育效果就是显性效果，不然就是隐性效果。大学生思政教育显性效果表现为大学生积极的学习态度和主动性、稳定的情绪等方面；而大学生内在的思想观念、情感变化并没有明显的通过语言行为表现出来，在较短的时间内很难被发现，就是其隐性效果。二是，直接效果与间接效果。直接效果是指思政教育实践活动对大学生思想观念的变化有积极的影响，如大学生道德品格的改善、心理素质的提高等变化；然而间接效果就是当大学生把主观的思想观念外化为良好的行动并作用于周围的客观世界，如稳定的校园环境、良好的人际关系等。三是，近期效果与远期效果。思政教育实践活动正在进行中或刚刚结束后在短时间就能帮助和引导大学生思想行为的变化，这就是其取得的近期效果。由于大学生知、情、意、行等方面的转变不是很快就能完成的，它需要经过一系列的复杂的由量变飞跃到质变的过程，所以教育的实际效果并不是很明显。进一步研究会发现，不能只关注容易让发现的显性的效果、直接的效果和近期效果，不能因为隐性效果具有潜在性、间接效果具有模糊性、远期效果具有滞后性的特点而就忽视它们。要做到把显性效果和隐性效果紧密地结合在一起，同时要兼顾直接效果和间接效果，把近期效果和远期效果联系在一起，不能单独的强调或者是忽略其中一方面的效果，只有这样才能从整体上加强和改进高校思政教育实效性。

3. 影响实效因素的广泛性

思政教育是一个整体的工程，由教育系统、子系统等多方参与、多方互动的教育实践活动，受多种因素的影响。在评估思政教育效果的时候要综合各种因素所产生的作用，认真分析。其中这些因素可分为内部因素和外部因素，内部影响因素包括教育者、教育对象、教育内容、方法和学校管理等；外部影响因素其中最重要的是一个因素是社会因素，包括宏观和微观两方面的社会因素。社会心态、社会风气等这些在社会政治、经济、文化的影响下的因素是宏观社会因素，而微观社会影响因素主要是指学校、家庭等内部之间的人际关系、价值观念等。无论是内部影响因素还是外部影响因素中的哪一种影响因素都会制约和影响高校思政教育的实际教育效果，使其的功能难以很好地发挥出来，这样一来教育实践活动的开展就处于低效甚至是负效的状态。因此，要把高校思政教育作为一项整体的系统的工程来开展，不能忽视系统内部以及外部众多影响因素中的任何一种,并做到各个影响因素之间的协调统一,只有这样高校思政教育才能取得良好的效果。

(二)高校思政教育实效性的功能

高校思政教育实效性的功能也就是其所能发挥的作用,以及意义所在。事物内部的客观性是思政教育实效性所强调的,但是在发挥作用的效果更主要的是表现在外部。要正确理解思政教育实效性的功能,才能使得思政教育取得实际的效果。以下阐述高校思政教育实效性的功能:

第一,思政教育实效性的激励功能。在进行思政教育实践活动的过程中要想取得实际的教育效果,必须确定教育目标,根据教育目标来判断思政教育是否达到了思政教育的实际效果。为了使思政教育能够取得实际的效果,教育主体、教育客体等都会以自身的实际行动采用各种方式来加强思政教育。思政教育实效性能够激励教育主体、教育客体努力朝着思政教育目标奋力前进,通过努力争取自身的实践能够取得教育的实际效果。

第二,思政教育实效性的约束功能。影响思政教育实际效果的因素多种多样,准确的分析这些影响因素如何影响思政教育实效性,把握住这些因素之间内在联系,使其在影响思政教育过程中能够起到实际的效果。思政教育实效性的约束功能就是要使在开展思政教育实践活动中约束教育内容和教育方法贴近科学、贴近实际,一定要坚持实事求是的原则,才能更好地追求思政教育实际效果。

第三,思政教育实效性的预防功能。预防功能一般是在实际效果之后的预防。为了准确地掌握思政教育是否取得了实际的效果,就需要考察和总结上一时期的教育效果。然后根据得来的经验教训,分析这一阶段思政教育过程中存在的问题,找到影响教育实际效果的因素,加以调整和修改,预防在下一阶段的思政教育过程中出现同样的问题,甚至把问题进一步扩大。思政教育实效性的预防功能其实就是帮助分析教育效果,从而能够预测未来。

第四,思政教育实效性的评价功能。思政教育实效性本身位于评价范畴同时又具有评价的功能。而它的评价功能体现在不仅要评价思政教育的过程,还要评价教育主体。运用思政教育实效性的评价功能可以明显区分出采用哪种的教育方法的效果好,哪种的教育方法效果不好,开展哪种方式的教育活动比较成功,这样可以使以后开展思政教育活动时尽量采取能够取得比较好的方式方法。对教育主体的评价就是其所开展的思政教育活动是否取得了实际的效果,其是否能够根据教育对象的实际情况来开展工作,有没有对工作敷衍,对学生敷衍,要更为客观的评价教育主体。

（三）高校思政教育实效性的意义

第一,增强高校思政教育实效性是促使高校人才培养目标实现的需要。目前,我国高校的培养目标就是要实现大学生的全面发展,高校在培养大学生科学文化知识的同时,在大学生的政治观念、思想道德素质、心理健康等方面加大力度进行引导。高等教育其中最重要的一项就是开展思政教育实践活动,目的就是促进大学生的全面发展,实现个人价值和社会价值统一。个人价值是通过社会价值的实现而实现的,实现人生价值需要具备良好的专业知识以及思想政治道德素质。思政教育帮助和引导大学生树立正确的学习目标、端正学习态度,努力学习科学文化知识,把所学的知识运用到实践中,做到理论联系实际,并为了实现中华民族的伟大复兴而努力奋斗。

第二,增强高校思政教育实效性是促进高校大学生全面发展的需要。人的全面发展离不开思政教育,开展思政教育实践活动所取得的实际效果影响着人的全面发展,同样思政教育也离不开人的全面发展,人的全面发展可以为思政教育提供重要的理论保障,提高思政教育实效性。社会经济的高速发展,对人的要求也越来越高,不仅要求大学生掌握更多的专业知识,还要求在各方面的素质都要有明显的提高,只有这样才能使思政教育取得更好的实际效果。思政教育为大学生指明了正确的思想政治方向,指导大学生树立正确的人生价值观,运用科学的思维方式来分析问题、解决问题,坚持理论联系实际。当大学生具备了专业的知识水平,并把良好的思想道德素质转化为良好的行为,坚持走中国特色社会主义道路,把个人价值和社会价值相统一,只有这样才能实现大学生的全面发展。所以,探索和研究增强高校思政教育实效性,有助于促进大学生的全面发展。

第二节 高校思政教育实效性的提升途径

高校思政教育要肩负起自身的使命，不断提高大学生思想政治水平，使之为实现中华民族伟大复兴而努力奋斗。但是，由于受多方因素影响，当代大学生的价值观呈现多元化发展趋势，部分学生对社会主义核心价值观认识模糊，这就要求高校必须高度重视学生的思政教育，以立德树人为根本任务，创新工作思路，探索有效思政教育途径，增强思政教育的实效性，以确保为党和国家培养更多高素质人才。

一、优化高校思政教育的环境

"高校的校园文化建设直接影响思政教育的实效性，因此，高校要加强对校园文化的建设，采取科学有效的手段全面优化校园文化环境，使之与思政教育有机结合起来，从而达到相互促进、共同发展的效果"[①]。把校园文化建设与思政教育相融合，能够对学生的世界观、人生观和价值观产生积极的、正向的影响。文化对人们的影响是巨大的，高校应充分利用校园文化的强大影响力，不断拓展和丰富思政教育的载体形式，充分发挥其育人功能。

第一，高校应高度重视人文精神的培育，将校训、校风等具有高度代表性、辨识性的文化符号与校园文化建设相结合。例如，一些高校在校园的醒目位置建设校训石、纪念碑，还有一些高校在校园各个主体建筑的外墙上雕刻名人语录、警世名言，这种通过艺术形式来宣传主流价值观的做法十分值得提倡。师生在校园中与这些艺术作品朝夕相对，会潜移默化地受到熏陶和感染，从而形成积极向上的精神品质。通过这种方式来强化校园文化建设，既能提升高校思政教育的实效性，又能达到以美育人的教育目标。

第二，高校应积极引导学生成立各种社团，同时将思政教育引入社团活动中，既能让学生在课余时间参加丰富多彩的社团活动，又能提高思政教育

---

① 张姣. 高校思政教育实效性提升方法 [J]. 快乐阅读，2022（5）：92.

的实效性。例如，高校可鼓励学生举办大学生政治理论研究会，帮助学生成立政论学社，定期开展主题为"社会主义核心价值观"的演讲比赛等一系列社团活动。

第三，高校要充分利用网络的强大影响力来提升思政教育的实效性。例如，思政教师可组建微信群或者腾讯 QQ 群，定期在群中推送一些与思政内容相关的问卷调查，鼓励学生积极参与。这种思政教育方式既能让高校及时掌握学生的实际情况，又能提高学生的参与度，最重要的是能及时了解学生的思政学习需求，从而为学生制订个性化学习方案，以达到增强思政教育实效性的目的。教师还可与学生共同制作一些思政表情包，使学生在寓教于乐中受到熏陶。

二、更新高校思政教育内容并创新教学模式

在新时代背景下，高校在开展思政教育工作时，要紧紧围绕立德树人这一根本任务来展开。教育内容要具有高度的社会现实性，要把握正确的政治方向，紧跟时代步伐，体现时代特色，贴近现实生活，把培养学生健康成长作为首要目标。同时，在课程教学过程中，教师应着重讲解中华优秀传统文化，使其与思政教育有机结合起来，从而更好地帮助学生树立坚定的社会主义理想信念。

总而言之，高校要对现有的思政理论知识进行整合，全面打造个性化思政课堂，要做到以学生为中心，实现教与学的平衡发展。要把课堂交给学生，让学生参与其中，真正体现学生的主体性和创造性。同时也要重视师生之间的交流，营造良好的课堂气氛，使学生积极主动地投入到思政学习中来。对于思政教师来说，应改变传统的教学观念，积极拓宽教学路径，让思政教育与其他专业学科相结合，从而全面提升教学效果。例如，高校在进行思政教育时，可把现代心理学理论成果引入课堂中。在学期开始阶段，思政教师可利用现代心理学相关理论成果，对每一个学生分析其全脑偏好，并将分析结果制作成表格，这样教师就能为学生制订出个性化的学习方案。与此同时，教师可根据性格互补原则，将学生分成不同的学习小组，分别对每个学习小组设计相应的教学方法和教学手段，以此提高思政课教学质量。

第三节　高校思政教育教学实效性评估与创新路径

一、高校思政教育教学实效性评估

（一）高校思政教育教学实效性评估的特性

第一，系统性。社会环境和思政教育活动本身，在很大程度上都会影响和制约思政教育的效果。因此，要全面、客观、科学地对思政教育工作进行评估，必须重视社会环境的作用，注意仔细分析和认识社会客观因素对思政教育效果产生的影响（包括积极、消极影响）；同时，评估要重点关注思政教育活动本身，要全面分析和评价思政教育全过程，包括教育活动中的各环节、各要素，做到部分与整体的有机结合。可见，思政教育效果的社会性客观上决定了思政教育评估必然具有系统性。

第二，综合性。思政教育效果既可以表现为精神成果，也可以表现为物质成果，表现形式呈现出间接性特征，这就要求在设计思政教育评估指标时，要综合考虑多种因素，使评估指标呈现多层次和多元化态势，即既要有物质成果指标，又要有精神成果指标；既要有社会效益指标，又要有经济效益指标。只有对思政教育工作进行综合性评估和判断，才能得出符合实际的、全面的、正确的结论。可见，正是由于思政教育效果表现形式的间接性，思政教育评估必然具有综合性的特征。

第三，动态性。思政教育的效果一般是在实施教育之后，甚至需要很长的一段时间才能够体现出来。思政教育效果这种表现的不同步性，决定了思政教育评估应该具有动态性特征。对思政教育工作进行评估时，应当进行动态性评估，注重评估指标信息的日常收集和积累工作；同时，还应开展分阶段评估和追踪评估。任何用静止的观点看待评估，或在实践中仅凭一次评估活动就下结论的做法，往往都是错误的。

（二）高校思政教育教学实效性评估的方法

思政教育评估的方法是检验和评估思政教育效果所遵循的途径、办法，是得出可靠思政教育评估结论的重要保证。

1. 综合测评法

思政教育内容是多方面的，其效果的表现形式也呈现出多元性，既包括精神成果，又包括物质成果，体现着经济效益和社会效益的统一。因此，要对一个系统的思政教育工作进行评估，应根据评估多元化指标，进行多指标评估。

在进行多指标评估时，可能会产生如下情况：一部分指标对某系统来说较好，对于另一个系统来说却较差；另一些指标对某系统来说较差，对于另一个系统却可能正相反。对一个人思想的变化和思想问题解决的程度进行评估，不仅要听其言、观其行，还要察其果，孤立地评估哪一方面都可能歪曲其思想的本来面目，存在片面性。在这些情况下，孤立地把多项指标进行比较是无济于事的，只能采取综合性评估方法，从总体上加以比较。

2. 过程分析法

所谓过程分析法，就是在思政教育发展过程中全面考察它的效果。一方面，衡量思政教育效果要从发展的趋势上，用长远的观点从多角度进行考察。因为思政教育的效果，体现在教育对象思想的转变与提高上，但这往往需要一个量的积累，需要一个过程。另一方面，也不能因为一出现反复就否定思政教育效果。这是因为事物的发展不可能是一帆风顺的，它总是要经过曲折的。人的思想变化同样也不是直线型的，它是螺旋式上升、波浪式进步的。当然，如果思政教育做得准、做得好，不仅可减轻反复的程度，而且可以减少反复的次数。

唯物辩证法认为，客观世界的一切事物、现象、过程之间及其内部诸要素之间都是相互联系、相互影响、相互作用、相互制约和相互转化的。人的思想也都处在一定的社会联系之中。因此，在进行思政教育评估时，要从人们思想运动变化、发展过程加以考察，既要看历史，也要看现状，更要看发展。把思政教育效果置于思想发展的过程中加以考察的方法，实际上是唯物辩证法在思政教育中的具体运用。

3. 对比测评法

采用比较的方法（纵向比较和横向比较）评估思政教育的效果是必要的。但在运用对比分析法时，应注意以下三个问题：

（1）对比必须是同类事物或大体上相同事物之间的对比。在评价效果时，应注意个人与个人之间、单位与单位之间的可比性。

（2）对比必须着重于内容上、本质上的对比。不能只限于形式上和现象上的对比，单从现象上、形式上对比，不能准确评价思政教育的效果。

（3）必须全面地进行对比，即综合对比。就是在思政教育的效果评价上，不能用某一单项指标评价思政教育的效果，而应该进行多指标的综合比较，否则会导致片面性，其比较的结论也是站不住脚的。

（三）高校思政教育教学实效性评估的要求

只有依据评估指标体系，按照相关的要求，才能对思政教育评估，做出最可靠、最科学的评估结论。

1. 定性评估与定量评估相结合

定性评估是指通过对评估对象整体上进行质的综合评估，以把握其接受思政教育的效果情况。这里的定量评估，是指依据评估指标体系，对评估对象进行的定量测定和量化处理。

定性评估能够从整体发展趋势上把握思政教育的效果，但是难以掌握评估标准的客观性；同时，定性评估使用的方法较抽象，评定结论（如先进、中间、落后）只具有相对的意义。而定量评估的可操作性强，评定结论具体、准确。但由于思政教育效果的影响因素很多，而这些因素又具有动态性，因此，定量评估很难将所有因素及其之间的复杂关系——进行测定和量化；同时，很难设计一套定量分析需要的针对性强、有效性高的指标体系。因此，在思政教育评估中，应把定性分析和定量分析有机结合起来，尽量发挥各自的优势和长处，避免各自的弊端和短处，以定性分析为基础，以定量分析为"辩证的辅助工具和表现形式"，使评估过程科学化。

2. 动态评估与静态评估相结合

在一定的空间和时间内，人们思想和行为既具有动态性，又具有静态性。这在客观上要求在评估思政教育的效果时,必须坚持动态与静态相结合。

所谓动态评估,就是把评估对象及其相关因素放到过程中去考察,既要看到其过去,又要看到其现状,更要看到其未来发展的潜力和趋势。动态评估是对思政教育效果的预测和追踪。预测评估一般运用于问题尚未彻底暴露前。当问题暴露时,则要根据问题严重程度给予追踪评估。当然,强调动态评估,并不意味否定静态评估。之所以能够对思政教育进行评估,就是因为它存在着暂时的稳定状态,才能对不同系统、不同单位、不同部门的思政教育效果做出科学的评价。

3. 长期效果与短期效果相结合

思政教育的总体目标,属于长远目标,必须分解到具体的时间、划分为不同的阶段,通过不断努力逐步接近和实现。因此,思政教育的效果可以分为长期效果和短期效果,思政教育的短期效果具有较强的渗透性,容易见到成效。而思政教育总体目标的实现,虽然可以在较长时期内显示作用,但短期之内不容易见到成效。因此,在实践中,思政教育的短期效果常常受到人们的重视;而长期效果因周期长而容易被忽视;即使是日常性的思政教育,其效果也往往是在很长时间之后,在多次反复作用后才能显示出来,常常有潜在效果,也有明显效果。

因此,在进行思政教育评估时,必须重视思政教育的长期效果。当然,强调长期效果并不是否定短期效果,二者是相辅相成的,并不矛盾。在思政教育评估时,要注意两者的有机结合。

4. 模糊性与精确性相结合

从总体上讲,思政教育的效果是一种精神成果,很难用数据精确计算,具有较高的模糊性。但是,思政教育的很多方面又可以测定和量化,具有精确性。思政教育效果的这一特点,要求人们在进行思政教育评估时,必须有机结合两者,不但重视量化其精确性部分,而且还要善于掌握一定的模糊度,使评估结论更准确、更科学。

二、高校思政教育教学实效性的创新路径

（一）坚持学生的主体性地位

"高校思想政治教育实质上是教与学相互互动的过程。由于传统思想政治教育偏向于灌输理论知识，学生学习相对被动"①。因此，高校思想政治教育工作者需结合当代大学生的心理特点和学习需求，有针对性地组织思想政治教育教学活动，以学生为主体的教育理念指导，促进学生学习积极性和主动性的有效提升，强化学生自我教育与思政教育有机结合，为学生个性化全面化发展奠定坚实基础。由于当代大学生普遍存在心理素质薄弱的问题，在开展思想政治教育过程中，需加大心理健康教育力度，可针对性设置心理咨询机构，并聘请专业人员负责咨询和指导工作，为学生解答心理困惑。与此同时，高校思想政治教育中，培养学生良好的社会责任感和职业价值观至关重要，针对当代大学生责任感匮乏的问题，需结合思想政治教育素材培育学生家国和社会责任感，形成正确的三观与职业观，将实现自我价值置于国家民族复兴中，夯实学生社会责任感基础。除此之外，由于部分学生对思想政治理论课存在抵触情绪，为保证理论课教学成效需立足于学生实际情况与需求，打造生动多样的课堂教学，将理论知识结合社会现实问题，不仅可以将晦涩难懂的理论知识以具体案例呈现给学生，亦能增强学生思政学习兴趣。

（二）创新思政理论课的教学方式

理论课作为高校思想政治教育主渠道和主阵地，是保证思想政治教育有效性的关键。对此，为实现立德树人根本任务，需从思想政治理论课教学着手创新。

第一，丰富理论课教学内容，体现教学内容的针对性。高校思政教师可围绕教学大纲与教材为逻辑主线，融合专题教学模式，选择当代大学生感兴趣，且与学生成长和发展相契合的生活化教学内容。或联系社会热点开展专

---

① 吴亚娟. 新时代视域下高校思政教育创新与实践探究［J］. 淮南职业技术学院学报，2022，22（6）：16.

题教学，使学生积极参与话题探讨和思政理论知识学习。在此过程中，思政教师鼓励学生畅所欲言，发表自身的想法和见解，强化师生课堂交流与互动。

第二，创新理论课教学方式，体现教学内容的亲和力。新时代视域下高校思政课教师需突破常规课堂讲授模式，促进思政教师分工协作，分别负责各自擅长的教学内容，以接力式开展教学。教师的不断更换使学生始终保持新鲜感，课堂学习热情不断提升，且每个思政教师均可以发挥自身教学特长。课堂教学方式仍需体现以学生为主体，强化与学生的课堂交流和互动，引导学生积极思考、探讨和研究，适当增加演讲、辩论、即兴讨论等环节，改变以往沉闷的理论课教学氛围，构建新型理论课教学模式。

（三）优化实践教学体系

实践教学作为高校贯彻落实思想政治教育的重要环节，需不断加强实践教学平台建设，引导学生积极参与实践学习。

第一，需明确思政实践教学目标和定位。立足于高校思想政治教育实践教学现状，需正确认知实践教学的重要性和价值，是巩固理论课所学知识，促进学生内化于心、外化于行的重要路径。所以，开展思想政治实践教学，不仅包括社会调查、参观学习、组织培训等多种形式，思政课堂内外与实践教学相关的活动，均可以作为实践教学，如案例学习、演讲比赛、校园活动、专题讨论等。只有清晰明确的教学目标和定位指引，才能保证实践教学方向。

第二，加强实践教育资源整合归纳。高校思想政治教育过程中，教育资源不仅局限于教材与书本，日常生活中同样包含丰富多样教育资源。因此，在开展实践教学过程中，教师应选择紧密关联大学生实际的社会现状，具有代表性、时代性的内容，满足学生学习兴趣和需求，引导学生积极参与实践学习。由于当前高校思政实践教学过程中，教育资源挖掘创新性不足，进入新时代，需加强实践教学资源的深入挖掘与优化配置，以丰富多样的实践教学活动形式，提高大学生思想政治素养。

（四）建设网络化教育教学平台

网络信息技术飞速发展，进一步加快了信息的传播，拓宽了思想政治教育资源，但良莠不齐的信息内容冲击当代大学生的思想防线。可见，网络对于高校思想政治教育而言，可谓机遇与挑战并存。因此，高校应积极推进网络平台建设，拓宽思想政治教育途径和载体。

第一，打造网络思想政治教育平台，通过建设思政网站、微信公众号、微博账号等，结合大学生兴趣取向与需求，精心挑选思想政治教育内容，借助网络载体与学生亲密互动，促进学生思政碎片化学习。

第二，注重网络信息筛查与监管。当前国家针对网络信息传播，不断推进立法进程，高校方面需加强校园网络的资金投入力度，不断完善软硬件基础设施。在高校内部组建网络信息安全管理部门，主要负责网络平台信息筛查与管理，及时规范大学生网络行为。

第三，提高教育工作者的网络信息技术水平，使其灵活运用网络平台和教育手段开展网络思想政治教育工作，与大学生积极沟通和交流，把握学生的思想动态变化，在及时教育引导的基础上，调整大学生思想政治教育方案和策略，以提升思想政治教育的有效性。

（五）提升教师教育教学水平

高校思想政治教育工作者是日常与学生十分密切的群体，对学生学习和生活了解较多，能够更好地把握学生思想变化。新时代视域下，思政教育队伍的专业化水平，在很大程度上决定思想政治教育创新性与实践效果。对此，高校需着力推进思政教育工作者专业化水平提升。

第一，提升高校思政教育队伍的思想政治素质，作为高校思政教育工作者，需为学生树立良好的榜样形象，自觉加强理论知识学习，并践行社会主义核心价值观，保证自身具备良好的思想政治素养以及坚定的政治立场和理想信念，继而在贯彻落实立德树人根本任务过程中，着力推进思想政治教育改革与创新，培养当代大学生良好的思想素质。

第二，不断提升思政教育工作者专业化水平，夯实其专业知识与技能。高校思政教师需树立终身学习的思想理念，适应时代发展和变化更新知识结构。与此同时，学习多学科和多领域专业知识，包括心理学、管理学、教育学、社会学等，以充足知识为教育工作提供有力支撑。

第三，思政教师需注重个人魅力与修养，在日常工作过程中秉持关怀和爱护的思想理念，尊重学生的人格和主体地位，不断缩短师生之间距离，构建和谐融洽的师生关系，使学生真正信赖和依赖教师，增强思想政治工作亲和力，满足新时代对思想政治教育的要求。

第五章 互联网背景下的高校思政教育

第一节 互联网的本质与功能

一、互联网的本质分析

"网络"一词,按其汉语语义是指纵横交错而成的组织或系统。网络是人类创造的,并为人类所使用、掌握的学习、工作和生活的便利工具。所以,网络本身没有善恶、美丑。只有当网络被有特定思想意识、价值观念和生活行为方式的人运用时,才产生了所谓双刃剑的问题。因此,问题不在于网络本身,而在于使用网络的有思想意识的人。网络作为一种数字化信息交流系统,现代计算机技术、通信技术、传媒技术综合赋予了它一些本质属性。具体来说,有以下内容:

(一)网络的虚实两重性

网络的虚拟性就是把人的实践活动转移到以网络为基础的比特空间。网络用户在比特空间彼此交流、获取信息,而这个空间是一个世界性的、共有的虚拟空间。网络行为也是虚拟的,它只是通过技术使人有身临其境的感觉,而且人们往往按自己的喜好来设计自己在网络中的形象、语言,其身份通常是不真实的。网络技术并不能把客观世界的万事万物,统统照搬到网络世界,它只是以文字、声音、色彩、图片、动画、影视等现代科技表现手法,将其再现于网络世界。这种虚拟现实并没有完全彻底地超越、脱离现实,它只是对现实生活本身进行加工处理甚至重新构建后,形成的对现实生活的直接、间接乃至变相的反映。

因此，网络世界的表现方式是虚拟的，但网络信息的生产者和消费者都是现实世界的人，表现的内容是活生生的现实世界，且是为现实世界服务的。这种表现方式的虚拟性和表现内容的现实性，构成了网络的虚实两重性。网络世界存在诸多矛盾，而现实性与虚拟性之间的矛盾是主要矛盾。

（二）网络的广容兼容性

广容性，是指网络发布信息的容量不受限制。传统媒体如报纸，每天的版面是有限的，广播和电视也分别受到播出时段和频道的限制，其信息总量是有限的。而网络不受版面和播出时段的限制，其信息容量近乎是无限的。网络信息不但会随着交流而呈现出内容的倍增，而且所传播的信息包罗万象，几乎涵盖了人类活动的所有方面。

兼容性，指网络兼容了传统媒体的多种优势。它不仅具备了声音、文字、图像合一的特点，还具备了报纸的可保持特点，且可以轻松便利地实现多种媒体间的切换、组合与集成。这就使得网络信息声色俱全、图文并茂、动静结合，更能吸引网民。

（三）网络的平等交互性

网络的平等性是指网络用户、网站及投资者之间处于平等关系。网络空间每个用户都是信息接受者，又是信息传播者、制造者。网站不论规模大小，只要赢得用户的认可和信赖，就具有无限的发展潜力。网络的交互性分为实时交互与非实时交互两类。实时交互指用户每做出一次选择，马上就能得到一个回应，如网络聊天即属于实时交互；而非实时交互是对一方发出的信息，另一方不必或不能及时回复，网络可存储该信息，以供对方回复时查阅，如电子邮件即属非实时交互。

总而言之，网络信息隐匿的特征，使网络成员在虚拟空间的平等成为可能，人们可以无所顾忌地敞开心扉交流和发布信息。而交互式沟通，则使人们能更从容地选择和吸纳信息。因此，在网络社会，网民缺乏的并不是信息资源，而是筛选信息和自我约束的能力。

（四）网络的快捷增殖性

与传统媒体相比，网络的传播速度和更新周期都极快。网络可在瞬间将信息发送给用户，而不受印刷、运输、发行等因素的限制。这使得网民可以在事件发生的第一时间通过网络及时便捷地发布或接收世界各地的重要信息。特别是手机无线通信与互联网技术的结合，更提高了信息传播的方便性和灵活性。此外，由于网民不仅是信息共享者，还是新信息的制作者和发布者，他们使信息一经传播其影响得到快速扩展，呈加倍增长之势。

（五）网络的点击依赖性

作为网络的基本单元，网站可以为网民提供免费邮箱，可以免费让网民建立个人网页，可以免费提供图书资料、影视资料供网民下载，可以免费让网民订阅电子刊物，甚至还可以参加抽奖，而用户所需要做的，只是用鼠标点击该网站的有关链接。网站的点击率或访问量类似于电视的收视率与报纸的发行量，是网站生命力的集中体现，也是评价网站优劣的关键因素。

二、互联网的功能阐释

（一）互联网的信息传送功能

所谓信息传送，指利用网络实现计算机与站点服务器、用户计算机等之间，或者站点服务器之间各种信息的双向传送。利用网络的这一功能，可使处于不同地理位置的相关单位或部门通过网络连接起来，以进行集中的控制与管理。

（二）互联网的资源共享功能

所谓资源共享，指的是网上用户都能部分或全部享受软件、硬件的信息资源，在网络中实现互通有无、分工协作，从而提高系统资源的利用率，并使得整个系统的数据处理平均费用大为降低。如果说信息传送功能是互联网的根基，那么资源共享可以是互联网的主干。正是由于互联网的资源共享功能，才派生出了万维网浏览、网络信息检索、网络新闻组、网络论坛、软件下载、远程教育等日益丰富的用途，使得网络世界魅力无穷。

（三）互联网的优化组合功能

互联网，并非是一个单独的网络，而是一个计算机网络群组成的网络系统。互联网可以实现时空挤压，把各种信息、知识按照一定目的进行整合，实现效果最优化,并能为其成员网络的每一位用户提供更为广阔的合作天地和发展空间。通过网络用户合作,科学家们获得了一个消除了地理距离限制的网络环境,建立了一种新型的合作方式。

(四)互联网的联机保障功能

联机保障功能主要体现为能提高可靠性和可用性。提高可靠性表现为在网络中的各台计算机可以通过网络彼此互为后备机,一旦某台计算机出现故障,故障机的任务就可由其他计算机代为处理。这就避免了某台计算机在无后备使用机的情况下,发生故障导致整个系统瘫痪,从而提高了联网的可靠性。提高联机可靠性的功能在局域网中表现尤为突出。联网计算机可以轻松地利用网络下载各类杀病毒软件,或将机内存储的重要数据资料转移或备份到网络其他计算机上,这就提高了联网计算机和网络本身的安全性。而国际互联网的贯通,又使这一功效扩展到了整个网络空间。提高可用性是指网络中某台计算机负担过重时,网络可将新的任务转交给网中较空闲的计算机完成,通过均衡各台计算机的负载来提高每台计算机的可用性。提高联机可用性的功能集中体现为联网计算机的紧密合作。通过这种合作能把一项任务分解成若干个部分,再交给不同的计算机进行处理,从而使微型计算机处理大型工作任务成为可能。

第二节 "互联网+"教育的内涵与特征

一、"互联网+"教育的内涵

"近年来,随着互联网技术的广泛应用和普及,社会各行业领域的发展都离不开互联网技术,教育领域同样如此"[①]。"互联网+"在改变着人们的思维方式、生产方式、消费方式、生活方式的同时,也改变了人们固有的教育模式,包括教育思维、教育理念以及教学方式。"互联网+"教育内涵丰

---

① 殷晴波."互联网+"视域下高校思想政治教育实践的创新研究[J].湖北开放职业学院学报,2022,35(12):10.

富,是丰富多彩的网络课堂、陶冶情操的教育环境、不断革新的教育流程以及科学教育链形成的创新教育网,更是以人为本的教育,引起了教育理念、环境、技术、流程、价值链等各方面的变革。

第一,全时空"创新育人+"环境。学校通过互联网平台,将创新育人贯穿于课堂教学、实习实训、社团活动、社会实践以及校园环境、宿舍布置、人际关系等育人全过程,创设全时空"创新育人+"环境。

第二,创新育人的教育理念。创新育人是创新型教师借助创新平台、利用创新环境和工具教育创新型学生的过程,因此创新型教师是创新育人的关键。由此可见,推动教育改革的创新,教师也是关键。教师的责任是办好令人民满意的教育,承担教书育人的重任。"互联网+"创新教育是通过教师的创新教学、创新育人,引导和激励学生树立创新意识,培养学生具有创新思维、创新精神、创新能力,这些便是信息化教育的重要内容和目标。

第三,基于成长需求的跨界融合教育。"大数据"一词成为社会浪潮,影响着社会、生活的各个方面。而一堂好课必须坚持以育人为本,其核心应是"以学生为中心,以学生为主体"。根据大数据的分析和挖掘可以有效地帮助教师更好地了解学生的需求,教学可以做到有的放矢,通过"互联网+",学生接受的历史教育和现实需求有效地结合在一起,还能跨界联合,最终形成教育联盟。

第四,"三大课堂"的联动教育。三大课堂即传统课堂、实践课堂和微课堂,其中传统课堂注重的是知识的传授,实践课堂注重的是能力的培养,而微课堂重视的则是素质的提高。三大课堂三位一体,教师既充分利用了资源,又能够指导学生网络学习和实践学习,不管是课前、课中,还是课后的每个环节,都能做到将"知识传授、能力培养、素质提升、智慧开发"渗透其中,给学生阳光般的温暖,为他们的学习、生活、实践提供更多的正能量,才能在强化知识、提升能力、培养技能、提高素质的基础上,进一步帮助学生健康成长,启迪学生的人生智慧,让学生进行创新性学习。

二、"互联网+"教育的特征

"'互联网+'时代,全媒体高速发展,信息传播的手段与模式发生巨大改变，高校充分利用全媒体技术开展思想政治教育工作是大势所趋。"[①] "互联网+"的特征可概括为跨界融合、创新驱动、重塑结构、尊重人性、开放生态、连接一切，而"互联网+"教育在"互联网+"的特征基础上也有其独特的表现。

（一）学生核心育人为本的特征

"互联网+"带来的不仅是技术的变革，更是一场思维的变革。互联网思维颠覆了传统思维，强调用户思维、简约思维、极致思维、迭代思维、流量思维、社会化思维、大数据思维、平台思维和跨界思维。其中，"用户思维"是核心，它对高等教育提出全新的挑战，高等教育应完成由"教师中心"向"学生中心"的转变，教育对象不再是被动接受的对象，而是整个知识传播的中心。教育需要以"学生"为核心进行教育体系的重新设置，同时要求传统的理论化教学、普遍化技能知识向社会岗位化知识转型；传统课堂空间向社交媒体空间转型，使得教师与学生形成平等交流关系；同时将校内资源和校外资源融合，建立学校、企业、社会的动态连接；将传统的灌输式教育转型为探讨式教育，最终达到团队协同塑造式教育，营造开放快乐的教育氛围。

"+"是价值创新和价值实现的要素，通过大数据技术建立互联网信息卡、信用记录卡，沉淀大量信任关系，重构信任关系，建立动态连接交互分享系统，发展社群与管道，以别人的能动性为主导，来放大他们的梦想，提供梦想实现的生态条件支持，创造推动进步的土壤，做到以学生为中心、以育人为根本。在大数据时代，鉴于"海量+多样化+快速处理"成为常态，导致数据的挖掘和应用成为核心，从而保证了全时性传播内容和受众服务的质量，进一步创新了数据的挖掘、析出和应用，有助于教师根据数据分析对学生可能出现的心理困惑和理解困难进行前瞻性的设计，这使得教育能更有效引导学生树立科学的世界观、人生观、价值观。

具有科学性、针对性的导学方案，可帮助学生树立与时俱进的学习理

[①] 高涵. "互联网+"背景下借助全媒体提升高校思想政治教育的实效性探究 [J]. 科教导刊, 2022（4）：63.

念。用数据挖掘和数据分析的技术可帮助学生分析问题和解决问题,丰富他们的学习方式,为他们提供更有效、直接、全时空的互联网学习指导和工具。建立以学生为中心,包含导学方案、学习理念、技术支撑、学习方式、学习工具五个元素,实施先学后教、学情分析、小组评价、教师总结、能力拓展五项策略,最终形成高效课堂。

(二) 互联网生态教育圈的特征

生态是"互联网+"非常重要的特征,生态本身就意味着开放,无论是跨界融合、创新驱动,还是重塑结构、连接一切,都需要营造开放的生态环境,只有在一个开放的生态系统里,才能找到一些与外部其他要素之间的共同点。不管是数据开放、云平台还是提供连接,都是把更多的信息孤岛连接到各自的生态体系,一起共生、发展,让各自生态体系的用户获得更高的品质,促进良性竞争。

教育行业已经逐步构建了一个全新的生态圈——"互联网+"教育生态圈,这一生态圈将学生学习、学生评价、教师评价、教师专业发展、大数据分析的反馈等进行联合,推动教育教学改革与实践。互联网时代提供了一个智能服务,以学科为载体,构建现代信息技术与新兴的学生学习评价、教师专业发展网络平台,在师生学习发展方面,由单纯的资源提供向师生自主参与、互动反馈的双向互动转变。通过互联网,学生能真正实现自主学习、参与测试评价、对自身学习情况进行反馈等目的,从而获得更有针对性的学习策略,实现"提优补差、因材施教"的效果。除此之外,教师也可以自行测试自己的专业知识,不断提升自己的专业素养。互联网还能通过收集学生学习、测试的数据,教师测试的数据,以及相应的背景信息的大数据,进行全面的数据分析,为使用者提供宏观的规划和建议,为教育行政管理部门、学校的管理者提供科学决策的依据。

这样的生态教育圈既尊重了教育的"育人为本",又将信息技术形成封闭教育圈,体现了教育在线上线下的结合、网上网下的协同作战,使得"互联网+"敲开了教育原本封闭的大门,同时也加速了教育的不断自我进化。人人既是教育的生产者,又是教育的消费者,这种新型的教育生态必然会更加适应社会的发展。不断优化生态是推动"互联网＋"的重要手段，良好的生态激活创造性，放大创造力，孕育创意，促进转化，尊重人性，把孤岛式创新连接起来，形成"互联网＋"生态圈，带来社会价值创新。

创新创业教育亦是如此，互联网、生态化降低了门槛，提供了多种合作、协作的可能性，激发教育"群体智能"即大众智慧、大众协作有可操作的空间。"互联网＋"提供了新的人际组合、交互、融合方式，熟人分享、社群交互都成为催生群体智能的可能因素，同时也为人们开阔了"互联网＋"教育的新视野——"互联网＋"生态教育圈。

（三）线上线下教育联盟的特征

在互联网高速发展的当今时代下，一方面，在线平台通过线下实体增强自身的口碑力度，吸附更多优质访问量；另一方面，优质线下资源通过完善的线上平台得到了最大化的释放，迅速提升知名度，形成了新型合作融合模式。

跨界，需跨越思维观念之"界"，"互联网＋"为针对问题痛点、体验空白、价值盲区所实现的跨界融合带来了很多亮点，状态切换是新旧力量的角力，是心智与习惯的转变，需要时间的考验，更要经受质疑和唱衰的煎熬。跨界，应该成为一种行为方式。

"互联网＋"教育也是如此，以哲学与科学为例，哲学孕育了科学，而科学则推动了哲学的发展，两者相辅相成，在任何时候都不可偏废。各个学科之间、各门课程之间、教育环节之间、线上线下都存在着割不断的必然联系。然而，大千世界带来的新奇色彩，容易使处于成长期的高校学生缺乏主流观念和理想。互联网也是一种价值观的传播，对于企业来说，互联网可以让用户带来用户，让口碑赢得口碑；而对于教育来说，身教重于言传，互联网可以化技术为能力，也可以化腐朽为神奇，化知识为力量。

在互联网时代，学校并不是学生学习的唯一途径。而作为人才摇篮的高校，要借助"互联网＋"将立德树人贯穿于各学科、各专业的教学环节中，渗透于各种文化教育和主题活动中，传播于各种载体和媒介中，强化于各种社会实践、专业实践、网络实践和校园实践中，将培育和践行社会主义核心价值观融入教育全过程。线上线下的教育大联盟，让每个教育者和受教育者自觉地将培育和践行社会主义核心价值观变成一种行为方式。

（四）网上网下资源整合的特征

互联网时代是一个开放、合作、共赢、众创的时代。互联网使得现实时空得到了延伸，地理边界得到了改变，关系结构也得到了变迁，让社会结构随时面对不确定性，为教育结构的重塑和整合提供了更大的空间。"因材施教"主要是教育要从受教育者的实际现状出发，依据学生的认知水平、性格特点、学习能力以及自身素质，展开针对性的教学，促进学生的全面发展。互联网、大数据能够更科学地分析学生的学情和实际需要，而"互联网＋"的资源能够整合所有的教育主体形成教育合力，对学生进行立体式的全方位教育。在线教育要想蓬勃发展，最大限度做好有针对性的教育资源整合、创造优质资源、深挖资源价值才是生存和发展之道。

如何帮助学生进行信息处理并引导他们积极传播正能量，是互联网时代教育必须解决的课题。互联网、社群、分享大行其道，这使得教育的途径不断得到丰富和发展。学生的需求越来越多地发生在移动互联网上，如学习需求、成长需求、传播需求、娱乐需求、购物需求、创业需求等。互联网和大数据的结合做到了在充分了解用户的基础上，不断提高其理解能力，采用喜闻乐见的方式与之对话、交互、交流，在此过程中传播和渗透核心价值观。互联网还能打通用户的关联，使分享更直接、评价更真实，这有利于教育者不断提高教学能力和水平。

互联网是大众智慧的集合体，在互联网教育中，学生就是用户，学生用户可以参与设计、参与创新、参与传播、参与内容创造，通过评价教学内容、教学设计、教学形式、教学案例、教学方法和教学手段来参与管理。众包、众筹、众创等互联网"众"经济，不仅是社会的新结构、商业的新格局，还是生活的新方式、经济的新范式、教育的新途径。以众智促创新，以众包促变革，以众扶促创业，以众筹促融资，这是我国形成创新驱动发展新格局的基本要求。我国的传统教育历史悠久，在线教育作为教育的一种新形式，在发挥自身优势的同时需从传统教育中借鉴和吸收经验，这样可以少走弯路和岔路。

现实和虚拟的世界有时变得分裂而有时又无缝融合,"互联网+"最终描述的还是一个智能社会,不仅能让大家更加高效、节能、舒适地在这个社会里生存,而且还为人类社会的资源重组提供了非常大的便利。借助互联网和移动互联网,通过跨界融合,将长期的文明进化和教育实践中所创造积累的教育知识、教育经验、教育技能、教育资产、教育费用、教育制度、教育品牌、教育人格、教育理念、教育设施以及教育领域内外人际关系等有效地组合在一起,最大限度地发挥教育的价值。

所以,从本质上来看,"互联网+"对教育的影响主要体现在教育资源的重新配置和整合上。

(五) 织成教育联动网络的特征

连接一切,是将一切可以产生信息并具有信息交互可能性或相互影响的因素,利用信息通信技术特别是智能化的方法连接在一起的过程和状态。连接是互联网的未来,更是"互联网+"的核心。

互联网时代的教育也同样如此。对于"互联网+"教育来说,就是要借助能借助的一切力量和资源进行创新育人、育创新人,就是要搭建数据云平台,融合各种教育资源和力量。利用信息通信技术特别是智能化的方法,通过各种媒介和载体将教育者和受教育者更好地连接在一起,建立纵横两条线的动态"细胞级连接",织成教育联动网络。

借助"互联网+",通过数据开放、云平台提供连接,就可以把一个学生从他出生起到学前教育、基础教育、高中教育、大学教育等更多的信息孤岛连接到受教育者分析的生态体系,这样就能够对学生确定不同的解决方案。

"互联网+"既然是连接一切,除了要做到国民教育全过程网络连接即教育网络的纵式教育链,更要在同一阶段综合各种教育资源,建立家庭教育、学校教育、社会教育、网络教育、自我教育的连接平台,还要做实、做细、做小,把任何一个空间的教育资源建立连接,形成教育途径的"线上线下"移动互联、教学力量的"学校教育、家庭教育、社会教育、网络教育、自我教育"五位一体、教育形式的"课堂教学、实践教学、网络教学、文化滋养、主题活动"五位一体的"合力育人"教育模式,从而建成立体全时空多维协作连接。立体全时空多维协作连接的建立需要注意以下方面:首先,"学校教育、家庭教育、社会教育、网络教育、自我教育"教学力量目标统一,那就是用社会主义核心价值观引领各个层次、各种形式的教育,培育中国特色社会主义合格建设者和接班人。要帮助学生建立创新学习和合作学习的理念,重视培养学生的创新能力和合作能力。其次,要敢于突破陈旧的思维定式,学会创新学习,不断激发自己的创新意识,培养自身创造性思维,不断提高创新能力,为将来的创造性工作和创业打下良好的基础。合作学习有助于学生之间在学业上相互启发、相互促进、取长补短、共同提高,还能在合作中培养良好的交往能力、合作精神和团队意识。最后,自我教育才是最有价值的教育。要形成比较完善的现代国民教育体系和全民学习、终身学习的学习型社会,促进人的全面发展。

第三节 互联网时代高校思政教育的机遇

在网络快速发展的时期,高校思想政治教育在进行的过程中受到了多方面的影响和制约,造成了思想政治教育的复杂性和多样性。因此,要加强新时期大学生思想政治教育,就必须充分地分析、深刻地认识目前大学生思想政治教育面临的机遇与挑战,要不断地总结经验,对出现的各种问题进行分析判断,尤其是当网络快速发展下会给大学生的思想政治教育带来怎样的影响进行了深入的分析与进一步的明确,这样才能做到有的放矢,才能更好地在网络时代下做好大学生的思想政治教育工作。因此,只有努力将社会主义思想道德与时代相结合,才能实现我国建设中国特色社会主义事业的发展。

一、充分完善高校德育的教育体系

要想充分地适应网络技术给高等教育工作带来的变化,就要结合社会的发展,解决出现的新问题。在国家有关的方针政策指导下,我国各大高校积极致力于高校网络思想政治教育机制的创新与发展,充分结合大学生的实际情况建立新的思考方式,从而使整个高校德育体系得到完善,在变化的过程中寻求发展,在创新中促进人员素质的提高,同时要净化网络、维护网络安全。

第一,健全思想政治教育的目标。在网络视阈下,大学生的全面发展要求已经成为整个网络教育体系的目标,是在我国社会生产发展的基础上提出的。由于现实情况比较复杂,所以高校在德育工作上实现大学生的全面发展要必须对当前的国情进行分析,才能形成全方位的目标系统,教师才能对学生起到引导作用。

第二,丰富思想政治教育的内容。网络技术的存在可以显示出信息的价值,同时带给学生和教师新的理念,这将进一步丰富大学生思想政治教育的内容,尤其是目前网络上存在的各种问题。一旦出现了这些问题,就可以借助网络平台使之成为大众讨论的热点内容,高校德育工作能够在其中进行有效的借鉴和了解,进而提炼出适合自身发展的高校思想政治教育方法,从根本上扭转事物发展的局面,有效引导和培养学生的高尚思想品质。高校网络思想政治教育体系需要在动态变化中不断更新,这也是整个教育系统迅速发展的必然要求。高校德育内容因网络日益丰富,网络更使高校德育工作形成健康的文化氛围,从而促进整个社会的和谐发展。

第三,拓宽高校德育工作的途径。网络课堂可以突破传统的课堂教学模式,同时,随着网络技术的飞速发展,高校德育工作途径将得到无限的拓展,在课堂教学的过程中,能够提高学生的学习兴趣,同时课下也可以进行更好的渗透,加深学生对网络的兴趣,加强高校网络思想政治教育阵地的建设,以各种主题网站、论坛、博客等各种学生所喜欢的形式将社会主义思想道德根植于他们的心灵深处,成为坚定的精神信念以及行为习惯,对现实生活中的网络行为以及整个人生发展都具有指导意义。

二、有效推进教育改革的顺利进行

在经历了多年的深化与改革发展,我国在教育体制方面也已经取得了显著的成效。高校逐渐意识到创新对于管理的意义，尤其是利用一些新的技术来实现理念的创新、管理模式的创新以及体制的创新，进而如何优化配置教育资源等，在大学生群体中就今天网络给人们的生活带来翻天覆地的变化引导他们客观看待，从而使我国的教育改革有效完善。

随着网络的出现，使高校中师生的关系变得更加平等，同时对高校网络思想政治教育的模式给出了新的界定。教育的根本即是学生，所以一切德育工作都要围绕学生全面发展这个总的目标前进，教师充分发挥指导作用，在教育的过程中不能一味强求，要注重学生对思想政治教育内容的接受程度，要从学生们所感兴趣的方面着手，进而拓宽高校网络思想政治教育的途径，形成立体化、全方位的教学模式，这是我国教育改革的有益尝试，高校全体师生通过积极实践收获了宝贵的经验，从而为教育改革的进一步推进创造条件。师生平等互助角色的实现极大程度上促进了正常的人际交流，便于教师及时根据学生的实际情况开展教学活动，使高校网络思想政治教育体系处于动态更新过程中，保证时效性，促进高等教育工作的创新发展。

随着时代的不断发展，我国教育事业所进行的改革也是必然之选。要实现高校网络思想政治教育在教育改革中资源的重新分配，就要深入贯彻落实国家所颁布的各项政策内容，同时以科学的角度来看待问题，要以高校实际的发展情况为起点，提高学生的自控能力，以学生为本，积极高效地管理好校园网络，规范学生在网络中的行为，及时对各种错误的行为进行纠正，在使用网络过程中做到诚实守信，遵纪守法。

高校在对各类硬件设施进行加强的过程中，为教师开展德育工作提供了极大的便利，同时能够提升教师的自身素养，使教师在学生群体中起到带头作用，形成尊师重道的良好风气。在进行改革教育的过程中，所进行的大学生网络政治教育是发展过程中的机遇，推动了我国教育事业的改革与发展。无论是在课堂上进行教学，还是从事一些课外的实践活动，网络的出现都有效地促进了高校德育工作的发展，实现地域与空间零界限，才能更好、更全面地实现大学生思想政治教育发展，不断突破与创新，摒弃一些守旧的思想，依据学生自我的特点制订教学计划，不断对大学生的思想政治主题教育进行强化，运用正确、丰富的信息来影响学生的思想观念，从而形成坚定不移的社会主义信念。

三、构建高校网络思想政治教育队伍

高校网络思想政治教育在教育的过程中是需要高素质的教师以及管理人才，才能在德育工作的进行中发挥出重要的作用，提高学生积极向上的心态。教师是教育系统中的主要施教者，所扮演的是引导者的角色，但是单纯依靠教师的个人力量是不能够更好地开展德育工作的，是需要校方中各个工作人员、领导干部的相互配合，共同进步来实现的。

在加强高校思想建设的过程中，要不断地发挥出教师的主观能动性，完善教师队伍的建设，将学生作为教育事业的根本，改变传统的课堂教学模式，只有将各教育部分中的人员都充分地调动起来，才能有效地扩大课堂教学的范围、丰富教学内容，要用行之有效的教学方法从思想的深处来影响学生，树立起全局观念与坚定不移的爱国主义精神。

从社会主义思想政治的发展方向来看待网络给社会以及教育系统带来的问题，利用网络技术的发展，对高校的人力资源进行优化配置，充分地使高校网络思想政治教育体系充满活力。社会发展的过程中需要高素质的人才才能给予支撑。随着我国经济的迅速增长以及社会生产力的不断发展，进而培养出德、智、体、美全面发展的高素质人才，已经成为当今高校德育工作的首要任务。

网络技术给大学生思想政治教育工作带来大量信息的同时也增加了工作难度和复杂性，高校德育工作对于教育管理人才的需求日益扩大化。这需要在科学发展观的指引下加强高校网络思想政治教育队伍建设，结合学校的教育理念，出台合理的人力资源管理办法，充分协调团队内部矛盾，加强团队建设，建立健全管理制度。要围绕社会主义思想道德方针，对学生群体中的网络使用问题有针对性地整合，从而使整个高等教育系统形成抵抗不良信息的思想防御体系，充分发挥党组织的凝聚力，在教师群体中大力培养和发掘先进工作者，加强学校之间的交流与合作，为我国社会主义现代化建设的稳

步推进提供智力支持。高素质的教师团队能够帮助高校德育工作的顺利开展,高校网络思想政治教育又为教师综合素质的提升创造了条件。在教学的过程中,教师不仅可以帮助学生强化自我的控制能力,同时还可以通过创新推动整个高等教育体系的发展。

严格制定和执行各项教师考评制度,广泛吸纳高新技术人才,聘请心理学、教育学、行政管理学等领域有突出建树的专家学者参与到高校德育工作中来,充分发挥他们的专业特长,组建专兼职结合的特色团队,从而在新形势下高效率完成高校网络思想政治教育工作任务,做到岗位责任制基础上的人尽其才。针对高校网络思想政治教育制度化建设来说,最能够体现出个人的能力是否与团队建设相协调。在高校所建设的德育工作队伍中,要不断地对理念和工作人员的行动进行创新和发展,提高创新过程中的凝聚力,提高教育工作者的个人力量,以团队力量来赢得高校网络思想政治教育的实质性发展。

在建立和发展高校德育队伍的过程中,还要有各相关领域的杰出人才,根据中共中央的方针政策将社会主义思想道德与教育工作结合起来,努力将高校网络思想政治教育提升到一个新的高度中,进而得到有力的发展。

四、提升高校网络思想政治教育的文化高度

网络文化是集校园文化、地方文化、民族文化、世界各国不同文化的有机结合,进而形成丰富多彩的文化。网络技术的普及性和广泛性,加速了网络文化不断地出现在人们的面前,实现大众化,网络知识的迅速普及更加为网络文化的形成和发展创造出很多发展条件。具有强烈特色的地方文化在网上不仅实现了资源共享,还利用网络无国界的特性极大程度上促进了人与人之间的沟通与交流。语言与现实生活中的距离不再成为人际交往障碍,秉持互助精神就可以最大限度地实现资源共享,坚持诚信的处事原则就可以让自己的网络行为创造正当合理的价值。搜索引擎令网络用户在任何时候、任何地点都能够获得自己需要的信息,而在线翻译功能则极大程度上丰富了人们的见闻,夯实了关于世界的基本认知。在网络世界中,人们获得了精神文化生活的新空间，大学生作为网络的主要使用者，他们的健康发展成了高校德育工作的必然要求。

高校网络思想政治教育要站在全局发展的角度对校园网络进行有效的管理，进而上升到文化的高度上，才能使网络文化真正成为我国教育改革的动力，有效地将世界文化进行融合，这无论是对高等教育体制的完善，还是对社会主义现代化建设都具有巨大的现实意义。拥有主观能动性的人创造了网络，同时创造了网络文化。网络文化是体现人们人生观、世界观以及价值观的精神，同时由于不断地整合，形成了许多文化产品并且积极地开展形成各式各样的网络活动，因此网络文化始终与现实世界有着密切联系。网络用户之间存在极大的差异，每个人的受教育程度不同，生活阅历、家庭背景也不尽相同，这样经过长期的养成教育导致产生明显的个性化特征。网络用户的差异性使网络文化呈现出多元化和多层次特点，虽然为知识创新提供了极其有利的条件，但是如果不对其进行严格管理，各种各样的矛盾也会因此而激化，出现适得其反的效果。

作为社会文化的重要组成部分，网络文化的和谐发展关系到社会主义文化事业建设，网络信息安全关系到国家的长治久安。加强网络文化建设和管理，使高校网络思想政治教育与飞速发展的网络技术积极配合，有助于增强我国的软实力，这关系到教育事业乃至整个国家的长远发展。无论是从形式上，还是从内容上，网络文化和校园文化之间都存在很大的重叠。尤其是当网络在校园覆盖后，各高校教学工作认为网络媒体具有很大的优势，所以，将网络作为提高学生精神与文化间接的另一种途径，可以在网络上进行知识的分享，但同时也要注重学生的接受程度，将多余的信息剔除掉，结合网络文化的发展，在友好和谐的网络氛围中更好地发展。

五、推动高校德育工作的全球化发展

网络的出现不仅将地域间的界限打破，同时还可以在全球范围内实现信息的共享，对于高等教育来说已经成为最大的受益者。随着国际经济形势不断稳定，世界各国都通过加强科学技术来提高本国的综合实力。网络时代的到来可以充分地体现出信息资源具有的价值教育在和平与发展的主题下，所具有的塑造力已经成为影响生产关系的重要因素。

科学技术作为第一生产力，始终是我国现代化建设过程中的有力支撑。社会主义现代化事业建设者们不仅要在各项专业的领域中取得显著的成绩，同时还要以新时代中国特色社会主义思想作为指导，这样在与其他国家进行合作的过程中才能凸显出我国的实力，才能应对复杂的环境，实现经济政治双赢的局面。

随着经济全球化的有效发展，使我国需要与其他国家之间进行合作，才能实现自身具有的实力。通过与其他国家的沟通交流，用经济全球化的思想保证高校网络思想政治教育紧跟国际的形势发展。

网络的推广加深了国际间各高校的合作，我国的各高校可以借鉴国外一些名校的经验，同时根据自身的实际情况进行改进和应用，进而提升和丰富大学生的思想。在搜索引擎的广泛应用下，使网络无国界的性质更加地凸显，高校德育工作彻底将地域局限打破，同时网络上各种翻译功能的出现不再是限制人与人之间交流的障碍，高校网络思想政治教育朝着全球化大教育的方向前进，无论是教育内容还是教育过程中所使用的手段和方式都是在学生所接受的范围内进行，以学生的兴趣爱好出发，借助经济全球化趋势加速推进教育改革，充分发挥互联网对我国社会主义文化建设具有的作用。

网络对于高校发展来说不仅是挑战更是机遇，在实施高校网络思想政治教育的过程中可以充分地利用网络对各种新的思想进行了解，同时还可以进行管理，创造出适合高校德育工作发展的网络环境，校园成为宣传社会主义先进文化的主要阵地，要不断地拓宽大学生网络教育的途径，不断地丰富校园文化建设，将社会主义精神文明建设扩大到社会生活的方方面面。

第四节　互联网时代高校思政教育工作的原理

一、互联网时代高校思政教育工作的观念分析

在网络背景下，高校教育观指的是狭义上的教育观体系，是针对教育中

的一些基本问题而产生的观念，主要包括教育本质观、教育价值观、教育实践观和教育质量观四部分。教育本质观提出教育的本质是将人培养成符合社会发展需要的人才，教育价值观提出教育的价值在于促进人与社会的和谐统一，教育实践观提出教育的实践要统筹兼顾，教育质量观提出教育要把人培养为具有高技术能力、高水平思维和高品质思想道德的人才。

（一）高校思想政治教育工作观念的具体要求

第一，注意摆脱传统工业文明带来的负面影响，逐步培养大学生具备以高尚的思想道德为基础的新的生态文明意识，帮助他们树立以人为本、关爱自然的态度，达到人与自然和谐发展的新境界。

第二，引导学生主动学习与思考。只有使学生掌握正确的学习方式，才能缓解甚至解决知识增长与知识接受度不足的矛盾。思想政治教育应使受教育者树立独立思考和主动学习的意识，才能适应世界的变化。

第三，注意以人为本。人是思想政治教育工作的对象，人的思维方式、心理品质修养、思想道德修养和行事方式等是大学生思想政治教育工作的主要内容。我国思想政治教育应培养适合我国社会发展的社会主义现代化人才，要具有强烈的自我意识和民主意识、高水平的科学文化素养、高尚的品德、远大的志向以及正确的法治观念、创新意识和创业意识等。

（二）高校思想政治教育工作观念的创新研究

创新是指在特定的网络环境下，在原有事物的基础上，利用新的知识和技术，对原有事物进行改进的过程。创新通常要运用新的指导理论，着重强调引入新的概念与变革，创造出新的事物、构成和方法等，并对事物进行重新排列组合和挖掘提炼。它的目的是满足社会发展的需要，从中获取更大的收益和价值。

高校思想政治教育观念要不断根据社会的发展需要进行创新，要深刻反思现有的教育理论，重新制定人才培养的目标、方式、教育方法和内容等。高校思想政治教育观念的创新要在实践的基础上，不断分析和解决出现的新情况和新问题，要不断研究新的教育增长点，深化创新，通过创新突破旧的教育理念，促进教育改革和发展。

1. 高校思想政治教育观念创新的现实基础

(1) 高校思想政治教育观念创新是必要的。观念的形成是一个长期的过程，社会环境具有相对的稳定性，才能形成一个观念，这就意味着观念很难在短时间内做出巨大的改变。观念是一定社会形态下的人类精神的产物，而社会形态是处于不断运动和变化过程中的，没有一成不变的事物，观念也必然不断发展和变化。随着社会的发展，生产力水平和社会结构都在变化，某些反映特定阶段的观念可能不再反映客观实际，跟不上社会发展的进度，甚至阻碍社会发展。因此，在网络快速发展的背景下，高校思想政治教育观念的创新迫在眉睫。

(2) 高校思想政治教育观念创新具有紧迫性。当今世界的两大主题是和平与发展，而创新和可持续发展是人类发展的主题。随着知识经济时代的到来，科学技术以及网络迅猛发展，生产力不断提高，国与国之间的竞争日趋激烈，而国与国之间的竞争归根结底是人才的竞争。我国的传统教育是典型的应试教育，分数是衡量学生学习水平的唯一标准，呆板的权威式管理制度和填鸭式的灌输教学方法，极大地限制了学生自主学习能力的发展。如果这些现象不从根本上解决，就难以培养出适应社会发展的创新型人才。

(3) 高校思想政治教育观念创新任务是艰巨的。一般而言，高校思想政治教育观念受到主观因素和客观因素的影响。主观因素是人的因素，包括个人的身心发展水平、理论素养和实践经验等；客观因素是社会因素，包括社会发展水平、传统观念及文化、国家发展战略、域外国家的影响等。深化教育改革，全面推进素质教育不仅要培养现代化人才，还要培养具有前瞻性思维、敢于创新的教师。教育过程中，教师是实施教育的一方，是教育的最前线，教师队伍的质量直接影响着教育的质量，他们的教育观念创新是重中之重。教师队伍整体素养较高，容易接受新事物新理念，才能够成为高校思想政治教育观念创新的引路人。因此，教师要鼓足改革创新的勇气，站在时代的前沿，在实践中发现问题、分析问题，把握教育规律，建立起现代化的高校思想政治教育观念。

2. 高校思想政治教育观念创新的基本条件

网络时代的来临，创新能够推动教育主体的思想创新与重构，能够推动教育主体摒弃思维定式，达到新的理论境界。一般来说，创新是弃旧从新的过程，不仅仅是新事物的建立，还是旧事物的去除。但对待旧事物，不能全盘摒弃，因为旧事物中也有适合社会发展的部分。创新就是在对旧事物批判继承的基础之上，创造出新的符合社会发展的思维方式和技术方法。要善于从前人的智慧结晶中汲取精华，提炼出适合时代的科研成果和客观规律，最后形成科学的概念与体系。总而言之，创新不是完全反对传统，它们之间既存在着差异，又存在着相关的联系。

教育创新要鼓励教师对教学内容、教学方法以及教学理论进行创新，用新的教育学理论对教师进行武装，掌握教育发展的最新动向，推动精品课程传播和发展。将精品课程作为教学改革的龙头，可以带动其他课程发展，推动课程建设与课堂教育改革。大力推进"课堂内外一体化"建设，将课堂教学与课外教学结合起来，创造出集课堂教学与学习汇报、交流感悟于一体的平台，不仅能给学生创造在课堂上实践所学知识的机会，也能提高教师的职业技能。在教学实践中，教师要加强和培养自己的教学研究意识和能力，充分考虑到不同课程之间的差异，用不同的激励方法和项目活动进行统一的学科管理与运作。

3. 高校思想政治教育观念创新的具体对策

（1）建设新的教育体制。互联网的快速发展，推动了高校思想政治教育观念的创新。建设新的教育体制，包括建立新的教学机制、开拓新的学科和推进新课程的开发。教育体制要在提高教育质量和教育效果的指导下，敢于尝试，不能因循守旧，要调动教师的积极性，让他们有精力、有动力投身到教育创新中去，例如成立校董会、创办校际联合体等。课程设置要灵活多样，要在教学实际的基础上进行灵活配置，切忌墨守成规，不知变通。学科建设要多方位覆盖，适应社会发展的需要。

（2）提高教师学习能力。注重培养和提高教师的学习能力使他们具备扎实的专业理论基础和独立研究的能力。学习技能的提高不能局限于教学设计、课堂教学、教学媒体的应用和教学研究等，还应着眼于如何培养教师开发新课程、研究新教学理论的能力。

（3）加强教育与社会的联系。教育的本质是为社会提供优质人才，服务社会发展，教师应多与家长沟通，引导学生积极参加社会实践活动，如开展问卷调查、宣传社区环境知识等。这些社会活动可以帮助学生了解社会环境，以便他们日后能够更好、更快地融入社会。

二、互联网时代高校思政教育工作的具体优势

第一，思政教育宣传的便利性。互联网时代下，高校思政教育的宣传方式与传统思政教育宣传方式相比发生了很大的变化，互联网与信息技术的发展使得学生只需使用手机或电脑即可全面了解校园思政教育宣传的内容。这与以往的横幅和海报相比具有较大的优势，能够减轻高校的工作量，还能取得较好的推广效果，在一定程度上加强对学生思政教育的引导作用。互联网平台是资源数据共享的服务平台，能够为高校相关工作带来充足的信息资源，并且在网络空间的直接影响下，高校的文化教育功能进一步加强。互联网不受时间和空间的限制，这是它特有的优势。互联网平台推动了高校校园氛围营造，提升了高校思政教育工作的成效。借助互联网平台，高校教师可以随时开展思政教育工作，提高思政工作的效率。利用互联网平台，可以扩大思政教育对学生的影响，同时规范学生对网络资源的使用。在网络空间中，师生可以更真实地表达自己的想法和需求，有利于高校教师开展思政教育工作，营造良好的思政教育氛围。

第二，思政教育资源的多样性。互联网时代犹如一本对外开放的百科词典，资源的获取将不再像往常一样受到各种因素的限制，随时可以完成资源共享。全新的人际交往专用工具和功能齐全的各种手机软件，使学生能够快速轻松地获取自己喜欢的资源，不断丰富专业知识。以"思想道德修养与基本法律知识"为例，教师在课堂上设置了新闻报道分享主题活动，学生可以利用互联网从自己的角度寻找相应的资源，获得有关国际或中国的标志性社会热点新闻；在课堂上讨论自己的观点，与同学分组讨论交流，不仅能调动学生的学习积极性，还能使学生更深入地分析问题，更好地共享专业知识资源。

第三，思政教育交流的及时性。大学生易于接受新事物和新的发展理念，同时非常想展示自己。互联网技术为大学生带来了公平的服务平台，学生可以借助手机微信、微博、各类社区论坛、百度贴吧等互联网媒体服务平台，随意进行讨论，发表自己的看法。这里的每个参与者既可以是信息的访问者，又可以是信息的发送者。网络环境的虚拟性使他们能够毫不犹豫地"充分发挥"、清晰地提出创造性意见，如山西运城农业职业技术学院的每一节思政理论课均创建了一个班级集体思政小组和一个学校思政小组，针对学生有疑问或社会发展产生的热点问题，在群里积极讨论。针以学生留言的问题，思政教师可及时回复，保证即时沟通，不再受时间和空间的限制。

三、互联网时代高校思政教育工作的创新策略

互联网时代下的高校思政教育工作目前存在一些待解决的问题，为了提高思政教育工作的成效，使学生拥有正确的三观，高校思政教育工作自主创新势在必行。

（一）强化高校信息化规划建设

对互联网进行信息化管理是大势所趋，高校思政教育的深入发展必须结合时代特点，更准确地确定前进的方向。互联网时代，建设好高校思政教育的网络媒介是重中之重。总体而言，主要从以下方面着力建设：

第一，强化校园宽带建设。校园宽带可以为师生获取信息提供充足的便利。依托校园宽带，高校思政教育工作可以不受时间与空间的限制。此外，校园宽带还可以成为宣传和策划思政教育内容的重要途径，在校园网的登录页面和访问页面插入相关信息内容，潜移默化地影响学生的思想观念。

第二，搭建师生在线互动平台或社区论坛。互联网技术革新了师生之间的交流方式，使用交友软件可以实现更频繁的师生交流，弥补课堂教学中交流的不足，有效促进师生的高效沟通。

第三，充分发挥网络在高校思政教育工作中的作用，利用网络信息资源

优势，提高教学环节的挑战性，激发学生的学习兴趣，有效提高课堂教学水平。

（二）优化思政教育工作内容

网络时代，高校思政课自主创新有一定的难度，学生必须勤奋学习，彻底领悟，才能取得明确、务实的成果。学生是思政教育的主体，学生的学习评价至关重要。因此，教师需要将总结性评价与课堂教学评价相结合，构建立体化、多元化的评价指标体系。例如，构建完善的学生评价体系，学生可以进行在线投票评估，对思政教育的内容与形式提出自己的建议。教师可以根据思政教育活动的评价标准，结合学生的反馈结果，优化教学内容，更好地开展教学。教师之间也可以互相评价，这是一种合理的课堂教学评价方法。评论的全过程与结果是教师优化思政教育内容的重要依据，教师可以根据此依据，及时调整与优化思政教育的内容，为课堂教学指明改革创新的方向。

（三）提升思政教师信息化应用的专业技能

互联网时代，高校教师的定位和思维方式面临巨大的挑战。从师资队伍建设的角度提升高校思政教师信息化应用技能，具有重要的现实意义。首先，逐步推行在线远程教育教学方式。作为当前思政教育工作的重要环节之一，教师必须了解相关的互联网技术，深化对网络教育的认识。其次，高校教师要积极正视自身短板，不断完善自身，完善现有知识结构。互联网时代是信息内容爆炸式增长的阶段。方便、快捷的传播意味着专业知识的更新速度非常快。教师要紧跟社会发展的步伐不断学习，利用互联网时代的优势给自己"充电"，更快、更好地开展思政教育工作，引导学生走合适的发展道路。最后，增强责任感。互联网平台使人们的观点更加随意。作为课堂教师，其言行会在更大程度上影响学生思想观念的形成与发展。因此，教师必须具备较强的责任感，严禁传播负面与不良的观点与信息。

（四）完善思政教育工作管理体系

完善的思政教育工作管理制度是高校开展思政教育工作、确保学生思政教育效果的前提。高校应从思政教育的内容、流程、效果评价体系等方面着手，完善思政教育工作管理体系，并且完善互联网监管体系。网络时代，在高校大学生思政教育过程中，相关管理者必须深刻认识到互联网带来的直接影响是多方面的，不仅有积极的一面，还有负面的影响。因此，为有效减轻不良信息对大学生带来的不利影响，高校需要对大学生上网，尤其是大学生个人网上行为的监督管理给予足够的重视。为获取有效的监测和管理效果，并不断完善思政教育工作管理体制，各高校需要积极创建和完善网络信息安全监管自动控制系统，充分利用智能技术，如身份认证技术、入侵检测技术，慎重筛选校园网中的数据信息，准确、及时地屏蔽不良信息内容，合理保证互联网传播渠道的稳定性和可靠性。

同时，大学生的互联网信息内容识别能力普遍较弱，为增强大学生的互联网信息内容识别能力，高校要顺应互联网数据环境的发展趋势，正确引导师生树立合理的互联网应用意识，全面推进互联网教育科研，高效率地保证互联网环境下的教育科研工作的顺利开展。高校要重视教师的网络综合素养，通过组织综合知识、新闻媒体使用等多方面的学习培训，提高教师的网络素质；加强学生互联网应用技术培训，增强学生识别信息网络资源的能力；开展互联网应用规范文化教育，正确引导学生规范自己的互联网个人行为，积极消化、吸收社会正能量信息内容，消除负面信息带来的影响。

第六章　互联网时代高校思想政治教育工作的机制

第一节　高校思想政治教育的运行机制

一、高校思想政治教育运行机制的原则

"高校思想政治教育实践育人的核心内容是大学生参加各种社会实践活动，在实践中亲身体验，并把体验和感受积极地外化为实际行动，投身于社会发展和经济建设的教育模式。为保证实践育人实现预期的效果，必须构建科学的思想政治教育实践育人的运行机制"[①]。高校思想政治教育运行机制是指在网络环境下思想政治教育运行过程中各构成要素由于某种机理形成的因果联系和运转方式，是基于网络条件下思想政治工作系统内部各要素之间的相互联系、相互作用、相互制约的联结方式而建构起来的工作体制、管理规范和工作方式等，它涉及组织领导、阵地建设、监控管理、工作保障、网站吸引力等方面，建立健全高校思想政治教育运行机制应包含以下原则：

（一）目的性原则

目的性原则是指建立健全高校思想政治教育运行机制，必须与思想政治教育的根本目标保持一致，必须有明确的目的性。思想政治教育是一项教育

[①] 郭红艳. 高校思想政治教育实践育人运行机制的构建［J］. 教育与职业，2015（5）：72.

人、培养人的社会实践活动，具有明确的目的性。我国思想政治教育的根本目的是提高全民族的思想道德素质和科学文化素质，提高人们认识世界和改造世界的能力，为建设中国特色社会主义努力奋斗。

（二）科学性原则

任何有效机制，都是对事物发展内在规律的正确反映。高校思想政治教育运行机制的构建就要按思想政治教育的客观规律办事。因此，对高校思想政治教育运行机制的研究，不能简单停留在感性经验的层面上，必须科学总结经验教训和成败得失，积极探索实践规律，尽快实现高校思想政治教育由经验型向科学化的转变，逐步实现制度化、规范化、程序化，从而提高思想政治教育的质量和效率。

（三）民主性原则

在网络面前，不仅教育者与受教育者之间的信息接受内容和过程是平等的，甚至可能出现教育者所掌握的内容不及受教育者的现状，从而对教师的权威地位造成了影响。在开展高校思想政治教育过程中，思想政治教育工作者应改变以教育者自居的角色观念，树立民主意识，尊重学生的主体意识，以平等、诚恳的姿态与学生交流，积极引导学生，使学生能正确地对待网络，提高学生明辨是非以及对网络各种信息能正确选择、辨别、分析的能力，这是构建高校思想政治教育运行机制始终要把握的。

（四）整体性原则

从功能角度而言，思想政治工作机制包括政治导向机制、思想教育机制、道德规范机制、氛围营造机制等；从管理角度而言，思想政治工作机制包括领导机制、责任机制、保障机制、评价机制等。因此，高校思想政治教育运行机制的构建，应坚持整体性原则，既要考虑高校思想政治教育功能的发挥，也要注意加强高校思想政治教育工作的自身建设，两者相辅相成，要紧紧围绕中心工作，从急需解决的问题入手。

二、高校思想政治教育运行机制的实践路径

（一）优化"网上"思想政治教育机制

1. 提升思想政治理论教师的素质

思想政治理论课教师综合素质的提升需要思想政治理论课教师自身和高校的共同努力，主要包括以下方面：

（1）树立网络思想政治教育理念。高校思想政治理论课教师应充分认识到网络给高校思想政治教育工作带来的机遇及挑战，认识到利用网络开展高校思想政治教育工作的时代必然性，认识到开展大学生网络思想政治教育工作、完善大学生网络思想政治教育机制对我国社会主义和谐社会建设、对高校思想政治素质和道德素质提高的重要意义，积极树立起符合时代要求的大学生网络思想政治教育理念。

（2）学习网络思想政治教育相关理论知识，提高网络操作技能。高校思想政治理论课教师不仅应当深入学习和掌握思想政治教育相关专业知识，学习国家有关大学生网络思想政治教育的相关政策，学习大学生网络思想政治教育的基本规律、基本方法，还应当积极学习大学生网络思想政治教育相关学科，如网络传播学、管理学、社会学、心理学、政治学等学科的专业知识。同时，高校思想政治理论课教师还应当积极提高自身的网络操作技能，通过自学或培训的方式掌握计算机网络的基本原理及操作方式，学会利用网络筛选所需要的信息和利用网络与大学生进行沟通交流。

2. 加强思想政治教育网站的建设

思想政治教育网站作为开展大学生网络思想政治教育的一个载体，在大学生网络思想政治教育中发挥着重要作用。高校在完善大学生网络思想政治教育机制时，要注重加强思想政治教育网站的建设，具体包含以下方面：

（1）加强思想政治教育网站与其他学校的合作。建设高校思想政治教育网站需要各方面的通力合作，需要高校各部门的共同协作。高校在建设高校思想政治教育网站的过程中，可以由高校党委宣传部牵头，由"两课"教学负责部门、各院系党支部、学生工作组织和计算机网络技术部门共同组成高

校思想政治教育网站工作小组,合理分工、共同合作,以推动大学生网络思想政治教育工作的顺利开展。

(2)增强思想政治教育网站的服务功能。思想政治教育网站的建设应当能够满足学生的多样化需求,以服务学生为出发点,增强网站的吸引力,如可以通过心理健康专栏的开设,为学生提供心理健康服务;通过就业指导专栏的开设,为学生提供就业方面的帮助;通过技能培训专栏的开设,为学生提供技能培训方面的指导;建立与学校图书馆、信息资源库、教务系统的网站链接,为学生提供一站式服务;通过"网址互联""信息共享""资源共建"等方式与其他教育网络、行业性网络建立起友情链接,为大学生提供更丰富的网站信息资源。与此同时,可以借鉴思想政治教育网站建设较为成功学校的建设经验,如开设素质拓展、社会实践、勤工助学、就业信息等服务专栏,建设留言、提问、看书、看图、看电影、听歌、讨论及下载等服务专栏。

在建设思想政治教育网站的过程中,高校相关部门要注重实现网站内容的最新化及形式的多样化,要及时对网站内容进行更新、对热点问题进行反映,要充分利用多媒体,利用文字、图片、声音、影像和视频相结合的方式展示网站内容,使学生更易于理解与接受。此外,无论是在网站建设的过程中还是网站建成维护的过程中,高校网络思想政治教育相关管理部门都必须加强对网站的实时监控,加强动态管理,对网站的各种信息严格把关,一旦网站出现了不利于大学生健康成长的信息,要及时反馈到网络技术部门,做到不良信息及时发现、及时反馈、尽早处理。

(二)加强"网下"思想政治教育机制实效性

高校思想政治教育教学部门应基于大学生的思想实际,结合大学生的生活实际情况及其需要,根据思想政治教育工作的普遍性规律及大学生这一年龄段群体的特殊身心发展规律,进行相适应的教学。

第一,贴近大学生实际,贴近大学生生活。高校进行的"网下"思想政治教育只有符合大学生的思想道德及认知水平,才能使学生更容易理解,学生也才更有参与的积极性与主动性。大学生"网下"思想政治教育教学部门还应当根据高校思想道德及认知水平的变化及时更新教学内容。此外，大学生平时更多接触的是现实中的人和事，对于现实生活中的事件也有更深刻的体会，如果对高校思想政治教育工作予以生活化，大学生可能就更容易接受。

第二，根据大学生关注点、兴趣点的不同，制定不同的教育内容。每个学生的关注点不同，兴趣爱好也不同，这就要求高校在开展大学生"网下"思想政治教育工作的过程中，要根据每个大学生不同的关注点、兴趣点进行针对性的因材施教，以调动大学生参与"网下"思想政治教育工作的热情与积极性，增强"网下"思想政治教育工作的实效性。

（三）落实"网上""网下"思想政治教育良性互动

重视网络思想政治教育，并不意味着网下教育时代的终结，在目前高校思想政治教育工作中，传统的课堂授课、座谈会、报告会、单独谈话等形式仍是高校思想政治教育工作的有效途径，是掌握学生思想动态和网络思想政治教育效果的重要渠道。"网上"与"网下"思想政治教育的良性互动，既有利于高校思想政治教育的广泛开展，又有利于巩固和提升高校思想政治教育的效果。实现"网上""网下"思想政治教育的良性互动，可从以下方面入手：

第一，加强"网上""网下"思想政治教育信息交流，将"网下"思想政治教育相关信息反映到网上，将"网上"思想政治教育相关信息反映到网下。高校在开展"网上"思想政治教育时，要充分结合"网下"思想政治教育相关信息，在开展"网下"思想政治教育时，要充分结合"网上"思想政治教育相关信息。

第二，实现"网上""网下"思想政治教育效果互补。无论是在"网上"还是"网下"，大学生都会存在着一定的思想或实际问题，这些问题中的一部分可以通过"网上"或"网下"思想政治教育进行实时解决；而另一部分问题则相对未得到有效解决。高校需要实现"网下到网上，网上再到网下"思想政治教育的循环，将"网下"思想政治教育效果反馈到"网上"，将"网上"思想政治教育效果反馈到"网下"，实现"网上""网下"思想政治教育效果的互补，有效解决高校思想及实际问题。

第二节 高校思想政治教育的管理机制

一、高校思想政治教育管理机制的主要特征

（一）系统性和针对性特征

高校思想政治教育管理机制具有系统性和针对性的特征，管理机制将高校思想政治教育管理看成是一个完整的统一体，不同类型的管理机制共同发挥作用。同时根据高校思想政治教育管理的不同内容，由不同类型的管理机制进行有针对性的管理。高校思想政治教育管理机制系统性和针对性特征主要包括以下方面：

第一，高校思想政治教育管理的过程是一个复杂的工程，它包括了管理主客体、管理目的、管理环境等基本因素和确定目标、制定计划、实施方法、指导管理对象和评价反馈等基本环节，这些因素和环节构成了高校网络思想政治教育管理过程体系，这些因素和环节构成的组合是动态的，并且整个管理过程也是在不断变化，只有从整体上把握，运用系统的方法，管理机制才能驾驭这个庞大复杂的体系。

第二，高校思想政治教育管理的根本目标的完成是需要经过多个阶段，因为对高校思想政治管理形成科学的运行机制形成需要经历多个阶段才能完成，只有具备系统性的管理机制才能做好各个阶段的衔接工作。同时，系统性的管理机制可以在承认个体差异的情况下，创造先进性与广泛性的教育环境，促进管理对象的进步。

第三，高校思想政治教育管理内容包括很多方面，如思想管理、工作管理等，这些内容并不是孤立存在的，而是一个有内在联系的整体高校思想政治教育管理机制的针对性就是要对管理过程中出现的问题和具体情况做出科学的分析，运用不同类型的管理机制开展有科学性有效性的管理，这就要求高校要从网络发展趋势出发，针对高校思想政治教育管理出现的问题要有科

学的、可预见性的判断，摸索出高校思想政治教育管理的规律。当前网络环境日趋复杂化只有时刻关注网络新问题，掌握第一手资料进行调研分析才能让管理机制更有针对性。

（二）规律性和方向性特征

规律性是高校思想政治教育管理机制的显著特征，同时也是开展高校思想政治教育管理必须遵守的原则。机制是自然或社会现象内部组织和运行变化的规律，是属于客观世界的东西，高校思想政治教育管理机制也不例外，它不是通过单纯的主观想象出来的，实际上是从高校思想政治教育管理的实际情况和发展趋势出发，针对高校思想政治教育管理中存在的问题做出的科学性的、预见性的、有效性的规律性产物，它能充分激活"变量因数"，充分发挥管理效果。

方向性是指高校思想政治教育管理机制要具备明确的政治方向，要充分体现高校思想政治教育阶级本质的基本要求。一个阶级是社会上占统治地位的物质力量，也是社会上占统治地位的精神力量，支配着物质生产资料的阶级，支配着精神生产资料。高校思想政治教育管理属于意识形态领域的管理，统治阶级总是要求在全社会宣扬本阶级意志和利益的思想，保证其在社会意识形态领域的权威地位。

（三）持续性和开放性特征

高校思想政治教育管理机制一旦形成，就会对高校思想政治教育管理工作产生作用，使高校思想政治教育管理工作规范化和制度化，这种作用是持续性的。因为人的思想观念的形成和转变是一个长期的过程，新的思想取代旧的思想是在多次反复中完成的。管理机制可以保障广大高校思想政治教育工作者在多次反复的过程中朝着进步的方向提升自我。因此，高校思想政治管理活动过程决定了高校思想政治教育管理机制的持续性。同时，网络中的意识形态领域斗争也是一个长期性和复杂性的过程，这也要求高校思想政治教育管理机制必须要发挥持续性的作用，才能确保社会主义价值体系在网络环境中的主体地位。高校思想政治教育管理机制的持续性和开放性特征主要体现在以下方面：

第一，在网络环境下，管理客体可以接受更多的海量信息，网络对人的思想行为会产生更大的影响作用。如果管理机制没有摸清受管理客体的网络思维和行为，在一种信息不对称的情况下产生作用，这种封闭的管理机制是达不到实效的。高校思想政治教育管理机制必须要有开放性。

第二，高校思想政治教育管理机制的产生不光要做好系统内部的计划、分工、组织等工作，而且要统筹社会资源和外界一切有利条件促进高校思想政治教育的管理。

第三，高校思想政治教育管理机制的开放性还体现在动态变化中，网络环境瞬息变化，要让管理机制适应新的网络变化，就要不断地调整管理机制，保证管理机制发挥自身的作用。高校思想政治管理机制完全应该和可能在继承和发扬本民族优秀文化传统的基础上，积极吸收和借鉴先进的管理理念、管理经验、管理方法，但是要保持正确的政治方向，保持高校思想政治教育管理机制的方向性和开放性的统一。

二、高校思想政治教育管理机制的建设实践

（一）高校思想政治教育管理机制的建设原则

原则是人们观察问题、处理问题的准则，它来源人们对客观规律的主观认识而确立的。原则的提出首先必须要有深刻性，需要在对事物发展规律充分认识的基础上提出来；其次，原则的提出要有高度的概括性，能反映出事物的本质要求，又是用简练的语言提炼出来的；最后，原则的提出要反映事物的唯它性，提出来的原则要与事物的本质相吻合。

1. 坚持结构科学、注重实效原则

建设高校思想政治教育管理机制。一支结构科学合理、综合素质高的管理队伍是高校思想政治教育管理机制发挥更大的作用的前提。高校思想政治教育管理队伍是由多岗位、多层次结构构成的动态综合体。提高思想政治教育管理机制有效性的重要条件就是要在岗位设置上科学合理，管理人员的专业结构、年龄结构、能力结构等科学合理，这样才能增强高校思想政治教育管理队伍实力，提高高校思想政治教育管理队伍的素质和水平，充分发挥高

校思想政治教育管理机制的作用，形成管理合力，提高高校思想政治教育管理的有效性。因此，在构建高校思想政治教育管理机制时必须要以结构合理的管理队伍为前提，以注重实效为建设的核心。

2. 坚持合理可行、协调一致原则

建设高校思想政治教育管理机制。高校思想政治教育管理机制确定得是否合理，既反映出高校思想政治教育管理的水平，也决定着高校思想政治教育管理的效果。高校思想政治教育管理机制合理可行的标志主要包括：①管理机制完整合理，兼顾管理的各方面，并且能够长期有效的执行；②管理机制切合实际，符合网络活动和广大高校思想政治教育工作者提升自我的规律。

3. 适当引导教育工作者的管理行为

适当引导教育工作者的管理行为，坚持用合理性原则建设高校思想政治教育管理机制，体现了高校思想政治教育管理组织对高校思想政治教育管理机制的重视，符合了当前网络信息技术发展对高校思想政治教育管理的需要，符合了高校思想政治教育工作者的身心发展规律。

（二）高校思想政治教育管理机制的建设要求

任务是日常生活中，通常指交派的工作，担负的职责、责任。现阶段高校网络思想政治教育管理机制建设的要求主要包括以下方面：

第一，加强主流思想引领。高校思想政治教育管理机制建设的主要任务就是要将社会主义核心价值体系融入校园网络文化，主动占领网络意识形态领域高地，把握校园网络舆论的正确导向，弘扬主旋律，传播正能量。

第二，推动管理机制的不断创新。高校思想政治教育管理机制建设的重要任务就是要在组织机制、队伍建设、工作协同、激励评价等方面进行不断创新和完善，研究高校思想政治教育管理的新理念、新途径、新办法。

第三，丰富网络文化内容。高校思想政治教育管理机制建设是为了让高校思想政治教育活动作用发挥最大化，同时也促进了网络文化精品的产生和传播。通过高校思想政治教育管理机制建设，要培育出网络名师，开办网络名站名栏，创作名篇名作，结合高校区域特点和学校特色形成品牌特色。

第三节 高校思想政治教育的评估机制

一、高校思想政治教育评估的要素

思想政治教育评估就是根据社会对思想政治教育的要求以及思想政治教育评估对象的实际，确立指标体系，运用测评和统计等先进方法，对思想政治教育的实际效果进行价值判断的过程。思想政治教育评估就是教育主管部门或高校根据学生思想政治教育的目标、要求以及学生的思想实际，确立指标体系，运用测量和统计等先进方法，对思想政治教育的保障机制、实施过程及实际效果等进行价值判断的过程，它为考核教育者的工作绩效和制定科学的思想政治教育决策提供重要依据。

互联网背景下，思想政治教育究竟是否有效是思想政治教育评估的最主要的内容。从效果而言，思想政治教育达到了预期的目的，达到预期目的也是有层次的，它可分为有效、比较有效、基本有效和非常有效等不同的层次；从效益而言，教育对象的思想政治朝着设定的目标、施加影响内容方向转化，产生了有利于社会发展的效益；从效率而言，教育对象的思想政治在时间上发生或快或慢的变化。要对思想政治教育是否有效做出正确的评估，必须注意思想政治教育有效性的复杂的表现形式：①精神效果和物质效果；②暂时的、具体的效果和长久的、根本的效果；③直接的、现实的效果和潜在的、间接效果。

二、高校思想政治教育评估的作用

互联网为思想政治教育评估提供的基本功能就是开展评估活动，反馈评估结果，使思想政治教育工作的进行得到及时的、有效的控制和调整，进而优化思想政治教育的运行机制。思想政治评估的具体作用主要表现在以下方面：

（一）导向作用

导向作用主要表现在：一方面，思想政治教育评估是对思想政治教育社会价值的实现做出价值判断的过程；另一方面，任何评估都会影响评估对象思想观念、行为表现等发生变化。通过有目的、有计划的思想政治教育评估，可以促使和引导学生的思想观念、行为表现等都能够遵循社会发展的要求，以实现其正确思想观念的内化和行为表现的外化过程。

（二）调控作用

在思想政治教育工作中，预期效果是否达到，提出的目标是否符合实际、具有可行性，现阶段目标实现后，是否还有向更高目标发展的空间等这些问题，都可以通过评估来掌握。掌握了这些信息，可以帮助人们对原定目标的实现程度有一个明确、清醒的认识，从而根据思想政治教育过程中的实际问题和当前的实际状况等，对原定目标加以调整，以保证思想政治教育目标更加符合

（三）咨询作用

思想政治教育是一项复杂的系统工程，要使该工程顺利进行。思想政治教育领导部门的决策和管理成效十分重要。如果领导者不能及时准确地掌握大量真实可靠的信息，决策和管理成效就无从谈起。例如，开展思想政治教育评估时，评估主体所掌握的思想政治教育系统各个环节所取得的效果，也可以作为领导者决策和管理的依据。领导者根据这些评估所得信息，考核原定目标，从而做出新的决策。因此，评估在思想政治教育管理中发挥着咨询的功能。

（四）比较与考核作用

思想政治教育评估运用科学的评估方法对某一时间段或某一单位的思想政治教育工作的质与量进行分析、比较，从而帮助评估主体认识到评估对象之间的好坏、优劣等差异。通过评估还可以比较选拔出思想政治素质过硬的优秀个人和单位作为榜样、典型。思想政治教育评估是按照评估指标，对学生思想政治的实际效果进行判定，其结果可以作为教育行政管理部门对高校或者高校对下属院（系进行考核评比的重要依据。

三、高校思想政治教育评估的机制

（一）评估机制的构成

评估机制是高校思想政治教育过程中必不可少的组成部分，它不仅是正确认识和评价思想政治教育过程控制的需要，更是新媒体网络时代高校思想政治教育的目的保证。高校思想政治教育评估机制的构成主要表现在以下方面：

第一，评估机制调整和引导评估对象向着既定的教育目标前进。引导主要是针对那些在运行过程中出现偏差或是不良效果的情况，从程度而言，引导的对象不存在重大的过失和错误，即对学生的思想政治教育没有出现轨道的偏离，只是在具体操作中出现了突发或是未能预想到的问题，而调整的对象从程度上看问题要大得多，这个时候就需要评估机制对其进行调整；从总体而言，评估机制的引导、调整功能是高校思想政治教育的"指挥棒"和"掌舵人"，它按照整体的教育目标和标准促进思想政治教育朝着健康、有序的方向发展。

第二，评估机制激发教育者寻求更好的教育方案和途径对大学生进行思想政治教育，同时它也激励学生积极接受良好的教育。评估是对高校思想政治教育工作去伪存真的过程，也是对过去的肯定和赞扬。一方面鼓励教育者选取最优的教育方案达到自己的教育目的，从而推动整个教育体制发展和进步；另一方面通过评估能够激发大学生的潜能，使大学生更加积极、主动地接受培养，从而对教育活动产生积极的影响。

激励是指高校思想政治教育的正确运用，它能够激发评估对象的内在动力，调动他们的潜能，增进他们工作的积极性与创造性等。在高校思想政治教育评估过程中，结果的优劣、效果的好坏，始终是被评估者最关心的问题。一般而言，得到正评估（奖赏、肯定的评估）时，积极性比较高；得到负评估（惩罚、否定的评估）时，积极性比较低落。因此，在高校思想政治教育评估过程中，如何重视这一心理反应，调动学生的内部动机，让其看到自己的进步和成绩，具有十分重要的意义。

第三，评估机制对高校思想政治教育成效的优劣进行甄别，它与总结性评估密切相关，具有选拔、分等之效，对比较同类评估对象之间的优劣高下具有重要作用。

第四，评估机制通过评估及时获得教育过程、教育结果的信息，可以及时强化正确的、有利于思想政治教育目标的实现，及时调节和矫正不良的、不利于思想政治教育目标实现的教育行为，从而控制思想政治教育的运行过程，促使其不断地完善和优化。

第五，评估机制可以在宏观上加强对高校思想政治教育过程与效果的监督和管理，而信息传输渠道是否畅通、信息是否充分可靠、信息的返回及行为的调控是否及时等方面决定着监督和管理的实效。

（二）评估机制的建设

评估机制对新媒体网络时代高校思想政治教育十分重要，加强这种机制建设主要包括以下方面：

第一，加强高校思想政治教育评估机制应体现时代性。网络时代，科学技术的迅速发展、经济全球化的趋势、社会主义市场经济的建立、高等教育大众化的进程、大学生个体差异的增大，这些都体现着时代特征。评估机制是否体现出这些时代特征，是否关注高校将"面向现代化、面向世界、面向未来"的战略方针贯彻的程度，是否关注多元文化环境究竟在多大程度上影响了大学生，是否能体现出当代大学生的个体差异，这决定了评估机制运行的成败。因此，高校必须要以时代性作为构建评估机制的整体理念和基本准则。

第二，加强高校思想政治教育评估机制应体现导向性。导向性是指要充分发挥评估机制对高校思想政治教育的导向作用，体现正确的教育方向。对高校思想政治教育进行评估，是为了总结教育经验，及时发现教育过程中存在的问题，便于高校思想政治教育工作者对工作进行反馈和修正。构建评估机制主要是为了引导和激励高校思想政治教育向正确的方向和目标发展，使大学生各项素质得到全面的发展；同时也为了使被评者能够明确自身所处的水平和存在的问题，有针对性地进行改进和提高。

第三，加强高校思想政治教育评估机制应体现科学性。科学性要求评估指标体系在基本概念和逻辑结构上严谨、合理，要有科学依据，评估指标具有科学性是评估工作科学客观进行的前提。高校思想政治教育是一个不断发展并不断深化的活动，从新媒体网络时代高校思想政治教育的角度来说，体现科学性就是要求构建评估指标体系时，要防止评估指标体系中出现重复、矛盾和偏颇，要使评估指标能够科学地反映高校思想政治教育各方面的本质属性，最大限度地减少人为因素的干扰。

第四，加强高校思想政治教育评估机制应体现系统性。系统性更多体现的是对高校思想政治教育的全面反映、整体要求，换句话讲，就是要求我们在制定评估指标时，要相互配合，尽最大努力做到综合反映，全面把握各个项目，各个项目的指标要简明完备。

第五，加强高校思想政治教育评估机制应体现兼容性。兼容性是指评估指标要从不同侧面反映目标的要求，各指标要协调一致，要从客观实际出发，根据评估对象的具体情况，将统一的规格要求与各方面的特色评估结合起来，互不矛盾，互不冲突，协调一致地反映高校思想政治教育各方面的情况和指标信息。

第六，加强高校思想政治教育评估机制应体现公平性。公平性包含两层含义：①评估指标必须反映思想政治教育共同的属性，而不能是某个独有的特殊属性或特色；②指标体系中的每一条指标对于评估对象集合中的每一个体都是公平的，评价对象集合中的每一个体对于达成指标要求的概率是相同的，要求在设计指标体系时应增加整个过程的透明度，重视与评估活动有关人员的愿望、需要和意图，特别要重视反对意见。

第七，加强高校思想政治教育评估机制应体现可行性。评估指标的可行性亦即可操作性，其决定着能否把评估工作作为一项经常性的工作来开展。评估指标属于评估的一种操作性工具，因此，在设计指标时，必须充分考虑使用的便利。评估指标越全面、越完整就越能清楚地反映高校思想政治教育评估的价值；评估指标越简单明了，评估标准操作性越强，越有利于评估工作的开展和评估信度的提高。具体而言，包括评估标准的各指标内容要简洁明了、标准的指标层级要合理清晰、概括表达要精练准确、条目要少而精等。要注意从新媒体时代高校思想政治教育的实际出发，编制好简明易行、科学合理的评估指标。

第八，加强高校思想政治教育评估机制应体现定性。高校思想政治教育的定性评估，是指通过对评估客体的整体和性质的分析与把握，来鉴别和判定思想政治教育的实践效果及其性质。

第九，加强高校思想政治教育评估机制应体现定量性。高校思想政治教育的定量评估，主要是指通过运用数据的形式，对被评估的项的一系列数据进行分析整理，从而在数量方面给予被评估项一个相对准确的判断，它通常是与定量评估结合起来应用的。

第十，加强高校思想政治教育评估机制应体现指导性。高校思想政治教育的评估，是按照一定的原则、标准对评估对象在一段时期的思想政治工作情况做出判定，使评估对象进一步认清形势、明确任务，受到启发和教育。因此，评估只是手段而不是目的，应将对评估对象的评价与指导结合起来，促进思想政治教育的健康发展。指导是评估活动的继续和发展，它把评估的结果上升到一定的理论高度加以认识，并根据评估对象所具有的主、客观条件，提出指导性意见和新的要求，使评估对象能掌握自身在今后一个时期内发展的方向，发扬优点，克服缺点，争取更大的进步。评估指导，可以是宏观上的指导，也可以是具体的指导；可以是激励促进性指导，也可以是批评纠偏性指导，这种指导必须结合评估的实际，有针对性地进行。

四、高校思想政治教育评估机制的创新

思想政治教育绩效评估机制的构建、创新和优化工作，关系到思想政治教育的理论发展和实际效能的发挥。高校思想政治教育评估机制的创新主要包括以下方面：

第一，在学术上，为进一步推进思想政治教育工作提供依据。思想政治教育工作的有效反馈，可以促进对思想政治教育工作效能的进一步认识，为进一步推进思想政治教育工作提供依据，思想政治教育学科的发展，客观上需要能够构建一个合理有效的评估机制,而目前评估机制的松散和低效,迫切需要评估标准、观念、方法的一系列创新,补充和丰富思想政治教育评估理论体系高校学生思想政治教育工作的评估机制创新,能够持续促进思想政治教育学科的科学化发展,不断对理论和实际进行新的判断、选择和矫正,推动学科体系的完善。

第二,在实践上,有利于进一步调整工作决策。思想政治教育工作的评估活动能够回答思想政治教育究竟进行的好与坏。是否达到预期的效果,有益于思想政治教育活动的长足发展,随着国际国内大环境的不断变化,高校教育理念和高等教育体系的更新,高校思想政治教育活动也要以人为本,与时俱进,不断推进教育内容和方法、教育环境和载体、教育评估的改革。

第四节 高校思想政治教育的保障机制

一、高校思想政治教育保障机制的构成

"在强思想、重实践、提实效原则指导下,高校应探索建立一整套优质的包含学风测评、考试方式、评价方法等在内的考评机制和包含管理机制、师资队伍、经费投入等在内的保障机制,这对提升高校思想政治教育教学实效性具有重要的现实意义"[1]。保障机制可以使思想政治教育的各种计划得到落实,主要包括以下方面:

(一)内容保障机制

思想政治教育要想真正发挥其在高校师生中的作用,必须着眼高校实际,精心开设富有针对性和吸引力的教育内容,主要包括以下方面:

1. 思想政治教育特色频道

网络时代思想政治教育应更多地体现出个性化特色,这些特色应是建立在尊重受教育者的需要和兴趣的基础上的,它需要思想政治教育工作者更多

---

[1] 张春红. 完善高校思想政治教育教学考评保障机制的创新路径 [J]. 开封文化艺术职业学院学报,2020,40(12):170.

地从受教育者的角度出发，结合他们的兴趣爱好制订有针对性的教育方案、活动等，来实现这种个性的全面发展。高校思想政治教育的内容多种多样，为了满足这种多样化的需求我们可以建立特色频道，可以建立包括校园信息快递、热点聚焦等在内的新闻动态类频道以体现网站的教育性和导向性，建立包括思想理论、党团建设等教育特色类频道以体现思想政治教育主题网站的特色；建立以大学生为主的，包括网上沙龙、我的相册等校园文化类频道，以体现校园文化建设的特点和内容。

2.思想政治教育交互栏目

设置交互性栏目，如网上辩论会、网上论坛、网页制作竞赛、网络文化艺术节等，不仅可以使高校思想政治教育的吸引力和实效性更加显著，还可形成浓郁的校园文化氛围，在潜移默化中促进大学生思想素养的提升。此外，还要实现校园思想政治教育网络与其他媒体的整合，充分利用公众网络的资源，将其他大众媒体，如报刊、图书、广播、电视、录音、录像和户外宣传信息移置或链接到共享社区上，利用高校思想教育网站，就大学生感兴趣的问题和大学生展开交流，为大学生提供形式多样的思想政治教育资源，增强思想政治教育的吸引力和感染力。

（二）物质保障机制

高校思想政治教育的有效运行，必须要有一定的投入做保障。为了提高高校思想政治教育的效果，尤其要在经费及物质方面加大力度。经费及物质方面的投入包括：①经常性的理论教育经费、宣传教育活动经费；②实践调研、社会调查的经费；③图书资料的经费；④音像设备、多媒体等方面的经费；⑤为教育对象提供各方面的经费，教育培训、学习的经费；⑥要有室内设备，室外活动场所建设的经费。因此，要从当代社会的实际出发，使经费的使用效率最大化，以适应网络时代高校思想政治教育的需要。

（三）技术保障机制

技术保障是高校思想政治教育的常规保障，其应从以下两个方面着手：

1.加强技术防范措施

高校思想政治教育必须要净化网络信息，必须对网络及网络信息进行有效的管理，从技术上解决网络管理的难题。网络信息的控制在于对信息的过滤、选择。面对有害信息的侵入，有必要通过技术、行政、法律等手段，控制信息源头，以达到正本清源的目的。IP实名制管理是对网民进行有效管理的常规举措之一，目前高等学校已普遍采用了IP实名管理，做到了每台计算机责任到人，对用户的网络言论和行为形成了实质约束，IP实名制管理的应用能够有效规范网络社会行为。

2. 建立优秀工作队伍

具备管理能力强和现代思维的高素质的高校思想政治教育工作队伍在高校思想政治教育工作中至关重要，它利于一些指导思想的探索、贯彻等，要想建立这样一支队伍就要具备以下要求：

（1）要具有开放性的思维，高校思想政治教育的领导者和组织者要能接受新思想、新观念，并相应地调整工作手段和方向以适应新的形势需要。

（2）对于思想政治教育工作者而言，要以积极主动的态度掌握并应用新媒体网络技术，既锻炼出思想政治教育工作者活跃而严密的工作思路，又使其成为思想政治教育的重要工具，提高了工作效率。

（3）对他们要加强思想理论素质的培养，加强新媒体网络基本知识的培训，使每位思想政治教育工作者既是思想教育工作者，也是信息收集发布的传播者和网络管理者。

（四）课程保障机制

1. 课程保障机制中的教师角色

（1）教师在思想政治理论课教学中的基本特征。思政教育是学校工作的一部分，却不是学校一部分人的工作，而应该是全体教育工作者的职责。从事思政教育的教育者不单单是该科目的任课教师，也包括辅导员、班主任，以及在学校从事管理的教育者，此外，高校其他科目任课教师和各级领导对思政教育也起着重要引导作用。为切实提高思政教育的实效性，针对思政教育学科任课教师的培养必须足够专业，严守职业规章制度和培养流程，从而提升整个教师行业从业水平；针对非该学科任职教师，要提升教师队伍的政治素养和思想品格，让教师都能产生教书育人的责任感。教师在思想政治理论课教学中的特征主要有以下方面：

第一，德育特征。树立品德和教书育人是高校教育工作者工作的重中之重，其原因在于教师行业的不可或缺和独特性。在"学生、学者、学术"高校的这三个重要组成部分中，学者身份地位越来越重要。学者既是教书育人的从业者，也是教授内容的开创者，如果学校没有了学者，那么学校也就失去了本质灵魂。学校的整体水平是由各位学者综合实力决定的，拥有品德高尚的学者自然能创造品德意识上乘的高校理念，教导出德行兼备的人才，创立品德至上的学校。所以，各个高校都很看重学者的主导作用，激发学者的自主精神，提高学者整体品德水准，构建具有浓重思想品德气氛的校园，确立德育在高校的主体地位。

各个高校都要以先"树立德行"，再"建立品格"为学校典范，这也是教师的重要工作方向。以学者身份出现在高校，要确立先建立自己品德而后再育人的理念。树立德行就是要构建社会公德、遵循职业品德、建立和谐家庭、树立个人德行，以"德"为基础，提高教师的内在精神品格，规范教师的行为准则，提升教师爱人之心、职业责任感和教师职业品格，传播知识并指导学生人生道路。育人品德就是培养学生拥有自主观念，不能一概而论地约束学生个性，让学生能够在坚持自我特色前提下，具备健康的三观、良好的心理状态和仁善的品格，最终成为对社会有贡献的优秀人才。

第二，人文关怀的特征。教师对学生展开人文关怀代表教师本人品行优良，代表教师具有师德。高校对教师培训的时候要进行品德教育，也要从教师的角度出发为教师提供全方位的服务，主动帮助教师解决生活、工作中的困难，为教师提供机会实现个人成长，让教师从工作中获得更高的成就感，体现更多的自我价值，获得更高的自我认同感。高校应该关注教师的工作情况、生活环境和他们的心理状态，尽最大可能帮助教师，让教师的心理需求、利益诉求可以得到满足，为教师解决后顾之忧，以此来保证教师以更饱满的状态进行工作。高校教师在教学时必须遵循以人为本的教育理念，不断增加自己的知识储备，让自己在课堂上有更大的吸引力。教师个人魅力的提升有助于解决师生问题，有助于师生处于平等的教学地位，能够在课堂中构建和谐的师生氛围。教师要在尊重学生的基础上关怀学生，让学生自由地表达自己的想法和意见，让学生展现出自己的个性，也就是说，当下教育更注重教师作为指导者、陪伴者的作用。

(2) 思想政治理论课教学中教师的能力培养，主要包括以下方面：

第一，教师亲和力的培养。亲和力是指一个人或一个组织在所在群体心目中的亲近感。思想政治理论课教师具有良好的亲和力是上好思想政治理论课的前提。教师有了良好的亲和力，能拉近与学生之间的心理距离，能够让教师和学生之间建立一座信任的桥梁，加深其信任感，增强教学的说服力；有了良好的亲和力能够方便教师与学生之间的沟通和交流，从而了解学生所思所想，增强教学的针对性。思想政治理论课教师要具有良好的亲和力，必须做到：①尊重学生，平等待人；②真诚相待，以"情"动人；③走近学生，了解实情。教师在与学生沟通交流、增进对学生的了解中也要敞开心扉，让学生更多地了解和认识教师。一个让学生感到陌生的教师很难使学生产生亲近感。

第二，教师感染力的培养感染力是启发智慧或激励感情。教师的感染力就是能激起学生学习的热情，培养学生关注和投身于中国改革和社会发展的历史责任感。提高思想政治理论课教师的感染力，主要从以下方面着手：

一是，推进教师的语言转向。教师具有良好的语言基本功，运用一定的语言技巧，提高语言的感染力，实现知识性、思想性、科学性、趣味性的有机统一。从实践而言，文件政策性语言是思政教育中经常使用的一种语言方式。同时，这种语言方式往往习惯于用同一个词语来表达，多属于转述性语言，比较空洞、刻板，教育者的个人理解成分少，潜在的逻辑是"灌输"和"遵从"，容易引起学生的反感和逆反情绪，缺乏教育的感染力。为此，推进思想政治理论课教师的语言转向就成为改进思想政治理论课教育特别是增强感染力的必需。

二是，营造"群体感化"的环境。目前高校思想政治理论课教学主要以课堂教学为主，为此，教师在进行思政教育时，要实施以课堂为立足点的"群体感化"，营造一种促进学生思维观念转变的群体氛围，让学生感同身受。如在讲授"加快推进以改善民生为重点的社会建设"内容时,教师就目前社会的就业状况、特点及原因,国家政策和导向、与就业相关的法律法规以及大学生应该树立怎样的就业观等问题进行讲授和讨论,一定会引起学生的共鸣,提高学生的吸引力。

第三,教师影响力的培养。教师的影响力主要是指教师调控(或影响)与改变学生的心理及其行为的能力。一般而言,影响力大致可分为权力影响力和非权力影响力两类。在思想政治理论课教育教学活动中,教师对学生的影响是巨大的,并且非权力性影响力往往占主导地位,起决定性的作用。

第四,教师执行力的培养。思想政治理论课教师的执行力即教师的执教能力,是指教师保质保量地完成自己的教学工作和任务的能力,即按时按质履行好自己的工作职责的能力。执行力对思想政治理论课教学效果也至关重要。教师要善于根据教学内容和学习对象,充分发挥教师的教学主导作用,最大限度地调动学生的学习主动性,灵活地采用不同的方法,科学地组织教学,从而实现对课堂教学的有效控制,达到教学目的。教学过程的设计包括教学内容、教学方法、教学步骤等。在设计教学过程中要关注细节,细节往往决定思想政治理论课教学的成败。

2. 课程保障机制中的学生角色

(1) 思想政治理论课教学中学生的角色特征,主要包括以下方面:

第一,大学生的生理特征。首先,身体迅速发育。人在生长发育的过程中,身高和体重会经历两次高峰,从出生长到一岁是第一次高峰,身高会增加到原本的50%,体重的重量会增加一倍。青春期为第二次高峰,每年体重增长量为4kg左右,每年身高增长量为8cm左右。其次,发达的大脑和神经系统。大脑神经在青年时期会明显增多,神经系统也在逐渐完善,这时智能会得到快速发展。逻辑思维能力在这时也会达到一个高峰,判断和推理能力明显提高。大学生在学习和思考的过程中能够变得独立。他们不仅有着较强的记忆力和观察力,还有着丰富的想象力,能够思考看到的社会现象。喜欢追求新鲜刺激的事物,有很强的求知欲。

第二,大学生的心理特征,主要包括以下方面:

一是，情感非常丰富，而且情感表达强烈。情感代表的是一个人对事物或其他人的感觉。理智情感、道德情感和美感会得到较快的发展。在学生好奇心越来越强烈的情况下，理智情感也会不断增强，它代表学生对知识有探究的欲望。道德情感主要涉及的是爱国情感、责任感，学生会根据道德感对自己的行为及他人行为展开评价。美感指的是人在审美方面获得的体验，审美会受到个人文化修养的影响，大学生对美的追求比较强烈，无论是内在美还是外在美，他们都抱有一种欣赏的态度。大学生情感中比较突出的是友谊情感。人在成长过程中最先依赖家庭，这个时期并没有出现特别强烈的友谊情感，但是，在青年人慢慢成熟之后，他会逐渐意识到友谊的重要性，面对理想相同、喜好相同的同学，人会产生继续交流的愿望，慢慢地发展出友谊。此外，大学生情感有明显的外露性。青年时期的学生喜欢热闹、喜欢奋斗、喜欢直接表达自己的情感，但是，有的时候情绪可能会超出控制范围，这有可能导致错误的产生，而且青年人总认为生活是理想的，所以，遇到困难的时候他们容易变得消极。

二是，认识能力发展迅速，主要包括：首先，观察力，它是在直觉活动中获得的一种能力，学生可以通过观察了解现象的本质，在大学阶段观察力会有明显的提升，观察会变得更为准确、更为深刻。其次，记忆力，记忆力指的是大脑对事件的储存能力。大学时期记忆力发展也是比较迅速的，而且大学生会掌握更多的记忆方法，不仅如此，大学生储存的记忆种类会越来越多，包括方方面面的信息和知识。再次，想象力。想象力的产生需要依赖于记忆力和观察力作为基础，它是一个人创造力的基本前提，大学阶段学生的想象力非常丰富，他们也认为未来有更多可能。最后，思维能力。大学阶段学生的抽象思维能力会有明显的提升，大学生对事物的看法明显更加独立、更加深刻。

（2）思想政治理论课教学中学生心理素质培养，主要包括以下方面：

第一，培养学生心理素质的意义。祖国未来的发展要依赖学生，他们是整个民族的希望，所以，对学生的教育非常重要，社会主义现代化建设需要心理健康发展、心态积极向上的学生，所以，学生的心理素质教育也是教育中的主要任务，在对学生展开心理素质培养的时候注重的是培养出具有成功心理的学生。

成功心理素质的培养会对学生的人生发展产生重大影响，一个人的成功离不开成功心理，这是一个人成功需要的内在因素，如果能让学生设定远大的理想目标，能让学生脚踏实地地开展研究探索，那么社会主义社会的发展必定更好。要想培养学生的成功心理，就要提高学生对打击的承受能力，让学生可以正确看待发展过程中遇到的挫折和困难，打磨学生的意志，为学生的立志成才提供更好的教育环境。

社会主义现代化建设需要充分挖掘学生的心理潜能，研究表明对人生发展有重要影响的因素是非智力因素，所以，在对学生进行心理素质培养的时候，要投入更多的精力，要让学生意识到心理因素是其成功的基础，心理素质的培养需要挖掘学生的心理潜能，只有心理潜能得到充分的挖掘之后，学生才能成长为全面性人才，才能真正为社会发展、国家发展做贡献。

第二，培养学生心理素质的对策，主要包括以下方面：

一是，良好的政治和经济环境是发展教育和创新教育的基石。目前，我国已经形成创新的大政治、大经济环境。此时，应努力做好教育改革，提高教育的现代化水平，做到素质教育和创新教育相结合。

二是，积极打造有利于学生创新的社会文化环境。社会及媒体应该注重学生的创新能力，提出创新课题以及提供创新成果展示平台，为了使学生从中得到启发，应该积极宣传古今中外的创新人才。各个社区也应该努力去提高学生的创新心理素质，可以利用假期组织一些和社区生活有关的小队来指导学生创新。在媒体、社区和政府的帮助下，多方面、多形式、全方位的鼓励创新、崇尚创新和尊重创新的美好社会文化环境一定会形成。

三是，打造激发、鼓励和支持创新的家庭氛围。有了家庭的观念和物质支持，学生才会有创新的动力。父母的教育方式和价值观念决定家庭教育是否会有利于学生的创新。①家长应该多关心国家的教育改革以及教育评价体系的改革和考试制度的新动向；②提供宽松的活动环境给学生。新时代的父母应该明白束缚只会阻碍学生的创新欲望和创新潜能，所以应该去欣赏孩子的"肆意"行为；③善于发现孩子的创新能力和鼓励孩子的创新热情。尽可能地为孩子提供有利于孩子进步且孩子乐于接受的条件。

(3) 思想政治理论课教学中学生创新素质培养，主要包括以下方面：

第一，培养学生的创新意识。当学生具有创新意识之后才有可能形成创新素质，所以，要对学生的创新意识展开培养，具体而言可以从以下角度入手：

一是，培养学生对创新活动的兴趣，创新兴趣指的是大学生接触某一项新的活动时，他心里呈现出来的状态，培养学生的创新兴趣要引导学生使用长远的眼光看待事物，积极主动的参与事物发展、问题解决过程，并且引导学生从个性的角度给出自己的独特看法，让学生展示自我能力。

二是，对学生的创新理想进行培养，创新意识的产生主要来源于学生的创新理想，当学生对未来发展是充满期待的是充满想象的，那么学生就会具有创新的内在驱动力。可以把学生对未来的期待和想象看成是学生发展的事业心以及责任感，事业心的出现代表学生思想品质已经达到了较高的层次，责任感的出现代表学生意识到了自身要承担的责任，意识到了自己的行为对其他事物产生的影响，在有了责任心之后，学生会控制自己的行为，避免自己的行为对他人产生不良影响，学生的责任心要求学生对自己负责、对他人负责、对社会负责。

三是，培养学生的创新信念。在培养学生创新意识的过程中，教师要让学生意识到所有的人都具有创新潜力，也就是说所有的人都可以参与创新，所有的人都具有创新潜能，在让学生意识到这一点之后，教师要适当地进行引导，这可以让学生创造出一定的新成果，这一点也可以证明一个事实，那就是并不是只有精英学生才能进行创新，所有的学生都可以把创新当作自己的目标、自己的理想信念，而且创新没有范围，没有局限，所有的地方都可以进行创新创造。

第二，培养学生的创新性学力。具体而言，主要包括以下方面：

一是，创新思维。分析创新思维，可以发现它具有三个鲜明的特征：首先，敏捷性，也就是在面对事物的时候可以迅速做出判断，可以较快地获得对事物的看法或结论；其次，灵活性，灵活性指的是学生可以从多个角度去分析事物，也就是说他的思维是发散的，可以看到事物的不同角度、不同层次，也可以对事物进行概括性总结、概括性分析；最后，深刻性，当学生具有创新思维之后，会在思考问题的时候有更深刻的见解，会对事物的未来发展做出预测。

二是，创新性的学习行为。个体在认识客观世界的时候，主要通过学习的方式来了解世界，和世界交流，所有人融入世界的过程都是一个缓慢的学习过程，在社会发展的过程中，人必然会慢慢地脱离学校而踏入社会，在社会中生存要求人要进行自我创新。在教育中学生除了会学习到新的知识之外，还会学习到一定的学习能力、学习方法。如果教学不能向学生传授学习能力，那么教育就不是成功的。当学生具备了学习能力之后，学生就会进行创新性的学习，这也是学生从校园步入社会所需要的基础能力之一，学校应该把创新性学习能力的培养当作培养目标。

创新性学生和普通的学生是存在差别的。举例而言，学习目标的设定方面，创新性学生会在理解教师传授的书本知识之外，对知识进行延伸，举一反三地运用知识，而且，学生可以自主地从课本、资料中选择对自身发展有利的知识，学生的学习更加主动，在学习过程中也会更注重自身思维的发展；在学习内容方面，创新性学生并不会局限于教材中的内容，他们会对世界中的其他知识有更高的渴求程度，有更强的探索欲望，所以创新性学生在学习中有更强烈的学习欲望和学习兴趣；在学习动机方面，创新性学生更关注探索问题的过程，更喜欢去挑战未知，并且对自己的能力十分自信；在学习态度方面，创新性学生会积极主动地关注自己喜爱的学科，会主动留出时间和精力去探索、研究，虽然他可以从课堂中获取知识，但是他们并不会局限于课堂之内，他们还会在课堂之外花费时间和精力去获取其他资料，展开更深入的研究。

（4）思想政治理论课教学中学生素质培养的功能，主要包括以下方面：

第一，导向功能。导向功能是指思政教育具有指向、选择和定位的功能，它既能为个人行为导向，也能为学校、班级的教育活动导向。学校教育是由德、智、体、美、劳等方面教育组成的。德、智、体、美等方面教育之间互相渗透，相辅相成；但其中起导向作用和保证作用的是德育——思政教育。所以学校应把德育放在首位，坚持发挥思政教育的导向功能，才能落实教育方针，促进学生身心全面发展。

第二，调整功能。调整功能是指思政教育具有调节、整合和控制的功能。思想道德素质是社会意识、道德规范和行为标准的内化和积淀，可以对人的心理活动和行为方式进行调节，可用以观测自己的行为，分清是非曲直，辨别正确与谬误。思政教育的一个根本任务就是要理论联系实际，培养学生自我教育和自我管理的能力，充分发挥思政教育在全面育人中的作用。

第三，启动功能。启动功能指思政教育对人的思想、心理和行为活动具有引发、起始、开启的作用。思想政治品德是人的灵魂，是指导人的行为和影响人的智慧才能的精神力量。一个学生有了正确的政治要求和生活目标，就会积极进取，不畏艰难。

学校思政教育在育人方面有着不可取代的地位，需要树立学生的社会主义道德品质、辩证唯物主义世界观和正确政治方向。社会的物质文明在现代科学技术发展的同时也受到了推动。但是，社会精神文明也必须要跟上物质文明进步的脚步，这就需要学校思想政治工作。例如，开展以爱国主义、社会主义教育为主题的活动，激励学生奋发努力，立志为强国富国学好本领。为学生树立学习的榜样，使学生从祖国振兴大计出发，确立个人的奋斗目标，努力把自己培养成为跨世纪的人才，一系列的思政教育，使学生的政治思想道德素养得到提升，有效地促进了综合素质的发展。

（5）思想政治理论课教学中学生素质培养的效能，主要包括以下方面：

第一，发挥大学生思想政治理论课教学的先导性。现在的学生将担负起实现国家现代化的重任，对我国现代化建设的成功与否起决定作用。学校教育最应重视坚定正确政治方向，发挥出其思政教育的功能。学校教育需要引导学生统一自身的政治思想修养和科学文化学习的进步；坚持远大理想与艰苦奋斗相统一；同意社会实践和理论学习、统一自身价值与为社会做出的贡献；要坚持发挥政治课和班会课在思政教育中的主渠道和主阵地作用，提高教育效能。

　　班会课要结合学生不同时期的思想实际，有针对性地开展思政教育。在教育过程中要充分发挥理论的导向作用，要与社会现代化建设的经验和改革开放经验紧密结合，回答学生迫切渴望了解的问题。要对学生进行引导，使他们能够在分析社会思潮时，应用历史唯物主义和辩证唯物主义的观点、立场及方法，让他们能够坚定自己的政治方向。

　　对学生进行爱国主义、法制、公民意识等方面的教育，培养爱国主义情感、社会责任感和乐于助人、追求上进、奋发学习、维护正义的思想道德品质。学生们深切体会到，爱国主义是千百年来巩固起来对自己的祖国一种最深厚的感情，我国人民正是靠着这种民族精神形成的强大生命力和凝聚力，战胜了各种艰难困苦，维系着中华民族大家庭。

　　第二，加强高校思想政治理论课教学工作团队的作用。思政教育的开展除了依托思政教师之外，还要依托学校德育工作教师、政教处主任、党委组织、班主任、团队干部。在所有的思政教育工作人员中，思想政治教师和班主任一般情况下是直接的教育实施者，他们对学生的培养能够发挥的作用也更大，在这样的情况下，学校应该关注对这些教育工作者的培养，提高他们的教育能力，主要包括以下方面：

　　一是，增加培训力度。在对思想政治教育工作队伍进行培训的时候，应该同时关注知识培训的广度和深度，全面的关注可以提高整个工作队伍的教育水平，构建出更加科学合理的思想教育工作团队，培养出可以展开理论实践综合教育的人才。

　　二是，设置科学的教育制度。科学的教育制度主要包括评价制度、奖惩制度，也就是要对学校思想政治教育工作的开展做出量化的评价，考虑实际的教育情况，对具体的情况具体分析。

　　三是，提高教师队伍的职业道德水平。思想政治教育工作团队必须把以人为本当作教育理念，不断地提高自身的责任心、事业心，在教育过程中贯彻落实各项教育原则。

　　四是，思政教育工作的开展还要联合社会、家庭构建出一个整体的教育网络，在教育网络中，学校为主导，与此同时，激发出社会、家庭各类人员的主动性、积极性，让他们为学校思政教育工作的开展提供支持。与此同时，还要注重社会氛围的建设，社会应该倡导学生的个性化发展，倡导学生的全面发展，引导和呼吁人们关注学生的学习主体性和个性。

3. 课程保障机制中的教学方法

（1）榜样示范法。树立榜样，以感人的先进事迹及其具体、生动的形象为学生树立了学习的典范，因而富有强大的感染力、说服力。对学生社会主义觉悟的形成，也能成为学生奋发向上的驱动力量。榜样示范要"高、近、小、行"四结合。"高"就是让高大的英雄模范人物的形象在学生心中扎根；"近"就是选择和学生生活有密切联系，经常碰得到、看得见、学得到的先进人物作为学生的榜样；"小"就是学先进只能一点一滴地学，从小事做起，从我做起，从现在做起，不能抽象地提出过高的要求；"行"就是教育学生，在正确认识的指导下形成信念并指导自己的行动。

（2）社会实践法。社会实践法就是发动和组织学生积极参加社会实践，亲身投入社会生活中去，在社会实践中接受社会主义思想教育，形成良好的思想品质与行为习惯的教育方法。社会实践教育的领域和主要方法是开展系列调查和勤工俭学活动；以树立人生观为目的社会考察活动和为社会服务活动；以培养能力，发展智力因素和非智力因素为宗旨，组织学生到科学世界去探索。

第一，实践教学的特征。思想政治理论课课堂实践教学，就是在思想政治理论课教师组织下，为实现特定教育教学目标，根据既定教学计划，以课堂教学的时间、空间为基础，借助于直观鲜活的音像播放、发人深省的案例解析、形象逼真的情景模拟、充满激情的演讲比赛、富有哲理的专题辩论等形式，创设一系列生动活泼的教学情境，将课程教学内容和社会实践巧妙结合，紧扣社会热点、难点和焦点问题开展讨论和思考，实施思想政治教育，提高学生综合素质的一种教学方式。课堂实践教学的主要特征包括以下内容：

一是，形式多样。虽然场地的规模和教学时间会限制整体的课堂教学，但这并不是绝对的，这两方面均能够得到相应保障。另外，在这样的情景下，学生能够以更加集中的态度投入相关活动中。多媒体技术已经普遍被应用到了课堂教学，可以用来组织活动。因此，教师在开展课堂时间教学活动时，可以充分利用这些有利因素，主要包括讲演活动、角色扮演、情景模拟等等。

二是，灵活紧凑。理论教学是课堂教学的主要内容，教师也可以根据课程内容的需求选择组织形式多样的课堂实践教学活动。同一个教学内容在选择实践教学形式时，可以有多样的选择。例如，在讲授思想道德修养和法律基础课程时，可以让学生通过角色扮演来体会人际关系的教学内容，同时，教师也可以选择信任之旅活动。课堂教学在场地规模和教学实践方面有限制，因此课堂实践教学活动能够以更加具体、简短的形式补充理论教学。

三是，强实效性。课堂实践教学的进行过程存在于课堂理论教学中，能够拥有足够的时间。通常会在完成了课堂理论教学内容之后，在下一节课安排实践教学活动，这样可以强化理论教育，让学生获得更深刻的教育影响。也可以在开展课堂理论教学前进行实践教学活动，这样学生能够通过实践获得启发，进而在课堂教学时得到更加深刻的理解。教师需要在此基础上来总结活动，升华、强化理论教学的内容，通过理论来讲解、反映活动的内容，让学生能够及时地获得教育，因此，课堂实践教学拥有很强时效性。

四是，效果显著。课堂实践教学可以穿插在课堂理论教学的过程中对其进行补充，使理论拥有更强的说服力，让学生吸收内化，显著增强教学效果。课堂实践教学拥有很强参与感，学生通过这种自我教育和感受能够获得更深刻的体验。

第二，实践教学的形式，主要包括以下方面：

一是，校园实践教学的形式。思想政治理论教育的主阵地是校园，校园担任着对全面发展人才培养的责任，高校的思想政治理论课实践教学通过校园文化活动得以有效进行。校园实践教学的开展，主要是为了结合学生特点与课程的优势，挖掘学生的潜力并使学生获得学习兴趣和更高的综合素质，同时学会创新应用知识。校园内部是校园实践教学的场地，多样化的教学活动是载体，属于课堂教学之外的课堂。教师会在教学目标和教学内容的基础之上，设计和开展实践教学活动，让学生广泛参与其中，提升沟通协调能力、合作能力、自主学习能力等。

二是，社会实践教学的形式。组织和引导学生的各种实践活动，并促进提升认知能力和综合素质，以达到知识的传播、内化以及发展的一种教学方式称为社会实践教学，它和普通的实践教学最大的区别在于发生的背景不同，从而也导致了很多独特性的存在。详细来说，社会实践教学就是利用真实的社会生活环境为背景，积极地组织和引导学生问题的发现、认识和解决方法的一个过程，从而促进培养学生实际解决问题的能力。

以思想政治理论课的教学任务和要求为出发点，并在教师的引导下和学校培养目标的需求为基础，进行课外社会实践思想政治教育教学活动的组织过程称为思想政治理论课社会实践教学。如暑假社会实践活动、"青年志愿者"活动、社会服务、勤工助学以及社会调查等都是常见的开展社会实践教学的手段，随着活动开展，也对学生的思想政治教育有着重要促进作用。它和思想政治理论课堂教学不同，具有一定独立性。

第三，实践教学的要点，主要包括以下方面：

一是，提高思想的认识。各个院校对社会实践对思想政治理论课的作用和地位需要有清晰认识，从而积极地组织和引导思想政治理论实践教学的落实到位，这对培养合格的社会主义事业接班人来说也具有积极意义，并有利于全面落实素质教育。因此，对于思想政治理论课的社会实践教学要引起高度支持，并给予必要的支持。此外，教师也要正确认识到社会实践教学对教学效率的提升作用，并加强开展和组织社会实践活动，强化"教书育人"观念的价值，对于社会实践研究和活动给予必要的重视，并积极引导学生参与思想政治理论社会实践。

二是，整合教育的资源。加快形成思想政治理论课实践教学合力。对于长期存在的师资力量不足等问题要给予及时的解决，并调整思想政治理论课的师生比例，从而促进思想政治理论课社会实践教学能落到实处，为此也需要补充必要的师资力量，不能仅仅依靠思想政治理论课教师来完成，还有必要积极发动辅导员、专业实习课教师、政工人员及二级学院党总支书记等力量参与，促进形成实践教学合力。可以通过结合思想政治理论课社会实践教学和专业课教学的方式，并合理调整实习和实训时间的比例，增加学生参与思想政治理论课的积极性和主动性，并加强提升使命感，对实践活动中的不足予以弥补等。此外，还可以返聘一些离退休干部、社区人员或企业家等，让其对学校的思想政治理论课社会实践活动予以指导和组织，这一方式也能有限的解决师资力量不足的问题。

三是，确保所需的经费。应该从思想政治理论课社会实践教学的实际情况出发，为思想政治理论课实践提供必要的资金支持，这样才能使社会实践活动能够落到实处，真正达到提高思想政治理论课教学效率的作用。这就要必要进行思想政治理论课实践教学专项经费管理办法的制定，并规定经费的来源、用途以及审批程序等，这些内容的制定都需要以当地的社会经济发展水平为出发点，明确规定其日常经费标准和社会实践经费标准等，为社会实践教学的开展提供必要的资金保障。

四是，加强组织的管理。要构建实践育人长效机制，不断健全和完善组织管理系统，加强完善思想政治理论课实践教学组织管理机构体系，并建设实践基地和运作经费保障体系，加强实践课师资力量的补足等。如此才能确保思想政治理论课社会实践教学的顺利进行。同时，学校还要建立以党委副书记为主管领导的思想政治理论课实践教学小组，并对实践教学的资金审批、人员配备和工作协调进行管理；实践教学的管理由二级学院和系部具体来负责，主要是审定实践教学打光、制定社会实践教学计划和教学方案等工作；而实践教学大纲、教学计划和实施方案的制定则主要由教研室进行。

根据教学活动针对性要求和实践活动的具体性需要来制定实践教学计划，主要包括选择实践教学方式、选择实践教学地点和安排实践教学时限等事项。任课教师应该在每个学期开学前制定实践教学学期实施计划，对其具体形式、实施时间、具体要求和实施办法予以确定并获得教研室和系部领导的审批。为了促进思想政治理论课实践教学的规范化和制度化发展，就需要分析思想政治理论课的特征和性质，并依此进行和当地教育资源相协调的实践教学基地的建设。

（3）课堂实践教学的组织。教学活动是课堂的核心，师生的行为都需要围绕着这个核心开展，学生的学业进步与健康发展是教学活动的根本目的。对思想政治理论课实践教学进行严格管理，能促进课堂教学任务顺利完成，也能帮助学生在各方面取得更大进步。由于课堂上的实践教学会受到时间与空间的限制，因此，这种教学必然是较为紧凑的，规模不大，时间也较短。因此，要对实践教学进行充分准备和精神设计：①要根据理论教学的内容来确定实践教学的主题，一个问题、一节课都可以作为教学的主题；②根据教学的内容来灵活选择实践教学的形式，旨在突出教学内容的最终教育意义，科学合理地确定教学方案。

第一，课堂实践教学组织管理方式的类型划分。在课堂教学过程中，由教师会表现出来相对稳定的行为风格，这也是一种特定的行为模式，可称为课堂实践教学管理方式。这种组织管理方式可以分为三种类型：民主型风格、自主型风格以及专制型风格。

一是，民主型管理风格。当教师持有民主型课堂教学理念时，他们能够对课堂管理过程中有可能出现的情况做出较准确预测，对学生的学习活动做出合理安排，能够营造出良好的课堂环境。能够根据学生的兴趣与能力来设计课堂教学的内容及形式，与学生之间建立起和谐、友好的关系。

二是，自主型管理风格。当教师持有自主型课堂教学理念时，他们更加关注的是学生的个人选择，会给予学生更多的自由发挥空间。在监督学生的学习行为时，关注只会放在学生不良的课堂行为上，而一些表现良好的学生会从教师那里获得更多自主权。此外，当学生在学习中遇到困难和问题时，教师主张给予学生更多的机会自行处理，培养学生发现问题、处理问题的能力。

三是，专制型管理风格。当教师持有专制型课堂教学理念时，会以自我为中心，会承担起课堂实践教学中所有的管理责任，会对课堂规则以及规定进行重建并强化，严格控制学生，会更多地针对学生的不良课堂行为去制定课堂规则。他们会将对课堂教学的管理过程与对学生课堂行为的管控结合在一起，会使用一些控制策略来保证课堂秩序不被扰乱。

第二，课堂实践教学组织的管理内容。要想取得课堂实践教学的成功，就要结合课堂实践教学的自身特点，将课外活动与课堂教学之间的环节逐一打通。课堂实践教学中一个显著的特点就是以学生为中心，在课堂上开展灵活的讨论，采取这种教学方法，就要求学生事先要对所讨论的问题有所准备。

一是，课前管理。教师要关注学生在课前学习中可能遇到的困难与问题，及时与学生展开沟通与交流，督促与指导学生学习。①在课前，教师要向学生提示可能遇到的各种问题，包括未来在课堂上可能出现的教学内容和安排，这种提示可能并不是具体的问题，而是一种讨论问题的方向；②学生在课前的自学与准备。学生要在教师的指导下，针对课堂上可能展开讨论的问题查阅相关资料，做好学习笔记，根据自己的预习情况，提出相应的问题，形成自己初步的看法。学生应围绕课堂上展开讨论的问题提出自己散发性的子问题，这可以被视作是课堂问题的具体化。由于有些学生在学习方面缺乏主动性，提不起学习的兴趣，因此在这一阶段教师给予的督促与管理就非常重要，因为它关系着课堂实践教学能否取得成功，能否达到预期的效果。

二是，课后管理。应当结合学生课前的准备情况及课堂上开展讨论的具体情况，形成具体的学习报告，总结整个实践教学活动，由简单的学习知识向具体的能力培养转化。

三是，课内管理。教学过程管理需要将课外活动与课堂教学结合在一起，将学生的积极性和主动性全面调动起来。在组织课堂讨论时，要给予学生更大发挥空间，而教师的职责是管理学生的学习活动，并做好学习的辅导，主要包括围绕着教学目标来组织学生讨论；教师要把握好课堂讨论过程中的节奏，充分调动课堂气氛，让课堂上的交流与讨论顺利展开；要多给予学生表扬与鼓励，并对他们的观点做出适当点评；要对教学活动的整个过程中做出总结，并为学生留出需要他们思考的问题与阅读的内容。

思想政治理论课教学有其自身的具体情况，可以让每个学生在一个学期内就一个问题深入研究，在此过程中，引导和鼓励学生提出自己发现的问题，形成自己的看法，不断扩大自己的知识面，培养自己发现问题，解决问题的能力。

第三，课堂实践教学的反馈。要将理论教学与课堂实践活动紧紧联系在一起，通过课堂实践教学能够对学生产生直接和具体的影响，而且有着很强的时效性。首先，当实践教学活动完成后，教师应当带领学生分享，引导学生说出自己的感觉感悟和体会，教师应当给予适当点评；其次，分享环节结束后，教师要及时对实践教学活动的意义进行分析和总结，再转回到理论教学，将理论与实践结合在一起，以达到预期的教学目的；最后，针对实践教学活动，教师要及时做出小结，鼓励和表扬学生的参与，并且对他们的成功及不足做出评价，目的是在今后的课堂教学实践活动中完善、提高。

（4）社会调查实践教学组织。社会调查是人们有计划、有目的地运用一定的手段和方法，对有关社会事实进行资料收集整理和分析研究，进而做出描述、解释和提出对策的社会实践活动和认识活动。在思想政治理论课教学中实施以"指导学生开展社会调查，撰写调查报告"为主要内容的实践教学，符合思想政治理论课的教育目标。开展社会调查实践教学有助于学生形成主动探求知识、重视解决实践问题的积极学习方式；有助于加强对学生社会实践能力的培养，提高学生的社会实践能力；同时在培养学生的个性特长，挖掘学生的潜能，以及帮助学生在活动中感悟人生、学会做人等方面都具有非常重要的作用和意义。

社会调查研究以学生为主体，以社会实践认知为主线，在任课教师指导下，以小组合作为主要活动方式，运用专题研讨形式作为成果展示的平台。学生在任课教师指导下，以所学理论知识为基础，通过社会调查研究，认识社会，了解社会，加深对党的路线方针政策的理解，提高思想水平，激发学习动力；同时，通过理论与实践相结合，巩固理论知识，提高实际工作能力。

社会调查中，教师工作任务包括：①实践活动的整体设计与指导。根据教学大纲要求以及教学计划规定的教学时间，科学设定社会调查的环节与步骤；对学生在活动过程中遇到的各种问题给予认真解答。②活动组织。根据调查研究的题目进行科学分组，并根据教学进度合理确定每次社会调查的活动任务。③成绩评定。根据学生参与社会调查的实际情况及其研究成果进行成绩评定；结合小组等级评定完成对每个学生实践活动成绩的评价。

社会调查中，学生工作任务包括：①领会实践活动要求。参与社会调查前，要认真学习社会调查研究的活动要求，领会实践活动的设计目的。②承担实践活动任务。掌握社会调查研究的相关知识，从理论准备到操作步骤，根据社会调查小组的任务分配，能够独立承担或配合其他小组成员圆满完成实践活动任务，并能够积极参与本小组成果展示。③成绩评定活动要求。在小组互评过程中，态度端正，认真聆听，并能够积极发言，客观公正地对其他小组的表现给予合理评价。

第一，社会调查实践教学的方案设计。

一是，计划制定。根据调查内容，教学过程中的社会调查每班学生按照10人一组，暑期调查每班按照5人一组的规模组成调查小组，每组选取组长1名，负责本组的各项组织协调工作。各班均有一名教师担任指导，以保证调查工作的顺利进行。根据调查方案，每组调研需要的人员安排具体配置为：①参与人员：小组全体人员。②项目负责人：组长。③查问卷与工具准备人员：1~2名。④调查人员：2~4名。⑤资料整理与数据分析人员：1~2名。⑥调查报告撰写人员：1~2名。

二是，调查程序。调查基本上可以分成四个阶段：准备、实施、研究、总结。第一个阶段，准备：通常可细分成三个部分，即对调研问题进行界定、对调研方案进行设计、对调研提纲或问卷进行设计。第二个阶段，实施：这个阶段主要依据调研的实际需求，对和调查活动相关的各类信息进行广泛收集，在这个过程中，调研人员可以采取不同的方式和形式。第三个阶段，研究：汇总、整理第二阶段中收集到的各类信息并对其归纳总结。第四个阶段，总结：通过《调研报告》等书面形式，对调研结果进行阐述，并对结果进行评估。

三是，时间安排。按调研的实施程序，可分七个小项来对时间进行具体安排。①调研方案、问卷的设计：1天。②调研方案、问卷的修改、确认：

半天。③项目准备阶段：人员培训、安排：半天。④实地访问阶段：1~2天。⑤数据统计分析阶段：1天。⑥调研报告撰写阶段：半天。⑦成果交流与成绩评定：半天。暑期调查的实施程序，各小组可根据时间自行进行具体安排。

四是，实施方法。①明确选题。各组根据自身情况，自行确定。②确定对象。学生根据选题确定调查对象的范围。"三农"类选题调查对象主要针对居住在农村的居民；城市和社区类选题调查对象主要为社区居民。③调查方法。通常在进行调查时都是将几种方式结合到一起的，比如访谈＋问卷的形式。要一边做好问卷调查，同时也要进行访谈。问卷调查时，当面填答最好，如果不方便当面进行，网络或邮寄等形式进行问卷填答也是可以的。进行访谈既可以在对问卷填答之外单独进行非结构式访谈，即按照实际需求对问题进行自行设计，也可以采取结构式访谈形式，即借助于问卷进行的访谈。对于访谈的形式，可以根据实际情况选择，实地、网络、电话等都是可行的。

五是，注意事项。①深入群众，深入生活，坚持群众路线；②虚心向群众学习，谦虚谨慎；③养成刻苦勤奋的调查作风；④尊重被调查者的权益，不能损害被调查者的利益和名誉。

第二，撰写社会调查的报告。调研结束后，学生在教师的指导下以小组为单位撰写完成调查报告。先拟定调查报告提纲（包括调查题目、调查基本情况、调查结果、解决建议），再通过对问卷调查结果和访谈资料的整理分析，最后完成调查报告撰写。

调查报告是对调查活动过程的说明和总结，文体为陈述说明性和议论性相结合。调查报告是科学的，建立在实事求是的基础上，资料和数据必须真实。语言要严谨、简明；结构要清晰、完整；叙述要清楚、明白；结论要有理、有据。完整的调查报告内容应包括：基本情况（社会调查题目、参加时间、地点、方式、内容、过程）、发现的问题（分析问题）、解决建议（运用行政管理学理论去解决问题）。在调查中采用的方法必须附上相应的原始材料作为佐证，如问卷调查汇总统计结果、访谈提纲及访谈记录等。

篇幅应不少于2000字，定稿的调查报告一律用A4纸打印。调查报告的统一打印格式要求包括：题目（宋体、二号、加粗、居中）、一级标题（宋体、三号、加粗）、三级标题（宋体、四号）、四级标题（宋体、四号）、正文内容（宋体、小四号）。

第三，社会调查实践教学的成果展示与评价。以社会调查小组为单位，以专题研讨的方式进行常规教学过程中的调研成果展示，以撰写征文的方式作为进行暑期社会实践成果展示的辅助形式。任课教师根据实践活动班级的具体情况，可以采取教师主持成果展示或者选取学生主持成果展示的形式。

展前准备包括：①确定小组成果展示顺序。可以根据不同班级学生的意见和要求，采用按照小组序号或者抽签的形式确定各小组进行成果展示的顺序。②每组发言人展示本组实践活动成果。在展示过程中，要求每个发言人内容表达准确、观点明确、时间使用合理。各组发言时间依照班级小组的划分数量而定。③各组成员认真听取其他小组同学发言，并结合本课程评价标准对其成果展示情况给予客观、公平、公正、合理的评定。成果展示结束后交由组长汇总。

展示总结包括：践活动成果展示总结是社会调查研究活动中较为重要的一个环节，通过该环节，可以帮助学生梳理参与社会调查活动的过程，总结经验与不足，帮助学生分析自身存在的问题并明确下一阶段努力的方向。

成果评价包括：①小组互评。以小组为单位对其他小组成果给予客观、公正的评价。每组学生本着公平的原则和对活动认真负责的态度完成对其他组成果的评定。②评价标准。能够清晰、准确、生动地陈述调查过程与内容占40%；调查结果与其项目可行性分析的结合阐述状况占30%；团队合作和仪表仪态得体占20%；PPT制作占10%。

实践考核评价包括：①态度端正，活动过程中无缺勤、迟到、早退者，在总评分中加5分；对于无故不到者，缺勤一次扣5分，达到3次者取消其参与考核的资格。②在活动中，积极参与并能协助项目负责人圆满完成社会调查任务，在总评分中加5分。③在社会调查过程中，出现违背社会调查原则，不尊重被调查者，造成较坏影响者从总评分中扣掉10分；造成极端恶劣影响者，取消本学期参加考核资格。

成绩评定包括：①成绩构成。考核以学生提供的社会调查设计、访谈记录、问卷的填写、回收和回访结果、调查报告及成果展示等为依据，评定最后成绩。学生评定占总成绩的40%，教师评定占总成绩的60%。②成绩形式。考核的最后结果以等级的形式给出，分为优秀、良好、及格、不及格4个等级，其中，优秀（90分及以上）、良好（70～89分）、及格（60～69分）、不及格（59分以下）四个等级。

（5）服务性学习实践教学组织。围绕构建"大德育"体系这一基本思路，在指导之下按照目前的条件和学生的水平，整合学生服务学习的实践活动，主要包括以下内容：

第一，走进社区，促进其成才成材。实践活动可以有很多不同的形式，比如参观校内外的实训基地，邀请相关的行业人士对专业的发展方向进行讲解，对一些和学院有联合办学关系的单位实习，邀请学长对学习经验进行分享介绍，拟定职业生源规划等。之所以要进行这样的实践，主要是希望能够借助于这样的活动，使学生能更好、更深入地理解大学的培养目标，学会平和接纳学校和自身的现状情况；同时，还可以帮助学生更好地对专业思想进行树立，对自己进行科学定位，更加科学地规划和安排学生和未来的职业发展方向。

第二，奉献爱心，践行社会主义荣辱观。借助于专题实践的形式，对学生进行引导，可以创建社区作业吧，让学生积极参与到义工服务当中，比如空巢老人的照顾、留守儿童的教育服务等，使学生真正做到辨真伪、知荣辱，树立正确的社会主义荣辱观，提升自身的思想道德素质。

第三，和谐社区，参与志愿服务活动。不管是哪个专业的学生，都可以充分地利用自己的专业特长，积极在课余时间参与到志愿服务当中，为社区居民提供相关的服务，比如学习电子应用技术的专业就可以办起"电子协会"，在社区中为居民提供家电维修等服务；学习计算机专业的学生，就可以开办"电脑诊所"，在社区居民家的计算机出现软硬件故障时，帮助诊断、维护。

第四,服务社区,促进城乡一体化。"服务性学习"与"三下乡"社会实践活动虽然性质、内容不尽相同,但两者存在融合的新思路。通过有效管理活动过程,结合"三下乡"活动,组织学生到农村去实地考察参观,让他们深入了解农村的需求,深入理解国家有关新农村的建设政策,更加深刻地认识我国构建和谐社会的意义,加强学生对自身的历史使命感和责任感,建言献策,帮其寻找解决出路。

第五,法制社区,提升公民的法律素养。学生寒暑假都会回到家长,可以对这个时间进行充分地利用,让其向乡邻、家人科普、宣传法律相关的知识和内容;城镇的学生则可以自己所在的社区宣传普及法律知识。学生可以定期到社区,向社区群众普法宣传,并提供相应的法律咨询,同时还要求学生对相应的总结或者是调查报告进行撰写。借助于学生社会实践这种形式,践行"服务学习"理念,使学生在不断进行服务的过程中对此进行一定反思,通过实践活动提升思想道德品质和法律素养。

第六,对革命生涯进行体验,珍惜幸福生活。可以组织学生们到伟人故居、革命纪念地等地参观,让学生们充分地感悟先辈的奋斗精神,让他们更加深入地了解和认识革命时期的艰苦生活,对中国人内心的自豪感进行激发,让他们珍惜当下来之不易的和平,努力向榜样、先辈学习,在国家和民族的未来发展过程中,尽可能地发挥自己的能力,作出贡献。

(6)参观考察实践教学组织。参观考察革命纪念地,作为思想政治理论课教学社会实践的一种具体形式,能够使学生近距离地体验到革命先辈先烈坚强不屈的革命斗争精神、中国人民对革命的拥护支持以及对革命英雄的敬仰和爱戴,使学生在实践中接受革命传统教育、爱党爱国教育,培养爱国主义、集体主义和革命英雄主义精神,增强学生的社会责任感和使命感,坚定信念,刻苦学习,成就栋梁之材。通过实践活动,旨在使学生学习和继承优良传统,弘扬革命精神和时代主旋律,增强对社会主义核心价值体系的认同,坚定为把祖国建设成富强、民主、文明、和谐的社会主义现代化国家而奋发学习的理想和信念。

参观考察的实践活动包含五个部分,分别是组织学生观看关于参观地的影视资料，了解当年的革命事迹；带领学生参观，追寻革命足迹；走访革命亲历者或知情人，重温革命历史，感受峥嵘岁月；撰写实践报告；实践小组之间相互交流实践感受。参观考察的实践活动以学生为主体，以参观和访谈为主线，以革命遗址为载体，在任课教师指导下，以实践小组为组织单位，以相互交流实践感受为成果展示形式进行组织安排。

参观考察实践活动是以情境教学法为理论根据设计的。情境教学法是指在教学过程中，教师有目的地引入或创设具有一定情绪色彩的，以形象为主体的生动具体的场景，以引起学生一定的情感体验，从而帮助学生理解和感悟知识，并使学生的思想情感得到升华的教学方法。情境教学法的核心在于寓教学内容于具体形象情境之中，激发学生的情感，使学生受到一定的思想教育。追寻革命足迹的实践活动，就是通过让学生参观考察革命遗址、遗迹以及纪念馆（堂）等爱国主义教育基地的方式，为学生提供一个受教育的特定情境，在这个具有深厚历史文化和洋溢着革命精神的氛围中，使同学们穿越历史时空感受革命先辈为国为人民所走过的不平凡的足迹，从而使内心受到触动，心灵受到震撼，情绪受到感染，感情得到升华，深化课堂理论教学效果。

参观考察实践教学就是指导广大学生对爱国主义教育基地或其他革命遗址参观考察，通过了解历史，感受革命精神，激发学生的爱国主义情感，使之自觉继承革命传统，弘扬民族精神和时代主旋律，构建社会主义核心价值体系，树立正确的世界观、人生观和价值观，从而为其健康成长和成才奠定基础。

第一，教师工作任务。

一是，策划实践活动主题。根据历史发展脉络，如以旧民主主义革命时期为主线，可以组织学生参观岳麓山黄兴、蔡锷、蒋翊武、陈天华等辛亥革命英烈墓葬，以"追忆辛亥英烈，振兴民族精神"为主题；如以新民主主义革命时期为主线，可以组织学生参观浏阳文家市秋收起义会师旧址、柳直荀故居，以"追寻红色足迹，肩负历史使命"为主题。

二是，实践活动整体设计与指导。根据教学大纲要求以及教学计划规定的教学时间，科学设定实践活动的环节与步骤，讲解追寻革命足迹实践活动的实施过程、实践目的、实践任务以及做好对学生各方面的教育工作，包括安全教育、遵章守纪教育及文明礼貌教育等。

三是，活动组织。任课教师先将班级学生进行分组，分组人数根据班级总人数具体而定，每小组选出一名组长，负责组织本组完成实践任务。

四是，审阅报告。任课教师收集各组实践报告进行审阅，给出评审意见。

五是，成绩评定。根据学生参与实践活动的实际情况、实践报告质量及交流情况进行阶段性成果评定；结合小组等级评定完成对每个学生实践活动成绩的评价。

第二，学生工作任务。

一是，学习领会实践活动要求。参与实践活动前，按照任课教师讲解，熟悉实践的环节、步骤、任务及注意事项，认真观看和了解有关爱国主义教育基地的影视资料或历史知识，为顺利开展实践活动，取得良好实践效果奠定坚实基础。

二是，确定主题。每小组经过讨论确定一个主题，使参观目的更明确、针对性更强。

三是，完成参观。参观过程中讲究文明礼貌和公德秩序，注意搜集史料，做好参观记录。

四是，成绩评定。在对其他小组成果的评定中，积极发表个人意见并打分，力争使小组成绩评定体现每个人的意见，做到客观、公正、合理。

第三，参观考察实践教学的方案设计。

一是，活动的功能与作用。湖湘文化承载了中国波澜壮阔的革命史，体现了中华民族优秀的精神品质，通过缅怀革命先辈的革命事迹，重温革命先辈的革命艰辛，体验火热的革命岁月，坚定学生的共产主义理想和信念，激发爱党爱国爱民的热情，增强精神力量以及历史责任感与使命感，传承革命精神，做好自己应做的事，树立远大理想，从而达到健康成长的目的。

二是，班级分组。各教学班学生分为若干小组（每小组以 4～6 人为宜），组长负责组织本组的参观活动及记录等级评定。同时各组务必注意对照片等一手资料的保存。

三是，实践准备。①确定参观的革命遗址或爱国主义教育基地，了解相关革命事迹和革命人物，观看相关视频或相关电影资料，提前为参观进行知识准备；②指导教师确定本次实践活动的主题，并定制写有主题的横幅；实践小组确定本组的实践任务，如实践感想、心得体会、革命人物特写及革命故事等；③学唱革命歌曲。根据所要参观的革命遗址历史情况，全班同学提前学唱1~2首革命歌曲，要求会唱、唱熟，激发学生的爱党爱国情感和对革命先辈和先烈的敬仰之感；④加强安全教育、组织纪律教育、集体观念教育和文明礼貌教育；⑤准备照相机和摄像机，做好照相和摄像准备，回来后做展板或向学院专题网站发表活动日志，上传活动照片及视频，加强实践成果宣传；⑥出发前每位同学要准备好自己的午餐和水，中午在参观地就餐。

第四，实践活动时间安排。参观考察的实践活动利用8课时的课上时间和8课时的业余时间（周六或周日）来完成，时间跨度是2周时间。周一：在教师主导下了解所要参观的革命遗址或爱国主义教育基地的相关情况，观看相关视频或相关电影资料，确定参观主题。小组成员分工明确，确定本组实践主题，制订小组活动计划。周二：学唱革命歌，进行安全纪律教育，完成参观的各项准备事宜。周六或周日：用一整天的时间完成追寻革命足迹的实践活动。利用下周一至周三的课余时间撰写实践报告。周四：各实践小组在学校机房完成实践报告的电子稿和报告的课件制作。周五：分组进行成果展示和小组成果评价等。

第五，参观考察实践过程。①由任课教师带队步行或乘车前往参观地；②到参观地后，有秩序地进行参观，听讲解员耐心地讲解，并做好相关记录；③统一参观完成后，由任课教师确定集合时间和地点，各小组自由活动，搜集史料，访谈人员，完成本组的实践任务；④自由活动结束，全体集合，安排学生在允许拍照的地方合影留念，唱革命歌曲；⑤实践活动结束，全体同学返校。

第六，撰写参观考察的实践报告。采用参观有感、感悟精神、心得体会、回顾历史和革命人物等形式撰写实践报告，报告包括六个步骤：①确定主题；②拟订提纲；③选择历史资料；④形成感想；⑤起草报告；⑥修改定稿。

实践报告的结构包括标题和署名部分、前言部分（简单叙述本次实践活动）、主体部分（革命的足迹历史资料）和结尾（感想、体会和启示）四部分。实践报告的文风力求朴实无华，有感染力，行文流畅，对历史史实的描写要真实、详细、准确，感悟要发自内心，感想要切合实际，感情要真挚动人。

实践报告篇幅要求。按照以上要求形成实践报告后，用A4纸打印，字数控制在1500～2500字。

第七，参观考察实践的成果展示与点评。

一是，成果展示。①确定成果展示顺序。采用小组序号或者抽签的形式确定各实践小组成果展示的顺序。②展示实践报告。展示借助多媒体课件（PPT）进行，分为追寻之旅，革命足迹（包括难忘历史、峥嵘岁月、英雄人物及革命事迹等内容），实践有感（包括感悟到怎样的精神、受到怎样的教育、得到哪些启示、树立怎样的理想、应该怎样去做等内容）3部分。每组发言控制在10分钟。③小组互评。在展示过程中，各组成员认真听取其他小组同学的发言，同时用手中的打分表给其他小组打分，打分要注意客观、公正、公平、合理，本组不给本组打分。④总结点评。各组展示完成后，任课教师对这次追寻革命的足迹实践活动做简短点评。⑤宣布实践活动结束，各组提交实践报告。

二是，成果点评。①追寻革命足迹的实践活动有哪些实际意义；②学生对待实践活动的态度和实践报告的质量；③通过这次实践活动，学生是否有收获；④联系实际，启发教育。

（五）环境保障机制

高校思想政治教育必须要有良好的环境保障，需要从以下方面着手：

1. 加强网络法治建设

加强网络法治建设，营造科学理性的法律环境。网络这一虚拟世界早已和现实社会密不可分,为适应网络时代高校思想政治教育快速发展的需要,也为了杜绝高校思想政治教育的随意性,我国网络立法应注意以下问题:

(1)在立法时间上要坚持适度性,即当某种涉法的网络事实发生或网络关系出现而需要法律规范去调整时,在一个合理的时间区内要依据网络环境和现实要求,尽快制定并实施相关的网络法律法规。

(2)在立法过程中要注意整体协调性,即针对网络侵权、犯罪的立法要相对完整、系统、全面,自成体系,同时针对网络的立法要注意与原有的刑法、民法、行政法等法律法规相协调、相补充。

(3)在制定网络法律时要注意针对性和准确性,力求避免似是而非、含混不清以致难以实施。

2.加强校园文化建设

加强校园文化建设,营造积极健康的校园环境。校园文化是大学生学习、生活的外在氛围,其在内容上包含着崇高的价值思想,对大学生具有较强的感染、渗透作用。校园文化环境是大学生可知可感的,优秀的校园文化环境可以使生活在其中的大学生受到优秀的价值观念的熏陶和洗礼,升华和提高大学生的个人人格和思想品德。丰富多彩的以思想性、文化性、娱乐性等为基本内容的校园文化活动作为校园文化建设的一部分,不仅可以提升校园文化氛围,还可以提升大学生自身对不良信息的抵御能力。因此,高校思想政治教育者应对校园文化建设高度予以重视,为大学生营造一种良好的校园文化氛围,引导大学生自主思考,明辨是非,从而可以使他们在面对纷繁复杂的网络环境时更加从容。

3.加强思想道德建设

加强思想道德建设,营造行之有效的道德环境。思想道德建设是网络文明赖以发展的基础平台,是网络社会和谐稳定的根本所在。网络时代的社会同样应有同现实社会一样的道德规范,同样归属于道德管辖范畴。大学生作为网络的重要参与者,在网络环境中更应加强自身的道德规范,要不断从传统道德中吸收、借鉴正确的道德取向来规范自己的言行举止。此外,为加强大学生的道德责任感教育,使他们养成良好的道德习惯,在上网时做到自觉遵守网络规范，还必须要制定系统的网络行为准则。

二、高校思想政治教育保障机制的举措

（一）提供制度保障

为了思想政治教育进网络能更好地发挥思想政治教育功能，提升思想政治教育的渗透力和感召力，高校必须提供强有力的制度保障。高校要把思想政治教育进网络工作纳入高校党建和思想政治工作总体规划，纳入校园网络建设总体规划。高校思想政治教育工作要落到实处，必须有一套完善可行的管理机制作保证。建立和健全这套管理机制，目的在于充分调动学校各个教育职能部门的积极性和主动性，使之分工明确而又相互配合，从而形成一个党政上下、齐抓共管的良好局面。

第一，健全组织领导机制，成立一个在高校党委统一领导下、由学校主管领导牵头，包括各个相关部门负责人所组成的高校思想政治教育领导小组，其主要职责是在全校范围内指导高校思想政治教育工作，并设办公室协调日常工作。

第二，各相关职能部门及各二级学院也要成立高校思想政治教育工作小组，小组组长由各中层单位党组织主要负责人担任，在高校思想政治教育进网络的过程中，要健全检查监督机制，成立校党委直属办公室负责协调各个部门，明确部门职责，督促和检查其他部门的工作落实情况和实际效果，直接对校主管领导负责。

第三，完善高校思想政治教育法律保障机制、队伍保障机制和投入保障机制等，还可以建立科学的评估制度，以促使高校思想政治教育规范化，不断提高高校思想政治教育水平。

（二）提供师资保障

网络环境下，要提高学生的综合素质，增强高校思想政治教育的实效性，必须加强师资保障机制建设，提高思想政治教育工作者的政治素质、业务素质和网络素质，培养能够做好学生思想政治工作能力的、具有较高网络技术水平的教育队伍。

为了提高学生思想政治教育工作队伍驾驭网络的能力,学校要高度重视教育者的综合素质,应尽力为教育者提供进行各种培训和进修的条件,使他们能做到及时主动地收集、分析、监控网络信息,发现学生关注的热点、难点问题和思想动态,有的放矢地开展工作,引导学生通过互联网增加信息量、坚定政治信仰等。高校对这样的思想政治教育工作者在政策和待遇上应给予一定的倾斜,把强化责任意识和落实有关待遇结合起来,把业务培训与放手实践结合起来,充分调动其工作积极性、主动性与创造性。同时建立网络德育体系,从实际出发,采取整体规划、分步实施的办法,逐步建立党政工团齐抓共管的思想教育体系,共同构建高校思想政治工作平台。

第七章 互联网背景下高校思政教育的体系创新

第一节 互联网背景下高校思政教育的方法创新

一、高校思政教育的精细化开展

当代大学生作为一个时代的先锋和标杆,肩负着时代的使命,对整个时代的发展都有着十分重要的意义。因此,高校思政教育应该在时代定位、目标要求和方法手段等诸多方面做出积极的有针对性的应对,其中高校思政教育发挥作用的关键因素是教育方法使用得当。互联网背景下,创新高校思政教育的方法,有助于增强高校思政教育工作的实效性,从而为中国特色社会主义事业的发展培养合格的建设者和可靠的接班人。伴随着我国教育的不断发展与改革,思想政治在大学生的素质教育中有着越来越重要的地位,实现思政教育精细化成为高校思政教育工作中面临的难题。在互联网时代,高校的思政教育受到了较大的影响,也为实现高校思政教育精细化提供了方向。

(一)细分专业化

高校思政教育的专业化细分,是对高校思政教育的工作目标、工作内容、工作对象、工作载体、工作方法等的分门别类,根据不同情况,采取各有针对性的举措,从而使思政教育对目标、内容、对象、载体和方法等有更深入了解,能更熟练、更专业、更有针对性地开展工作。高校思政教育目标宏观上是培养社会主义建设者和接班人,培养具有高校特色的"高素质人才"；而在微观上，就辅导员工作而言，则需要一项一项推进，将宏观目标进行分解。

1. 工作领域细分

当前，随着高校规模的不断扩大，思政教育的内涵也日益丰富，使高校思政教育者的工作量不断增加、工作难度也相应增加。思政教育内容，从横向而言，涵盖学生党建、奖惩助贷、心理健康、就业指导、团学建设、科技创新、志愿服务、社会实践等多个条块；从纵向而言，分为精神空间、网络空间和网下空间。精神空间中，辅导员要关注学生的思想状态和心理状态，促进学生树立社会主义核心价值观念、养成健全人格；促进学生拥有健康心理，对于有心理隐患和心理问题的学生及时提供帮助。对于网络空间，辅导员要做好学生上网习惯引导，学会正确使用网络，养成网络文明；关注学生"网络生存"状态，了解网络舆情，做好网络监管等。而在网下空间，则指各类思政教育活动、科技创新教育活动、校园文化活动等。无论哪一个维度的思政教育工作，都应当按照条块进一步专业化细分，引导和激励辅导员队伍专业化发展，鼓励辅导员结合自己的专业学科背景和兴趣爱好，结合工作分工和岗位职责要求，在学生工作中"术业专攻"。

2. 工作对象细分

在服务学生全面成长的过程中，也要针对不同学生群体、学生的不同需求和不同发展阶段对服务对象进行细分，分类指导，因材施教。按照在校阶段的特殊性，可以分为本科生群体与研究生群体、新生群体和毕业生群体、高年级学生群体与低年级学生群体。按照特殊需要和特殊行为可以分为"特殊"群体和普通群体，"特殊"群体如经济困难群体、学习困难群体、就业困难群体、心理弱势群体、网络依赖群体等。

不同社会经济背景、不同成长环境和成长经历的学生在思想、心理、行为等方面也会有不同的需求和特点，从而使学生呈现出不同的特质，包括志趣、爱好、心理状态、个性特征、气质等。通过比较和分析，探讨服务对象在行为和观念方面的特征及现状，分析其产生的原因，将有助于深入细致、富有成效地开展工作，这也是进一步提高思政教育针对性和有效性的立足点,这里所讲的"特殊"学生,并非对学生的另眼相看,不带有任何价值判断和意识形态,而只是对工作对象基于工作内容和要求不同而采取的一种归类方法。在实践工作中,要注意保密,保护学生个人隐私。

针对不同年级、不同学生群体、不同特质个体,在具体工作中的目标是不一样的。例如,对于学习比较好的学生,可以进一步拓展其知识面;对于学业困难的学生,辅导员的工作重点则是帮助其树立信心、找到适合他的学习方法,帮助其顺利完成学业,这个时候"追求全面发展"可能成为退而求其次的目标。对于不同年级的学生,思政教育的重点也要有所区别:对大一的新生,要重点抓好适应性教育、热爱专业、校史教育等;对大二的学生,侧重抓好理想信念教育、道德教育和职业生涯规划教育等;对大三的学生,要注意抓好个人选择定位、情感恋爱方面的心理健康教育等;对于大四的学生职业道德教育为主,这就要求辅导员在日常工作中要善于抓住重点、找准问题关键、区分事情轻重缓急,不断因时、因地制宜地开展工作,从而使目标定位更加合理、工作计划更加贴近实际。

在工作领域细分的基础上,要进一步结合工作对象的细分,坚持"做精、做细、做实"。如学生职业发展与教育,不仅可以对不同年级的学生进行细分,开展阶段性职业教育,还可以对不同就业取向、不同就业能力、不同就业困难等进行细分队形,进而开展有针对性的辅导。

(二)落实问题导向

互联网背景下,高校思政教育要坚持问题导向,鼓励针对相关领域的实际问题加大调研分析力度,加强理论研讨与实践,并提出合理有效的解决办法。将学生纷繁复杂的问题进行合理的分类,深究其原因,掌握同类问题的规律性,形成一套解决同类问题的基本方法,总结提升并运用这些方法指导高校思政教育的开展。

1. 以学生需求为核心

"以问题为导向"强调的是一种"以学生需求为核心"的理念,实际上是对"以人为本"思想的实践。思政教育工作者可以根据马斯洛的"需求层次理论"①，对学生的需求满足状况进行分析，查找原因，找出学生存在问题的根源，真正提高思政教育的针对性和有效性，这样的工作思路和路径，正是促使思政教育符合教育本身规律、实现科学化提升的基础条件。

2. 整合共性特征

坚持问题导向是以学生问题为指引，分析其产生原因，并提出合理有效的解决办法。大学生个体多元化的特征，决定了大学生存在问题的多样性和复杂性，但大学生作为一个群体，意味着这些问题必然具有共性特征，可以进行分类和整理。在工作对象细分的基础上，挖掘学生群体里的共性问题，如新生归属感的问题、毕业生就业困难群体的问题、农村学生问题、贫困学生问题等。在工作领域细分的基础上，挖掘细分领域里的共性问题，包括社会实践育人的有效途径、突发事件的正确处理、赴外交流学生的管理等；根据问题发生的时间特点划分为常规性问题和突发性问题等。通过对典型案例的剖析，从实际出发，以社会生活焦点、思想观念疑点、大众舆论重点作为切入点，以问题为导向，在事务性的具体工作实践中探寻规律性，将发现问题、研究问题、解决问题作为思政教育的逻辑起点及落脚点。

3. 实现深度辅导

"深度辅导"是心理学上的用词，在思政教育中也可以借鉴心理学深度辅导的做法，以问题为导向的精细化理念，建立思政教育深度开展的工作模式。当前，一些高校探索出"辅导员工作室""学生工作坊"等工作模式，提倡从"单枪匹马"到"团队合作"的转变，旨在强化问题导向，以"兵团作战"的方式对工作对象提供全方位的辅导和支撑，把教育引导工作做细、做深，做到极致，从而可以更加准确地把握思政教育中面临的课题的症结，追求优质化成果，并在实践经验的基础上不断推进理论研讨，逐渐形成一套较为完善的操作规程和辅导理论，不断提升专业理论水平与实践能力，培养

---

① 马斯洛的需求层次结构是心理学中的激励理论，包括人类需求的五级模型，通常被描绘成金字塔内的等级。从层次结构的底部向上，需求分别为：生理（食物和衣服），安全（工作保障），社交需要（友谊），尊重和自我实现。

相关领域的专家。

4. 理论实践结合

高校思政教育者要注重理论和实践相结合，不仅用理论指导实践，还应该从实践中总结提炼理论。在对问题进行分类整理后，要对问题进行深入研究。认真仔细分析问题产生的原因、问题涉及的对象特征等，有针对性地提出解决问题的方法。但解决具体问题并不是最终目的，而是应该总结掌握同类问题的规律性，科学地归纳出解决这类问题的基本方法，并进一步提升建立相应的工作机制。精细化意味着科学化、规范化、程序化，固化工作机制，让辅导员从零散工作中解脱，通过完备的规章制度的导航和规范，用规章制度确保规范化和法制化的实现。

（三）坚持协同育人

协同是系统中各个部分协同工作，协同效应则指复杂系统内各子系统的协同行为产生出的超越自身单独作用而形成的整个系统的聚合作用。互联网背景下，学生的需求越来越多样、丰富和个性化，学生工作的内容越来越丰富，涉及的领域越来越广，思想政治工作日益发展成为多维度、多类型、多层次的有机整体，在解决具体问题时需践行协同育人，要加强多学科支持、多领域知识运用、多资源整合，注重新方法新技术的运用，将多学科知识、方法、平台、资源予以整合优化。

1. 多方资源的整合

育人工作是一项系统工程，大学人才培养仅依靠单方力量无法实现，更需要高校各方面的共同努力，以及家庭、社会各方资源。当前很多高校都在积极采取措施，努力推动"全员育人"机制的构建，构筑起包括高校党政管理干部、共青团干部、思政理论课教师、辅导员、班主任、专业课教师、朋辈等主体共同参与的全员育人格局。每个主体在学生的思政教育方面都有自身独特的优势，如第一课堂的专业课教师可以将德育教育的目的和主题隐含于专业教学中。高校应围绕人才培养的核心，充分利用各主体的优势，整合各部门的资源。除了校内资源，校外资源包括家庭、企业、毕业的校友以及社会知名人士、学者等都应该统筹到全员育人的框架里，让各方力量成为思政教育的主体，发挥其主观能动性，为学生搭建起和谐的育人环境、校园环境、家庭环境、社区环境、同辈环境等，发挥这些环境的积极作用，为教育工作所用。

2. 相关学科的支持

（1）学生思政教育应该遵循科学性，结合教育学、心理学、社会学、管理学等相关学科的科学规律，来分析了解学生成长的规律、学生教育的规律以及思想政治工作的规律。辅导员开展工作必须依赖于相关知识的积累，辅导员必须掌握思政教育相关专业科学的专门知识，知识越多，专业性越强；同时，辅导员还必须具备"百科知识"，知识越广博权威性越高，越能获得学生的认同。高校辅导员职业是一个知识密集型行业，从事学生思政教育、管理和服务的辅导员，必须具备相关学科相应的知识。

（2）随着互联网的发展和学生群体特征的变化，学生思想政治工作的复杂性和综合性不断增加。面对一个复杂问题，单纯依靠思政教育本身往往无法解决，要善于吸收和借鉴管理学、社会学、法学等领域的研究和工作方法，甚至需要社会上专业力量的介入，共同研究解决方案。

3. 跨学科工作团队

如果"多学科支持"强调辅导员"一专多能"的话，那么"跨学科应用"就是强调"团队作战"。借鉴管理学上的"项目管理"理论，在思政教育工作中，也可以以任务、项目为导向，组织工作团队，将不同学科背景、不同工作领域、不同工作经历、不同年龄段的辅导员组合在一起，实现优势互补，从而形成一个跨学科的工作团队。在学生危机事件中，既需要心理辅导员，也需要危机公关专业人士，可能还需要法律顾问、网络监管人员等，如果能将具备这些专业能力的辅导员聚集到一起，这样的团队必将极大提升工作执行力。

4. 新型的技术手段

互联网背景下的高校思政教育，必须强调科学技术和教育手段的支撑。在技术上，要善于利用新技术和信息手段，使思政教育者能够更加全面、深入地把握具体情况，了解学生思想动态，提高思政教育的科学性、针对性和时效性。重视信息手段和科学方法的运用，可以为高校思政教育提供新的思路和手段。顺应信息化趋势，依托信息科技和新技术，移动终端、电脑以及新媒体等，主动占领新媒体阵地，发挥新技术对思政教育的促进作用。如今，一些高校逐步开发新型移动智能终端平台，整合校园各活动组织方发布信息、管理活动，便于学生获取信息、管理生活和学习。在信息化和大数据时代，收集整理日常数据，利用专业工具进行数据分析，获得数据背后的信息。利用好大数据分析的方法，能够从大量烦琐的日常工作中，获取更多的信息，进而促进工作的科学性。

二、高校思政教育的个性化实践

个性化就是根据人们个体差异，在大众化的基础上根据个体特质的需要，形成独具一格、别开生面的状态。思政教育的个性化，指在对被教育对象进行综合调查、研究、分析、测试、考核和诊断基础上，根据社会或未来发展趋势，根据被教育对象的性格、兴趣、爱好、现状、预期等潜质特征和自我期望，量身定制教育目标、教育计划和辅导方案，从而促进思政教育为被教育对象更好接受、认同和转化为行动。

当代大学生思维活跃，他们行为的独立性、选择性、多变性、差异性也明显增强。由于受到家庭氛围和社会因素等的影响，每个学生的成长轨迹都不尽相同，性格特征、行为习惯、兴趣爱好、价值取向和人生规划等也千差万别。他们都有自己的想法，也有表达自身想法、张扬自身个性的权利。在思政教育中，个性化强调具体问题具体分析，而不应该按照一个模式、一种方法来开展工作；强调了解当前学生自身发展的新期待、新需求，承认学生的个体差异，尊重学生的个体需求，发掘学生的个性潜能，注重学生的个性弘扬，开展分类指导，提高思政教育的实效。

（一）尊重教育主体

思政教育归根到底是一种人参与的活动，参与其中的人就是主体。强调思政教育的个性化发展，要强调和凸显参与其中的主体的主体性，也叫作主体精神。主体性、主体精神、主体地位、主体价值这些词往往是同义或者近似的，都强调对于主体的尊重，强调发挥主体的能动作用。人可以有意识、有目的地支配自然和驾驭万物来满足人类社会物质的、精神和发展的需求，所以说人是主体。因为人能从身体力行脑力劳动等各种社会活动，所以人能支配客体。主体是实践活动中的范畴，是实践活动的直接参与者，是实践活动中的人。在思政教育活动中，最主要的主体有学校、教师、学生、家长、社会等，而其中发生相互作用最多的无疑是教师和学生这两个主体，在高校日常思政教育活动中，教师群体中最直接也最主要的是辅导员，所以，强调高校思政教育活动的主体性，就是强调要发挥大学生和辅导员的主体性。高校思政教育中，强调主体精神，就是强调辅导员和大学生都要积极发挥主观能动性，意识到自我的主体参与，积极创造条件完成思政教育这一实践活动。互联网背景下高校思政教育日趋繁重、日益多样化和专业化、精细化的情况下，不仅要强调大学生的主体精神，也要强调辅导员的主体精神。

1. 辅导员的主体精神

辅导员是高校思政教育工作的主要实施者，其工作内容繁杂，工作对象价值观多元、性格多样，工作成效评价方式很难量化和具象化，这样的工作性质决定了辅导员工作是一个主观性、社会性、属人性很强的工作。因此，辅导员工作具有个性化的特点，对于同一个工作，不同的辅导员，其工作理念、工作思路、工作载体、工作方法和工作成效都可能不一样。因此，尊重和发挥辅导员的主体意识，强调其主体精神就具有重要的现实意义。尊重和发挥辅导员的主体精神，就是高校思政教育工作的现实需要。尊重和发挥辅导员的主体精神，主要包括以下方面：

（1）积极鼓励辅导员专业化发展。发挥辅导员的主体精神，要着重调动辅导员对于业务的钻研精神、精益求精的精神，要促使辅导员按照专业化道路不断提升自己的专业化水平。高校思政教育工作内容越来越丰富、分工越来越细、专业化程度要求越来越高，单个辅导员很难在所有工作板块都成为特别专业的专家，因此，应当鼓励辅导员在思政教育工作某一个或少数几个领域和板块中成为专业人才，成为专家型辅导员，这个过程是一个长期的学习和实践的过程，因此，必须强调辅导员发挥主动性、积极性，发挥主人翁意识,将工作压力转化为自我学习提升的动力。

(2)为辅导员个性化开展工作提供保障。鼓励辅导员在高校思政教育中创新创造,要建立必要的保障机制,除了资金和物资保障外,更应营造鼓励辅导员创新的氛围和制度设计。

2. 大学生的主体精神

尊重和发挥大学生的主体精神,就是要调动起大学生作为思政教育活动主体或者说主人翁的意识,不仅作为受教育者,而且作为教育实施者,主动策划任务、实施任务、保障任务完成;积极、能动、创造性地参与教育过程,促进教育过程的顺利开展、有效开展和有特色开展,主要包括以下方面:

(1)主人翁性。人们主体意识的每一次觉醒和进化都反过来推动社会的发展,促进人类的进步。教育是主体性生成和发展的重要机制,但是教育必须以个体主体性的发展水平和特点为依据,遵循个体主体性发展的规律,才能更好地促进个体主体性的发展。思政教育不仅是一种知识和信息的交流,而更重要的是情感和思想意识的交流。所以,思政教育中调动大学生的主体意识,调动起主人翁精神,就是要将大学生调动起来,以平等的姿态,将教育者和被教育者,将信息发出者与接受者置于同一平台,进行信息交换和情感交流,以此实现辅导员对学生的影响,同时实现学生之间的相互影响。在高校思政教育中,强调大学生的主人翁精神包括:①要进一步唤起大学生的主体意识,发挥"朋辈教育"① 功能,通过形式多样的载体,将大学生群体中那些"正能量"传播出去,更好地影响周边的大学生;②要引导大学生以主动配合、合作、共享的姿态,接受学校和教师的教育。

教育活动是一个合作互动的过程,如果受教育者消极抵抗,那么教育效果将受到影响,甚至教育活动本身也不能顺利进行。在价值观越来越多元化的今天,思政教育工作效果受到多种因素影响,往往有被消解的风险。所以,调动学生的主人翁精神,让大学生以"主人"的心态来看待思政教育工

---

① 朋辈教育指具有相同背景或是由于某种原因使具有共同语言的人在一起分享信息、观念或行为技能,以现实教育目标的教育方法。

作，以一种"我的事情我做主""我也是教师""我要分享我的成功"等类似的态度来参与教育的过程，这样才能达到事半功倍和"入脑入心"的效果。

(2) 积极性。调动大学生参与思政教育工作的积极性，目的就是要改变这些大学生对于思政教育活动的抵触情绪和厌倦心态，这一方面需要不断提高思政教育活动本身的吸引力；同时，还要通过其他手段调动这些学生的积极性，重点从以下方面入手：

第一，重要性引导，即要进一步凸显思政教育活动的重要意义，这种重要性不仅指基于教育工作本身的价值，更要强调其对于青年学生的实用性，凸显这些教育活动对于大学生本身是需要的、是有现实意义的，这就需要在教育活动实施过程中，要更多地寻求教育素材与大学生成长成才需求和大学生心理特点、大学生群体兴趣点等的契合度。

第二，丰富和创新工作载体，即要通过适当的载体来激发学生的积极性，来维护这种积极性。例如，学生社团这种组织形式，就是一种载体，通过让学生自由组合和"三自教育"的方式，可以比较长时间地激发和维持学生的积极性；又如，适当的奖励和表彰也是一种增强积极性的手段，诸如此类，要灵活应用。

第三，成就感维持。人们主体性的重要体现就是人们在实践过程中能获得存在感、成就感、幸福感，体验到作为主体存在的价值。所以，要在时间上维持大学生对于思政教育活动的积极性，应当使大学生在参与思政教育活动的过程中能找到其价值，能获得成就感和存在感。所以，一些共享、分享、诉说、展览、展示型活动，就是体现成就感的有效形式，类似的活动可以多开展一些。

(3) 创造性。教育活动中大学生主体意识的另一个重要表现是创造性，即大学生不仅参与教育的过程，而且还有创新，对于教育活动有所贡献，不仅实现了对于学生积极性的激发，也促进实现了成就感，同时还使教育活动本身具有了创新性和特色性。

在信息化、网络化时代的今天，许多传统的思政教育活动通过网络和新媒体平台进行开展。辅导员不可能掌握全部信息化手段，而调动学生参与制作新媒体、网络育人平台等，就不仅使大学生本身受到了教育、体现了价值、获得了锻炼，而且使思想政治工作也实现了创新。此外，在教育活动选题、策划、实施过程的组织、管理、宣传、总结、表现形式等方面，也可以积极发挥学生的创造能力，从而促进思政教育工作主题鲜明、形式新颖、生动活泼。

（二）重视学生个体差异

尊重个性化，是"人本主义"的直接体现。人本主义教育思想产生于20世纪30年代，其核心理念包括：①人是不可分割的整体，想了解人、研究人必须从整个人着眼；②每个人都有自己的需求与愿望，有它自己的痛苦与快乐。所以，尊重学生的个体差异，是实现思政教育个性化开展的重要前提。

1. 目标体现层次差别

个性化的工作方法强调尊重教育对象即大学生的主体地位，结合学生的实际情况和个体差异，尊重学生的个人秉性、专业背景、认知水平、学习能力、自身素质等方面的个体差异。学生工作要从实际出发，要根据工作对象、背景条件、环境特点、教育目的等实际情况，从对象的不同个性和成长规律出发，因人、因时、因地制宜，实施不同的教育内容，采取不同的教育方法，具体问题具体分析。

在目标设计等方面体现层次差别。由于个性的差异，每位学生想要的人生目标各不相同，也正是由于个性的差异，思政教育开展的过程中，教师对每名学生的目标设计也应该体现出层次差别。例如，喜爱钻研、动手能力强的学生，辅导员可以鼓励其在科技创新方面有所建树；学习成绩优异，热爱科研的同学，辅导员可以鼓励其到知名学府学习，在专业领域实现自己的理想。

2. 正视学生个体差异

尊重人必须以知晓、了解、接触人为基础，所以，尊重学生首先要正视学生，要面对学生这个"客观存在"。学生的个性化是建立在共性与个性并存的基础上。现在在校的大学生适逢经济全球化高速推进、社会环境巨变的时期。他们接触新事物多、信息面广,思想活跃、思维敏捷,观念新颖、兴趣广泛,主体意识、独立意识、参与意识和担当意识强,服从意识减弱,单向的灌输阻力增大,这是当代大学生共同的特点。同时,学生的家庭背景、生源地、成长环境、心理素质等方面有着很大差异,按照学生呈现的特点以及学生全面成长的过程中的不同阶段,可以分为不同类型的群体,群体间差异较大。此外,在群体共性的基础上,又因为学生个体的成长经历、个人秉性、兴趣爱好、自身素质等方面各不相同,群体内部的学生个体差异性也很大。他们的人生目标千差万别,接受能力有强有弱,价值取向更加多元化,因此,这就需要辅导员能够尊重每位学生的个性,并能够有针对性地开展一对一的工作,要因材施教,引导学生成长成才,并保持其独特鲜明的个性特征。

正视学生个体差异,要求思政教育工作者必须正确对待学生身上存在的缺点与不足。思政教育工作者要有包容之心,应正视学生个体差异,还要求思政教育工作者能够设身处地地帮助学生,指出其不足、提供改进建议、帮助其改正。正视学生的个体差异,还要求思政教育工作者能帮助学生积极弘扬其优点,无论是良好的个性特征,如开朗、活泼、勇敢、有创造力等,还是一定的素质特长,如艺术天分、文体特长、科研能力等,扬长避短,促进学生进一步拓展其优势,促进学生更好地成长。

(三) 尊重个性特征

现代社会造就了一批具有较强主观意志、独立意识的年轻人。在大学生中更是存在着强调个性自由、强调自我独立的群体,他们的思想更加复杂、价值观更加多元、个性更加张扬。在思政教育过程中,既要加强学生的全面发展,又要尊重学生合理的个人追求和个性发展,重视他们在学习与生活、物质与精神、情感与理智等方面多元化、多层次的需求,重视学生的个性特点,促进学生的个性发展,最大限度地开发学生的发展潜能。

充分尊重学生的自我,激发学生主动参与,鼓励学生主动探索,积极创造条件,为他们的兴趣、爱好和特长提供充满选择和发展空间的学习和教育环境,允许学生适当的个性张扬和"奇思妙想",使他们获得良好的个人心理体验和感受成功的契机和载体,促进学生个性发展和个人梦想实现。

第二节 互联网背景下高校思政教育的模式创新

"在信息技术的推动下,我国互联网技术飞速发展,在新时期我国已步入'互联网+'时代,对各行各业都产生了极大影响,对高校教育同样如此。在此背景下,高校必须重视教育理念的更新和转变,迎合时代发展潮流,积极探索与学生学习特点相适应的教学方法,以此提升教学水平,促进学生全面健康发展"[①]。互联网时代,建设良好的高校生态体系、加强大学生思想政治教育已成为高校普遍面临的新的重要课题。随着信息技术与新媒体的快速发展,高校思政教育必须因时而动,顺应互联网时代的要求,积极探索如何顺应媒体格局的变迁、新技术的发展,通过建设和谐的思政生态,创新高校思想政治教育模式。

一、高校思政教育模式的运行机制

高校思政教育模式是在某一特定的环境空间中,由相互关联和相互影响的教育者之间、受教育者之间、教育条件之间及其与外部环境之间,不断进行物能交换和信息流动而形成的一个复杂有机体。从本质上讲,高校思政教育生态系统是由交互关联的内外因素形成的具有特定内部结构和外部关系,实现教育效果增值并不断发展演化的教育系统。

(一)高校思政教育模式的动力机制

高校思政教育模式的动力机制是政府的拉动力、思政教育的自动力和环境的推动力,共同作用、交互影响和均衡发展而形成合力的过程机理。作为推动其他运作机制形成、发展和转化的本质力量,动力机制在高校思政教育生态系统运作机制体系中处于核心地位,主要包括以下方面:

第一,政府的拉动力。政府服务职能的有效发挥是一定区域、规模和形

---

① 张萌萌. "互联网+"高校思政教育的创新路径探索[J]. 现代职业教育,2022(31):154.

态的高校思政教育生态系统发展演化的重要拉动力量。在市场经济体制的作用下,一些地区开始出台相关经济发展政策,适当放权,给予部分思政教育以充分的生产经营自主权,提高思政教育参与市场、参与竞争的积极性和主动性,促进加工业和服务业等性质的高校思政教育生态系统的发展。围绕高校思政教育生态系统的持续发展,地方政府一般都从区域社会发展、竞争态势和经济现状等方面,来制定发展战略规划,合理配置资源结构,引导思政教育竞争,营造公平竞争环境。

第二,思政教育的自动力。在高校思政教育生态系统的发展演化过程中,思政教育主观能动性和积极性的发挥,将会影响系统整体功能的发挥。在外部竞争环境的作用下,思政教育通常会强化市场意识和产业观念,合理设置发展目标和内部结构,适当调整发展规模,有效利用现有资源,充分挖掘资源潜能,加快高校思政教育生态系统的内涵式发展。

第三,环境的推动力。一定环境力量的支撑是思政教育及其所依附生态系统健康生存、持续发展的必要条件。近年来,在社会各方面力量的支持下,多数高校思政教育生态系统在机制改革方面,重新定位决策、执行、运行和监督职能;在管理绩效评估方面,全面考虑社会环境因素的影响;在结构优化方面,充分认识、突出重点与难点,实现系统内部结构与外部环境的持续发展和生态循环;在功能塑造方面,注重吸纳社会力量、培育市场经济、引导系统再造、整合资源结构。

(二)高校思政教育模式的整合机制

高校思政教育模式要突显自身的竞争优势,积极带动一系列相关思政教育、思政教育集群的兴起,促进区域社会经济的繁荣发展,为地方社会经济系统和环境系统的优化提供强有力的发展氛围。从高校思政教育生态系统角度看,通过整合内部结构要素,营造生动活泼、和谐有序的内部关系氛围,为系统成员提供良好的环境支持和发展基础;通过明确发展认知,规范系统成员行为,打造核心要素生态链,全面提升系统竞争优势。从思政教育角度看,高校思政教育生态系统需要通过内部结构和外部环境的有效整合,使思政教育认识到协同整合的重要意义,充分了解当前发展过程中面临的重点难点问题，促进高校思政教育模式内部要素间关系的平衡稳定。

二、互联网背景下高校思政教育模式的创新路径

在互联网背景下，高校思想政治教育模式的创新路径成为当前高等教育领域中备受关注的重要议题。如何在互联网时代下创新高校思政教育模式，成为高校管理者和教育工作者共同关注的焦点。

第一，借助信息化技术促进思政教育内容的创新。互联网为高校思政教育提供了广阔的信息资源和教育平台，为思政教育内容的创新提供了有力支持。高校可以充分利用互联网资源，开发和整合丰富多样的思政教育课程资源和教学内容，为思政教育提供更丰富、更多样的学习内容。同时，也可以通过建立在线教学平台和资源库，提供便捷的学习途径和资源获取渠道，让学生随时随地都能够参与思政教育学习，提高思政教育的覆盖面和参与度。

第二，构建多元化的思政教学模式。高校可以探索多元化的思政教育模式，开展线上线下相结合的教学模式和互动式教学方式，提供多样化的学习体验和教学服务。可以通过开设线上公开课、网络讲座、在线讨论等形式，为学生提供丰富多样的学习资源和学习机会，促进学生的自主学习和主动参与，提高思政教育的教育质量和教育效果。

第三，加强互联网技术在思政教育管理中的应用。高校可以通过建立和完善互联网技术支持的思政教育管理平台，实现思政教育资源的共享和共建，提高教学资源的利用效率和教学管理的效果。可以通过建立智慧教育平台、数字教学管理系统等技术手段，实现对学生学习情况和学习进度的实时监测和跟踪，为教师提供更精准的教学指导和教学管理，提高教学管理的科学化和精细化水平。

第四，强化互联网思政教育平台的建设。高校可以加强对互联网思政教育平台的建设和运营，建立多层次、多功能的思政教育平台，为学生提供全方位、立体化的思政教育服务。可以通过建立思政教育网站、网络教学平台、移动学习平台等手段，为学生提供多样化的学习资源和学习服务，激发学生的学习兴趣和学习潜能，促进学生全面发展和个性成长。

第五，加强互联网思政教育评估与监督。高校可以建立健全的互联网思政教育评估与监督体系，加强对思政教育教学质量和教学效果的监测和评估，确保思政教育的质量和效果。可以通过建立在线教学评估系统、网络教学质量监测系统等手段，实时监测和评估教学质量和教学效果，及时发现问题和不足，及时采取措施加以改进，提高思政教育的教育质量和教育效果。

总而言之，互联网背景下高校思政教育模式的创新路径是多方面的，需要加强信息化技术的支持、构建多元化的教学模式、加强技术应用、建设思政教育平台以及加强评估与监督等方面的工作。只有在加强这些方面的建设和管理的基础上，才能够有效创新高校思政教育模式，提高思政教育的质量和效果，促进学生全面发展和个性成长。

三、互联网背景下高校思政教育模式的创新实践

（一）落实思政教育模式的有效性

随着高校思政教育模式的不断深入，有效开展实践教学成为高校思政教学改革过程中必须冷静面对和切实解决的重要问题。提高实践教学有效性不仅是高校思政教育教学的内在要求，也是高校推进思政实践教学的必然选择。思政教育教学中不仅要高度重视思政实践教学的育人作用，也要有效保证思政实践教学的规范开展，进而从根本上提高思政实践教学的有效性。

1. 思政教育模式有效性的现实意义

高校思政教育模式的开展与深入，是以其对人才综合素质和能力培养所发挥的客观作用为前提的。基于教学活动绩效的认识，人们开始思考思政实践教学有效性问题，集中表现为对有效性过程、有效性制约条件和有效性结果的关注，进而探索有效性制约条件之间相互影响、相互作用的内在机理和本质规律，由此也就构成了高校思政实践教学有效性的研究过程，新形势下研究高校思政实践教学的有效性具有十分重要的现实意义。

（1）有助于提高思政教学质量。高等教育的快速发展不断引起人们对高等教育质量的关注，保证和提高教学质量已成为高校实现持续发展的根本途径。教学质量既是一个具有丰富内涵的概念，也是一个动态有序的体系，包

括：①组织结构是指组织实施、管理监督教学活动的各级责任机构；②程序文件是指用以规范和保证教学活动顺利开展的规章制度和职责标准等；③过程系列是指教学活动中的各种行为合乎逻辑；④资源组合是指教学活动得以开展的物质和各种要素。

高校教学质量的保证必须以每门课程教学质量的保证为基础。按照教学质量的概念内涵，思政教学质量应该也是一个由与思政教学活动、教学过程密切相关的因素，有机结合、动态组合形成的体系。根据过程系列质量的要求，高校思政教学活动中的课堂教学和实践教学必须合乎基本的教学逻辑。目前，高校虽然在课堂教学质量方面的关注较多，但大部分高校思政教育模式采取合班上课、系统讲授的模式。因此，研究实践教学有效性有利于从根本上保证与提高思政教学质量。

（2）有助于促进大学生成长成才。思政实践教学的主要目的是服务于高素质技术技能型专业人才培养，立足于学生健康成长成才。通过有效开展思政教育，推进全员育人、全过程育人和全方位育人，引导学生自我教育、自我管理和自我服务，提高学生的思想政治素质、道德法律素质和综合能力。

2. 思政教育模式有效性的影响要素

实践教学是高校思政教育的重要环节，其运作过程受到诸多要素的影响，主要包括实践教学主体、对象、目标、内容、方法和评价等。不同的要素具有不同的功能，承担不同的角色，表现不同的有效性。各种要素之间相互影响、相互作用、彼此支持、形成合力，共同影响思政教学有效性的实现。每种要素的有效性不等于思政教育模式的有效性，但却是思政教育模式有效性取得的基本前提。通过多年来的探索总结，可以发现制约和影响思政教学有效性的因素错综复杂，且这些因素往往交织并存、形成合力，概括而言这些因素主要包括以下方面：

（1）教学主体。主体是指高校思政实践教学过程中的主动行为者，是具有主动教育功能的组织或个人。在实践教学过程中，高校党政干部和共青团干部、思政教师、哲学社会科学课教师、辅导员和班主任都是主动行为者，具有主动教育功能。实践教学活动规模的大小不同，决定主体范围的大小不同。主体可以是思政教师或教师群体，也可以是思政教师与其他主动行为者的组合。主体构成的类型越多，越有利于思政教学过程的开展，但同时也越需要主体之间的相互沟通、配合与支持。在思政教育过程中，主体具有且发挥主导性作用，是整个教学活动的组织者、实施者、协调者和控制者。

实践教学活动对主体的组织能力、实施能力、协调能力和控制能力等方面的要求，形成了对主体相应能力的要求，这些要求实际上就是实践教学主体的有效性要求。除了能力素质之外，主体的思想政治素质、道德品质、理论修养、教学经验等也是构成主体有效性的重要方面，同样会对实践教学有效性的实现产生影响。例如，主体对于思政实践教学地位、作用和意义认识上的偏差，必然影响和制约着实践教学的有效性。同样，教学经验积累不足也会影响实践教学有效性的实现。

（2）教学对象。与主体相对应，教学对象也是研究思政实践教学有效性的基本范畴，主要指思政实践教学过程中主体行为的接受者。其中，主体行为具有有意识性特征，其实施也是在特定教学目标、原则的指导下进行。根据主体与客体关系理论，在思政实践教学过程中，实践教学对象具有主客体统一性特点。相对于主体实施的实践教学活动，思政实践教学对象是接受者，是主体观察、认识的客体，是主体意欲通过一定的活动予以改变的对象。在参与接受实践教学活动过程中，实践教学对象则由客体向主体转变，尽管处于客体地位，但却是一个积极的客体，对于主体实施的实践教学活动的意图、内容和要求，能够自觉领悟、积极选择、合理消化。同时，也能通过自身的实际活动来实践思政教育所具有的行为指令意义。

此外，实践教学对象也会根据自身的认识理解，来主动思考和灵活选择思政实践教学过程中的各种要素，促进思政教育的有效开展。思政实践教学有效性的实现，要求主体与对象必须是双主体的，即二者都应该成为积极主体，都要在实践教学中发挥主体性作用。实践教学对象的观念意识、知识条件和理解沟通能力，就成为构成其有效性内容的主要方面，这些方面的状态水平决定思政教育对象有效性的状态水平。

（3）教学内容。合理选择内容是思政实践教学有效性实现的前提。做到合理选择内容必须基于正确的目标,即思政实践教学目标。所谓的"实践教学目标"就是思政实践教学活动所要达到的结果,主要包括培养学生思想品德和理想人格,引导学生积极行为养成,提高学生对理论知识的理解、消化和应用能力。目标是思政实践教学内容合理选择、活动有效开展的基本依据,也是评价思政实践教学有效性的主要参考。有效目标的确定需要坚持以下原则:①目的性是思政实践教学目标要符合和体现既定目的和方向;②正确性是思政实践教学目标要符合思政教育规律和学生成才成长规律;③现实性是思政实践教学目标要贴近社会实际、学生实际和思政教学实际;④整体性是思政教学目标应该全面覆盖学生思想、情感、能力和行为等多个方面;⑤可实现性是思政教学目标应该符合主体和对象的能力实际,具有可以实现的可能。

对于思政教育而言,有效目标的确定是有效内容选择的根本;有效内容的选择又是实现有效目标的保证。有效内容的选择,首先要依据和贴近思政教学目标和教学对象的实际;其次,合理涵盖世界观、人生观、价值观、道德观、法制观、实践观、沟通交流以及心理健康等方面的教育内容;最后,坚持实践教学目标确定的一些原则,如目的性、整体性、层次性等。

(4)教学过程,主要包括以下方面:

第一,遵循思政教育过程的一般理论,即这个过程由思政教育的本质、基本矛盾、基本结构和基本规律组成。①本质是思政教学具有的育人宗旨和为社会发展服务的职能;②基本矛盾是思政教学对象素质能力的应然状态与实然状态之间的矛盾;③基本结构是思政教学涉及要素之间形成的关系方式;④基本规律是思政教学解决基本矛盾过程中形成的要素之间的本质联系,包括社会适应规律、要素协同规律、过程充足规律和人格成长规律。

第二,体现其特殊性,即教学活动更丰富、形式更灵活、过程更开放、教学主体与对象之间互动更频繁、教学体验更直接、教学效果更广泛等,这正是课堂教学所不能比拟的优势所在。过程有效是实现思政教学有效性的关键,因此,要确保相关要素的有效性,增强要素之间关系的有效性,提高教学主体、对象的有效性,特别是教学主体、对象的主观能动性发挥,从根本上决定思政教学过程的有效开展。

（5）教学成效。成效是思政实践教学过程最终达到的结果，这种结果建立在一定的价值判断和事实判断基础上。价值判断既包括实践教学主体的价值判断，也包括实践教学对象的价值判断。实践教学主体的价值判断的内容主要是思政教学目标的实现状态和过程的实施情况；实践教学对象的价值判断判断的内容主要是思政教学内容对于提高自身意识、理念、知识、能力和心理成长的效度。事实判断主要指思政教学过程中各要素及要素之间关系的有效性表现的判断。可见，实践教学成效不仅是一个结果体现，更是一个对结果效度的评价，这样，思政教学就形成了从主体、对象、内容到过程、结果再到评价的动态循环有机体。

实践教学评价，是按照一定的原则和标准对思政教学过程及结果进行客观分析和定性定量评价。评价能够综合反映思政实践教学有效性的实现程度，对于提高下一阶段思政实践教学有效性具有十分显著的推动作用。实践教学评价原则主要包括目标性、客观性、动态性、系统性和层次性等。评价对象可以是实践教学过程的某个要素、某个环节，也可以是实践教学的整个过程。评价标准主要是指评价指标，包括目标完成情况、主体和对象表现情况、方式利用情况、内容完成情况和过程开展情况等。选择指标要做到科学合理、可行有效和精细具化。与其他要素一样，实践教学结果及其有效评价也是思政实践教学有效性实现过程中不容忽视的重要方面。

3. 思政教育模式有效性的提升路径

（1）增强思政实践教学理念。思政实践教学不仅是组成思政课教学体系的重要部分，也是提高思政教学质量的重要途径。能否通过提高实践教学有效性，增强思政教学吸引力和教学水平，关键在于高校思政教学主体是否具有正确的实践教学理念。正确的理念来自正确的认知和有效的辨明。对于思政实践教学内涵的理解把握水平在一定程度上决定着教学主体的认知水平；而对于实践教学与课堂教学之间关系，以及实践教学形式、内容等方面问题的辨明则有助于增强教育主体的理念。思政实践教学形式可以灵活多样，不能仅局限于课堂，也可以走出课堂，面向社会，在广阔的实践生活中选取教学素材。在内容上要发挥实践教学直观生动、拓展深化、易于理解、便于掌握的特点，与课堂教学形成优势互补，共同完成思政课教育教学目的，提高思政课教学有效性。

在高校实践育人工作深刻背景下，应当组织力量适当研究思政教学理论，着重围绕实践教学特点、指导思想、基本原则、标准等问题展开讨论，提高高校思政教育工作队伍的认识水平，增强队伍力量的思政教学理念，扩大思政教学主体的理念共识，最大限度地增加思政教学主体力量。因此，增强实践教学理念能够使得实践教学过程中各要素之间的协调互动关系更趋于合理化，能够更好地促进教学过程各要素的合理流动、配置，实现思政教学有效性。

（2）规范思政教学内容。实践教学内容的规范性越强，越有利于实践教学活动的有效开展。最有效的途径是构建高校思政育人大平台机制，整合学校思政育人各部门的职权，使得各方的实践教学活动能够统一在育人这一主题下。只有从高校党委层面统筹构建思政育人大平台机制，才能实现相关职能部门和教学系部之间的联动配合，从根本上打破条块分割，规范思政教学内容，让学生能够在内容丰富、题材多样的实践教学活动中得到锻炼，收获成长。

（3）创新思政教学方法。通过增强理念、规范内容来保证与提高思政教学有效性的同时，还应该注重方法创新，确保思政教学内容的合理组织与资源的有效配置。高校应利用现代信息技术手段，在保持原有有效方法的基础上，创新实践教学方法，提高学生参与思政教学的积极性。当前，大学生的信息化意识和利用信息化工具的能力较强，依据学生对信息技术手段的兴趣创新思政教学方法，应该是今后思政教学方法改革创新的基本趋势和努力方向，也是教育信息化背景下思政教学开展最基本的有效方法。只有不断创新教学方法，才能够不断改变方法单一陈旧的现状，激发学生参与思政教学的热情，提高思政教学吸引力、实效性和针对性，让思政教学成为学生喜爱的教学活动。

创新思政教学方法，还应该做好三个方面的工作：①深入调研，集思广益，组织召开不同层面的座谈会或研讨会，收集整理教学主体、对象公认的实践教学方法，构建实践教学方法体系，为教学主体开展相应的实践教学活动提供选择参考；②典型示范，积极推广，遴选经验丰富、实践教学效果优秀的思政课教师，组织实践教学观摩会，及时推广收效明显的实践教学方法；③走出校园，融入社会。在利用好校内实践教学方法的基础上，大力开展思政课校外实践教学活动，使得学生能够在贴近生活、工作实际的社区、企业中，不断体验社会，体察国情民意，实现成长成才，为实现思政教学有效性提高提供方法支持。

(4) 实施思政教学评价。构建思政课教师开展实践教学的激励和评价机制，将思政课教师是否开展实践教学作为教师评价指标，对于思政教学开展成效明显的教师进行奖励，并在评优晋级、职称评审方面予以倾斜。加强学生参与思政教学的考核力度，重点围绕学生的参与态度、参与表现和参与成效展开考核，适当将实践教学考核成绩纳入思政课考核成绩中，并赋予一定的权重。通过科学合理的成效评价来推进思政教学过程的开展，保证思政教学目标实现，提高思政教学有效性。

(二) 提升思政教育模式的合力度

1. 党委统一领导，确保长效运作

党委要保证高校正确办学方向，掌握高校思想政治工作主动权。构建党委统一领导，各部门各方面齐抓共管的工作机制是高校思想政治工作长效运作的必然要求。目前，强化高校党委在推进高校思想政治工作中的主体责任仍然是一项紧迫的战略任务。例如，高校思想政治工作及其有效开展所依附的领导机制，要求高校党委必须始终强化领导指导，掌握主导权，保证正确方向。高校党委必须要将思想政治工作摆在重要位置，实行全方位、全过程领导，不断创新工作方式，有效增强工作能力，积极培育工作优势，切实提升思想政治工作水平。

2. 实现良性互动，确保有序运作

思想政治工作从根本上说是做人的工作，必须围绕学生、关照学生、服务学生。学生的成长成才离不开学校教育、社会教育、家庭教育和学生自我教育。作为关系高校培养什么样的人、如何培养人以及为谁培养人这个根本问题的重要方面，思想政治工作的有序运作也应该而且必须要与学校教育、社会教育、家庭教育和学生自我教育统筹结合起来。从教育生态学理论的角度而言，就是围绕立德树人这个中心环节，树立教育生态观思想，依托沟通协调机制，细致研究思想政治工作系统的生态环境、生态承载力、生态质量控制和生态可持续发展等问题，不断实现高校思想政治工作与学校环境、社会环境和家庭环境等的良性互动，形成有效合力，使得高校思想政治工作不断赢得社会各方支持，增强思想政治工作的时代使命，厚植思想政治工作的环境基础。

3. 做好创新发展，确保持续运作

做好高校思想政治工作，要因事而化、因时而进、因势而新。实施有效创新，不断适应环境变化是高校思想政治工作的永恒主题，也是高校思想政治工作发展的根本要求，要求全面准确地把握高校思想政治工作创新的本质要领和基本方法。作为一项系统工程，高校思想政治工作创新涉及理念创新、制度创新、内容创新、方法创新和文化创新等多方面内容，这些内容之间紧密联系，同向同行，形成协同效应。同时，每个方面的创新都离不开遵循思想政治工作规律，离不开遵循教书育人规律，离不开遵循学生成长规律，离不开遵循教育创新规律。因此，构建必要的创新机制就显得尤为重要。依托创新机制，充分调动思想政治工作主体的积极性，统筹推进思想政治工作创新各方面内容，合理破解思想政治工作短板，进而增强思想政治工作的时效性和针对性。

4. 突出全面保障，确保合理运作

思想政治工作应贯穿于教育教学全过程，这个过程大致可分为教育教学设计阶段和执行阶段，设计阶段是前提，执行阶段是关键。设计阶段就是强调高校党委对思想政治工作方案制订落实的领导统筹，重视构建全方位、全领域、全要素的哲学社会科学体系，推出更多高水平教材，完善教材体系建设。执行阶段主要是发挥好课堂教学的主渠道作用，不断加强改进思政教育，提高思想政治工作队伍能力和水平，丰富校园文化活动，开展社会

第七章　互联网背景下高校思政教育的体系创新

实践。

除了重视教育教学设计和执行，还应该关切教育教学保障。根据高校思想政治工作实际，保障机制主要包括队伍保障和技术保障两方面内容。队伍保障要求整体推进高校党政干部和共青团干部、思政理论课教师和哲学社会科学课教师、辅导员班主任和心理咨询教师等队伍建设。技术保障主要是通过合理运用新媒体新技术使得思想政治工作活起来，实现思想政治工作传统优势的转化升级，增强思想政治工作时代感和吸引力。

5. 构建绩效评价，确保高效运作

遵循规律办事是高校思政教育工作有效开展的最好捷径。在实现中华民族伟大复兴的征程中，高等教育的地位作用越是突出，高校思想政治工作的责任使命越是重大，越要始终从实际出发，坚持突破与提升相统一，在推进具体工作中谋求突破，在实现学生成长成才中提高成效，真正把思想政治工作更好地回归落实到立德树人这个根本问题上，确保思想政治工作目标、内容、水平和成效的有机统一。加强高校党委对思想政治工作的领导必须体现到实绩实效上，具体而言就是党委在把方向、管大局、作决策、保落实方面的实绩实效。此外，院（系）党组织和基层党支部在落实推进思想政治工作上也负有不同职责，承担不同任务，同样要突出实绩实效的评价考核。因此，构建高校党委、院（系）党组织和基层党支部三级联动评价机制，将有助于高校思想政治工作的责任逐级延伸、任务层层落实。抓住评价机制的绩效导向作用，高校思想政治工作就能不断提高能力和水平，以实际成效接受党和人民的检验。

6. 突出及时优化，确保健康运作

努力完成时代赋予的光荣使命是高校思想政治工作应有的责任担当。破除弊端，改进方式，提高水平显得尤为重要，必须增强创新意识，树立优化观念，着力构建思想政治工作优化机制，积极在优化主体、内容、手段和策略上寻求突破，切实培育思想政治工作新载体，增强思想政治工作新优势。构建优化机制要聚焦立德树人中心环节，紧扣思想政治工作主要目标和任务，找准亟待优化的重点领域和关键环节，精心谋划安排，务求实效；要立足高校办学和教育教学实际，结合高校管理模式、教师队伍结构和学生特点，提升思想政治工作优化的针对性和实效性，确保高校思想政治工作健康持续运作。

第三节 互联网背景下高校思政教育的平台创新

在网络日益普及和飞速发展的时代背景下，人们的生活和工作也受到了很大影响，它为人们获取各种信息和知识提供了丰富的信息资源、多样化的传播渠道，以及即时性的参与和互动方式。下面以微信、微博平台为例，解读互联网背景下高校思政教育的平台创新应用。

一、互联网背景下高校思政教育的微信平台

在互联网背景下，教师必须加强对新媒体的灵活利用，通过微信形式来提高思政教育工作的便利性和针对性，可以提高学生参与思政教育活动的积极性，提高信息传递的互动性、即时性，让学生随时随地接受先进思想，开阔高职学生的视野，促进其思想政治素养的稳步提升。

（一）高校思政教育中微信平台的作用

1. 强化思政教育的影响效果

微信中含有的资源可以涉及生活的各个方面，不仅含有专业的学科类知识，还有生活常识、娱乐信息等。大学生可以使用各种演示方法来满足自己的需要，如文本，图片，音频和动画，这些方式不仅相对独立，而且非常自由，大学生随时随地都能操作，增加了各种互动的深度和广度。微信朋友圈具有分享信息的功能，大学生可以给微信列表里的好友们分类打上标签，然后可以由此找到兴趣相似的伙伴们。大学生们在微信以多角度和类型的方式进行沟通，在处理事务时，能够通过商议共同作出决定。

微信公众平台同样具备多种形式，可以在进行思政教育时，与生活中的众多事情相结合。随着网络技术的不断发展，虚拟世界与现实世界越来越紧密，也在无形之中影响着大学生的三观。微信公众平台的内容丰富，受众的数量，水平和范围与现有媒体不同，无论何时何地都能接受到公众号的信息，通过这种方式能让高校的思政教育传播的效果更好。

面对新形势，思政教育要重新思考教育内容，做出理性判断，运用新方法去开展思想政治的教学工作，使教育内容更加生动，最大程度地为大学生提供精神支撑。在向大学生传播思政教育内容的过程中，结合微信平台，可以更好地提高大学生的社会责任感，培养大学生积极向上的生活态度，增强大学生的理想和信念，调动大学生的学习热情以及锻炼大学生的各项能力。

2. 扩大思政教育的影响范围

在高校思政教育中，可以让学生们进行实名认证，将虚拟网络生活与现实生活结合起来，让思政教育的内容能够准确又快速地让学生们及时接收。思政教育工作者可以让类型和特点都不同的学生待在不同的微信群，然后根据不同的群的特点发布不同的信息，并组织群里面的学生进行加讨论。除此以外，教育工作者还应该及时掌握大学生的思想动态，对大学生的学业与生活也要多加关注，了解他们面对的难题，帮助他们解决。在进行思政教育时，还应该尽可能地让其涉及范围变广。微信的特点是简便又高效，思政教育工作者可以充分利用微信的优势，来打破以往思政教育工作时的时空限制，随时随地传递信息。对于相对简短的思政教育的内容，可以通过碎片化的方式让学生接收到，这些内容能够及时解决关键性的问题。

（二）高校思政教育中微信的应用原则

1. 求实原则

为了寻求真理，人们必须使用实事求是的方法。微信的思政教育也要讲究每一项任务都要从事实中寻求真相，遵循这一思考和工作的科学方式。在微信中，图片和文字相结合的表达方式深受大学生们的喜爱，这已经是大家发布信息时最常用的方式，并且所传播的信息被认为是真实且有价值的。大学生需要具备明辨信息的能力，对于看到的微信内不应盲目相信，对于不实信息能够及时分辨，并进行求证，能够区分其具体内容的真实性并有效阻止虚假信息的传播。大学生在日常生活中，要做到言行一致，实事求是诚实待人，通过学习，达到思政教育的教育目的。

人们需要有创造力才能发现事实真相。一切事物都处于不断变化的状态，也在不断发展。随着新媒体的不断涌现和发展，人们必须充分了解它出现的原因，分析这一现象背后的真相，掌握其性质和发展规律，克服以往的保守思想，引导大学生进行思考。充分发挥大学生们的主观能动性和创造力，选择合适的方法进行创造，及时抓住有利时机，并有效地进行思政教育，开展教学内容。

2. 方向原则

对于思政教育的实质，方向原则是一项重要的基本原则。微信思政教育应当实现社会主义现代化，还应该达成全心全意为人民服务等目标。在这个阶段，应该领导大学生认真面对自己的生活，找到自己的人生方向，树立自身理想并坚定不移地去实现。除此以外，大学生还要能力学习专业知识并为社会主义建设做出贡献，思政教育还要能让大学生增强其政治信念和追求，将自己的目标与社会目标相结合。只有方向正确才能行动正确，人的精神支柱和精神力量的源泉需要坚定而正确的政治方向做支撑。

二、互联网背景下高校思政教育的微博平台

（一）高校思政教育微博平台的意义

1. 提高思政教育的针对性与有效性

微博在思政教育领域的应用为教育者和受教育者提供了沟通的平台。在微博中的沟通和课堂中的交流是不同的，微博中的沟通才是真正的互动，在微博中，教育者和受教育者之间的地位更接近于平等，教育者的表达态度、表达语气都会受到受教育者的评判。如果教育者能够运用好微博这个载体，那么教育者和受教育者之间将会形成超越师生关系之外的更深厚的情感关系。

微博中包含各种各样的简短信息，教育者可以通过访问受教育者的微博了解受教育者的心情和思想变化，可以有针对性地进行思政教育工作。与此同时，教育者还可以利用微博的讨论功能设置话题，如果话题是新颖、有趣的，那么学生的注意力就会被吸引，话题也会成为热门，也将会有更多的受

教育者参与讨论。

教育者的微博主要面对的受众是受教育者，受教育者会从教育者微博中获取相关的信息，通过访问教育者的微博，受教育者可以感受到教育者所持的教育思想以及他的社会观念、人生观念，在访问的过程中，受教育者就会受到潜移默化的思政教育以及价值观念的影响。在微博平台中，教育者和受教育者之间的沟通距离会明显缩短，更容易建立亲密信任的关系。

受教育者在浏览教育者的微博动态时，可以针对有关问题给出自己的意见，教育者可以参考受教育者提出的意见，改善教育方法、教育形式，而且对受教育者的深入了解有助于学校思政教育工作的开展。在微博平台中，这种平等沟通极大地促进了教育者和受教育者之间的情感交流。

微博有非常强烈的互动性，教育者会实时地接收到受教育者发表的意见或者建议。微博除了为教育者和受教育者提供平等的交流机会之外，还为用户提供信息检索、信息监控的服务，教育者可以使用微博信息检索工具搜索针对某一问题的反馈信息。

2. 形成良好的思政教育氛围

微博平台能够让受教育者看到更加真实的教育者形象，这有利于教育者形象的树立。从学生的角度而言，在微博上发表动态既是在表达自己的意见，也是在和别人进行沟通，与此同时，还能够放松自我。教育者应该关注受教育者的这种心理，使用微博语言和大学生进行娱乐性的交流和沟通，给大学生带来潜移默化的影响，无形之中引导大学生形成判断能力、清晰的认知能力，积极发挥出微博互动的育人功能，拓展思政教育的教育领域。

通常情况下，微博能够为学生提供准确的信息，使学生能够快速地获得最新、最生动的信息，而且可以评论和转载，在这样的沟通中，教育者和学生之间有了更多思想的碰撞，产生了更多的交流机会，沟通更加轻松、自然，能够在润物细无声中让学生接受教育，引导学生正确地认知事物的本质，形成正确的价值观念和思想观念。目前而言，微博是大学生依赖的思想表达载体、情感抒发载体，微博的存在为学生和教育者之间搭建了沟通的桥梁。

3. 开拓思政教育的教学空间

微博在信息推广方面具有超强的信息传播效应，它的效应呈现几何级数形式的增长。一般情况下，微博用户关注博主是因为对博主有一定的信任，博主发的信息，微博用户更容易接受。从这个角度而言，如果教育者发布思政教育有关的信息，那么将会极大地促进信息的传播，所以，教育者可以充分利用微博和用户之间的关系，向用户传播思政教育的教育思想、教育理念、教育价值。

微博为用户提供了开放性强、沟通迅速的网络环境，教育者和大学生可以在微博中进行交流互动，微博的存在为思政教育功能的发挥提供了更大的空间。需要注意的是，教育者应该使用微博特有的开放、平等的态度和大学生进行沟通，教育者可以在微博中创建与思政教育相关的话题，生动、热门的话题能够吸引学生的兴趣，加大思政教育理念的传播，进而实现思政教育工作的目的。

微博是新媒体的一种，它的特点是能够传播信息。教育者可以利用微博向学生传递思政教育思想。从这个角度而言，微博符合思政教育载体的相关标准，所以，换言之微博就是思政教育使用的一种载体。微博这个载体主要包括：主体、客体、内容以及方法。教育者在对大学生进行世界观、人生观、政治观、道德观、法治观念的教育时，可以使用多元的教育方法，如信息回应法、心理问答法、情感共鸣法、鉴别法等。微博载体在思政教育工作中体现出了育人、协调、保障以及引导的作用。作为优化与促进高校思政教育工作的重要动力，如何充分发挥管理育人的积极作用，是实现高校思政教育与时俱进所必须思考的重要问题。

（二）高校思政教育微博平台的创新原则

高校思政教育运用微博载体的创新，必须在坚持一定原则的前提下，才能保证达到预期的目标，这些原则主要包括以下方面：

1. 方向性原则

在思政教育过程中，离不开方向性的原则，这也是现阶段，各大高校关于思政教育创新的必然选择。微博的发展速度是迅速的，其平台上的一些舆论也获得了大学生的认可,它是校园舆论不可分割的一部分。所以,思政教育工作者应密切关注微博平台上的舆论,尤其是关于高校的舆论,对于发现的问题应及时进行处理,以正确理论引导学生步入正确的轨道上,进而达到思政教育的效果。

2. 渗透性原则

渗透性原则是教育主体对教育客体开展的思政教育可以利用间接的方式进行信息传输。例如,可以在微博中开展原创内容竞赛,这既培养了教育客体的创造能力,又加强了教育客体的知识产权意识。需要注意渗透性原则在应用过程中要做到三个关键点:①学校家庭以及社会之间必须有充分沟通和联系,建立学校、社会、家庭三者之间的协调体系;②渗透手段必须多种多样,可以以微博为渠道,积极宣扬社会主义核心价值观,让学生在使用微博的过程中受到潜移默化的影响;③营造融洽的环境,教育中环境非常重要,在融洽和谐的校园环境中教育客体才能更好地感受到学校渗透的思政教育内容。

3. 实事求是原则

高校思政教育的原则是实事求是,只有在实事求是的情况下,才可以把握好其发展的规律,才能发挥其价值,促进思想政治工作顺利进行。实事求是要求从实际出发,特别是在高校的思政教育中,创新微博的应用有一定的必要性,这主要有两个原因:①教育要"因材施教",这对于智育、德育同样适用;②人都是独立的对象,同样是即将毕业的学生,其思想状况也各不相同。微博平台可以随时随地更新信息,所以教育者应时刻关注学生的思想动向、心理变化,以现实的情况为切入点,从实际出发处理每个学生遇到的问题,进而达到思政教育的学习效果。

4. 以人为本原则

思政教育一直遵循以人为本的思想原则,遵循这一原则主要的好处是:从人的角度出发,能够更好地调动人的主动性,有助于人真正实现全面成长。因此,在开展思政教育活动的过程中,要充分调动客体,也就是学生的主动性、积极性,和学生进行平等沟通,让学生得到全面发展。以人为本原则的运用需要注意以下方面：

（1）教育主体也就是教师和教育客体也就是学生之间应该是平等的。教育主体要了解教育客体对微博的使用频率、使用习惯，要利用微博和教育客体之间产生关联，友好沟通，营造融洽的教育氛围。

（2）微博较强的互动性得教育客体在微博中陈述自己的真实想法，教育主体和客体可以利用微博进行无障碍沟通，教育主体可以通过微博掌握教育客体的思想动态，这有利于教育主体及时发现教育客体存在的问题，在互动的过程中，教育客体正确看待问题、得出正确的结论。

（3）在实践的过程中，教育主体需要引导教育客体根据问题进行自我调整，不断地把教育要求内化为自身对思想政治学科学习的自我要求，外化行为才能和思政教育要求一致，学生才能实现全面发展。因此，高校在开展思政教育时，在应用微博方面一定要尊重以人为本的原则，只有这样，开展的创新活动才能实现思政教育想要达到的目的，获得更好的效果。

（三）高校思政教育微博平台的创新模式

当今世界互联网大量普及，技术快速发展，微博也正在以飞快的速度获取更多用户，思政教育一定要了解微博的特点，创新教育模式，为思政教育工作开拓新的领域，以此来加强教育主体和客体之间的互动交流，进而提高思政教育的教育效果。

1. 师生互动

微博的出现为教育主体和教育客体之间提供了全新的沟通渠道，教育主体可以通过微博和教育客体进行交流。通过微博这个平台，教育主体实现了和教育客体之间的实时通信，教育主体可以向教育客体提供各种各样的信息，可以及时了解教育客体的思想需求及生活动态，也能够更快发现问题，让问题在萌芽中被解决；与此同时，学生的需求得到满足后，他们更愿意相信思政教育工作者，更愿意和他们表达自己的看法，由此形成了教育主体和客体之间的友好互动。

2. 学生互动

微博为学生之间的交流提供了一个平台，学生可以利用微博成立讨论小组或兴趣小组，有相同爱好的学生可以在微博中共同讨论，微博的这种公共平台的特性使学生和其他同辈之间有了更多的沟通方式，为他们的沟通提供了桥梁。学生可以在和其他同辈的沟通交流中获得成长，而且同辈之间没有较大的抵触心理，更容易传达思政教育观念。

微博提供了项目管理，学生可以将自己遇到的和项目相关的信息及时上传到微博中。与此同时，学生还可以对社会热点、学校建设、学校发展方面的问题提出自己的观点，如果遇到志同道合的同学，还可以共同组成小组相互合作，互帮互助。

3. 生校互动

随着微博的发展和流行，越来越多学生开始使用微博，也有很多学校意识到了微博的影响力，于是开始建立微博账号，这种勇于接受新鲜事物的态度获得了学生们的广泛认可。生校互动的要求主要包括以下方面：①高校在微博中的互动应该是有趣的，应该让微博上的交流更加生活化、个性化，多关心大学生的心理健康，关心大学生的生活，只有这样才能获得青年的认可；②高校微博应该为大学生挑选高质量、高水平的思政教育内容，如官方媒体对热点新闻、国家政策的解读，以及对事件的分析等；③学校还可以针对社会热点问题，成立讨论小组，小组由学校思政教育工作者来引导，学生可以在小组中自由发表言论，通过讨论和分享提高自己的思想修养。

4. 家校互动

随着互联网的普及，很多家长也开始使用网络，这时高校就应该利用网络的便利，以微博为平台及时地向学生家长发布学校的管理动态，让学生家长及时了解学校的发展动向。学校还可以利用微博平台和家长进行互动交流，及时向家长反馈学生在学校的表现、学生的思想发展，通过家长和学校之间的强强联合共同将大学生培养成全面发展的人才。

（四）高校思政教育微博平台的创新途径

1. 引导学生正确认识与运用微博

（1）引导学生树立正确微博观。互联网的发展是迅速的，因此强化当代大学生的网络素养，已经成为现阶段关于大学生素质教育的重点。利用微博，鼓励大学生形成科学、合理的观念是非常重要的。微博观念就是大众对于微博的理解涵盖的内容有：何为微博之本质，怎么合理运用微博等。微博实际上只是网络媒介的一种，类似于一种交际工具。大众怎么去运用它，将决定它会对社会产生怎样的影响。若用一种积极、正面的态度使用微博，那么它便是社会大众用以交际与提升自我的一种新工具，所以，应该从以下方面鼓励大学生形成科学的微博观：

第一，组织各种关于微博平台的宣传和教育工作。借助广泛的形式对大学生进行宣传、鼓励，使他们可以正确地理解微博。学校可以借助微博开展不同类型的活动，这不仅可以使学校更顺利与便捷地实施相关的知识讲座，还可以让大学生对微博有更全面的了解，满足他们对新鲜事物的需求，使其可以更快速地学会合理使用微博。

第二，鼓励大学生遵循微博规则。微博这一交流平台具有一定的自由与随意性，同时这也是它拥有用户的原因。但是，自由往往是相对而言的，有自由，就应该履行责任。微博给了大众一定的言论自由，但是拥有责任感的人，应敬畏这样的"自由"。所以，大学生在享受它带来的快乐与便利时，还应培养合理的观念。对大学生而言，关于微博，正确的理念应是：使用微博，不但要自由，更要自律，学会分享，也要注重奉献。

第三，鼓励大学生不断地进行自我教育，培养自律意识。微博与其他发明创造一样，也有两面性，它在带来一定的利益时，也伴随着一些非正面的问题，微博平台上，大学生的角色既是构造者，也是监管人员，这便对他们的道德、思想、素质水平有了新的要求，所以思政教育者应进一步研究如何开展大学生的自我教育工作，引导大学生实现自我管理、教育、约束的同时，要培养其责任意识与担当，在面对微博平台上的信息时，有一定的识别与分析能力，进而帮助他们形成自觉、主观的意识形态，使其在微博平台上的相关行为不会触及法律以及相关的道德要求，最终形成正确的微博观。

（2）加强学生网络道德教育。加强对大学生网络道德素质的培养力度，增强大学生内心的道德力量。人们的日常行为所遵照的标准就是道德，道德作用的发挥依靠人们的自律以及外界的舆论环境。在微博平台上，不仅涉及传统的道德观念，还涉及网络道德，二者在微博平台上发生了碰撞。大学生是微博的主要使用者，在这种情况下，必需要加强对大学生的道德素质教育力度，树立坚定的观念，在观念的指导下，大学生的行为就有了强有力的约束。对大学生进行网络道德教育势在必行，网络教育的目的是让大学生有正确的网络道德，让大学生形成对事物的判断能力，网络教育能够让他们进行正确的选择，正确分辨事物的对错，而且网络教育还能加强学生的个人修养。

（3）强化学生心理素质教育。高校的思政教育工作者一定要重视大学生的心理问题，及时解决学生的心理问题，最大程度地减少微博对大学生发展造成的不良影响。首先，学校应该开设心理教育必修课程；其次，应该对学生进行情感方面的教育，帮助学生正确认识学习和生活中的挫折；再次，注意教育方式，不要刺激学生形成逆反心理；最后，每一位学生都应该有自己的心理档案，这有助于教师根据学生的心理状况展开针对性的指导，能够更好地解决学生发展过程中的个人困惑，能够有效纠正学生的认知错误，能够让学生形成正确的思想认知，更好地面对生活中的挫折和困难，有助于促进学生人格的养成。

2. 构建学校微博平台与微博团队

学校应该在微博平台上开设自己的账号，通过微博平台，传播信息，展开交流，让微博成为学校和师生之间的沟通桥梁，让微博账号发挥枢纽的作用，优化学校的管理。高校发展储备了大量的人才，拥有一流的技术，因此在能力范围内可以建立校园微博平台。

学校可以在微博上及时传递信息，教务处可以第一时间在微博上发布有关教学的通知，公开学校自习室信息；学校的图书馆可以在微博上传和新书推荐有关的信息、分享学术讲座，还可以为学生提供书籍借阅信息查询等其他服务；学校的就业指导中心可以在微博发布招聘信息、就业指导信息等。例如，即将毕业的学生可以选择和就业相关的信息或者和考研相关的信息；学校教授级别的教师可以关注和基金申报有关的信息或和项目申请有关的信息。除了上述部门外，学校管理方面可以发布学校的改革信息、创新信息，学校的制度建设信息还可以通过微博的投票机制，调查学生和教师对制度以及改革的意见，并采纳师生提出的合理建议，这有助于更好地进行学校建设。

利用微博组建师生团队能够为师生搭建一个虚拟的交流空间，在微博中的交流，教师和学生都是其中的一员，但是二者的作用不同，教师负责开展教学活动，发布教学活动的通知，设定教学活动主题，为学生的交流和探讨给予指导，及时解答学生的问题；学生可以在关注师生团队后，参与讨论。与此同时，教师可以充分利用虚拟空间改变教学方法，激发学生学习的积极性，让学生将手机设备、电脑设备引入课堂，在此基础上和全班同学共同进行讨论。除此之外，微博团队的形式在一定程度上促进了学生合作，提高了学生的团队意识。一旦学生学习的积极性被调动，学生的潜能也会随之被激发，学生会重建自己的认知系统，学生的认知得到了发展，与此同时，学生团队意识的提高能够让学生掌握更多的合作技巧，还能让学生在团队中获得认同感和归属感，有助于提升学生的人际交往能力。

除了学校之外，各个年级的辅导员、学校的思想政治教师都可以开设自己的微博账户进行思政教育。教师可以在微博平台上创建微博群，教师充当群的管理员，教师可以在微博群中及时为学生分享国家政策，分享生活感悟，分享自己的教学经验、教学成果；学生也可以在加入群聊后发表自己的学习感悟，及时和同学探讨学习问题，也可以请求教师参与讨论给出指导，群聊的形式有助于学生在潜移默化中获取知识。辅导员也可以在微博平台建立微博群，辅导员是整个群的管理者，辅导员可以让班长担任初级管理员，让班长负责班级的日常管理，如发布通知、投票征集意见、发布班级日历、班级课程表、建立班级档案、上传班级学习需要的各种电子资源等。

高校中的辅导员和思想政治教师是一线的高校教育工作者，他们应该因势利导，积极利用微博平台和学生展开深入交流，加速推进学校的思政教育工作，主要包括以下方面：

（1）发挥个人微博的榜样作用。微博运营往往是拥有一定粉丝基础的用户通过实名认证，同时在其名称的右侧添加"V"，用这样的方式对网络言

第七章 互联网背景下高校思政教育的体系创新

行进行规范化的处理，进而提升网络的文化价值、活动性。基于这一经验，一些高校在构建校园的微博群时，应注重微博载体中的著名学者、校友、骨干等个体所起到的示范性作用。思政教育可以通过榜样宣传的模式进行榜样宣传的模式作为思政教育的重要方法，具有形象生动、易理解等特征，在教育的过程中，获得了显著效果。

（2）通过微博系统打造"微博班级"。一般情况下，高校会以专业及年级为标准，将学生分在不同的班级，班级中有多个成员，还有很多有特定的身份，如班长、团支书等。班级是学校开展工作最基本的单位，学校会以班级为对象对大学生进行集体的思政教育，对大学生进行道德管理以及为大学生提供其他方面的服务。利用微博建立微博班级需要让班级成员彼此关注微博账号，账号关注之后，除了生活中的联系之外，学生在虚拟的空间内也有了紧密的联系。

网络教育和现实中的教育可以发挥各自优势，这极大地促进了思政教育活动的顺利开展，首先，能够为班级成员提供一个平等的交流环境，有助于培养班级成员的民主意识，有利于班级成员参与班级管理以及成员的自我管理教育；其次，能够有效地避免师生之间出现沟通不顺畅、沟通匮乏的情况，高校的学生越来越多，辅导员和班干部在现实的生活中难免会缺少和个别同学的沟通，建立微博班级为师生之间的沟通提供了更加方便的渠道，极大提高了教师的管理效率；最后，师生还可以讨论学校的教学问题，也可以讨论社会热点话题，可以通过讨论达成一致的认知，微博班级的建立为师生之间的沟通提供了全新的渠道。

（3）依托微博搭建网络心理咨询平台。当前，很多高校都建立了自己的心理咨询中心，高校越来越重视心理教育，心理咨询中心的成立有效地解决了学生现存的心理问题，并预防了学生其他心理问题的出现。

高校要在思政教育工作中加入心理健康教育，培养学生，使其具备优秀的心理素质，让学生能够积极面对生活，正确认识自己，勇敢面向未来。高校的思想政治工作应该和心理健康教育相结合，从思想方面指导大学生的心理健康发展，为大学生提供情感关爱。学校应该建立自己的心理健康教育网站，利用网络的便利宣传和心理健康有关的知识，让大学生有正确的心理认知；除此之外，应该从多个方面去解决大学生的心理问题，心理问题的解决不能只依赖理论说教，不能只依赖现实生活当中的心理教师的心理辅导，而是应该开拓网络领域，微博的出现为心理健康教育的线上发展提供了平台。微博平台还为用户提供互动功能，大学生如果有心理需要，可以及时联系心理辅导教师，寻求心理方面的帮助。从这个角度出发，微博平台的功能和心理教育发展的需求之间是吻合的，因此，高校在开展心理教育时，可以充分利用微博平台，关注学生，和学平等的、融洽交流，通过微博来了解学生，关注学生，解决学生的问题，将学生培养成心理健康、人格健康的学生。

（4）协助学生社团微博持续发展。在学校相关管理部门的批准下，学生可以成立自己的社团，社团聚集了有共同爱好的学生，是学生自发组织、自发负责的学生群体。学生社团直观地反映了校园文化，是除了课堂外的另一个学生生活环境。思政教育工作需要走入社团，让社团成为思政教育活动开展的载体。学生社团是由学生自发组织、自发成立的，成员非常多，而微博也是自由的，微博用户可以自由地关注其他人的微博，二者之间存在高度相似性；此外，社团成员的加入和退出也有较高自由度，在毕业之后，社团可能就会解散，微博的特点是关注和不关注都由微博用户自己决定，二者在这一方面也具备高度相似性。因此，社团可以建立自己的微博，以微博为渠道组织活动。提倡建立微博协会有助于利用微博的便利组织更多形式的社团活动，有助于高校社团快速发展，思想政治工作也可以利用微博为渠道进入社团，发挥育人的功能和作用。

第八章　互联网背景下高校思政教育的教师队伍建设

第一节　互联网背景下高校思政教育教师队伍建设的要求

"随着网络资源的逐步渗透与广泛应用，由此产生了一定的局限性，使高校思政教师思想政治教育工作陷入了困境"[①]。面对互联网时代思想政治教育出现的新变化，高校思想政治教育队伍应顺应时代发展潮流，更新教育理念，创新思想政治教育内容、形式、方法，不断提高队伍整体素质，提高做好互联网时代高校思想政治教育的能力。

一、更新思想观念

互联网已成为大学生接收信息的主渠道，成为对大学生进行教育引导的主课堂。因此，需要确立与互联网时代相适应的思想观念，推动思想政治教育健康发展，主要包括以下方面：

第一，强化责任意识。高校学生是我国网络用户的主体，网络影响、改变着大学生学习、交流、娱乐的方式。高校思想政治教育工作者应清醒地认识到，运用互联网开展思想政治教育是适应时代发展的要求，要转变互联网弊大于利的观念，把传统教育方法、资源和网络信息技术手段有机结合起来，让老传统结出新成果。高校思想政治教育工作者应敢于承担责任，通过

[①] 地里巴尔铁力提．"互联网＋"背景下高校思政教师思想政治教育路径新探［J］．发明与创新（职业教育），2020（12）：103．

做好疏导工作和优化网络环境，尽可能把互联网效用最大化。

第二，强化服务意识。高校思想政治教育工作者要把满足学生需要、为学生提供高效服务作为一个重要关注点。端正服务态度，积极适应网络扁平化特征，以平等的身份、谦逊的态度、交谈的口吻和热情周到的关心提示，赢得大学生的真诚信赖和拥护；拓展服务范围，满足学生多样化需求，利用互联网平台开展心理健康咨询、学生社会实践、时事政策答疑等服务。

第三，强化创新意识。在互联网时代，高校思想政治教育工作者要敢于摆脱传统观念、思维定式和习惯做法的束缚影响，在继承和发扬优良传统的基础上，充分运用互联网信息量大、传播速度快、空间延伸面广等优势，推动政治工作传统优势与网络信息技术高度融合、网络性能与政治功能深度融合，不断创新思想政治教育的方法和手段。例如，要宣传集体主义精神，可以邀请国内外知名企业家就集体主义、团体精神在企业发展中发挥的重要作用进行分析、评论，并以互联网进行广泛报道。

第四，强化平等意识。在互联网时代，高校思想政治教育要更加突出以人为本、平等尊重的理念。在互联网环境下，教育者和教育对象没有从属关系，两者处于平等互动的状态。因此，思想政治教育工作者必须摆正位置，改变过去居高临下的姿态，营造平等、自由、轻松、和谐的教育氛围，促进高校思想政治教育从传播知识和形成结论等方面转移到引导、启发、释疑解惑上来。

二、优化教育内容

高校思政教育要想赢得广泛的社会认同、公众青睐和影响力，必须坚持内容为王的原则，这要求高校思想政治教育必须持续不断地提供丰富、权威、及时、生动的信息资源，增强教育内容的时代感、针对性和实效性，这样才能确保思想政治教育与时代同步、与大学生产生共鸣。

（一）注重内容的权威与共鸣

在互联网环境下，人们对信息的选择是不具备强制性的。为了吸引大学生的眼球，高校思想政治教育的内容必须集趣味性、教育性、动态性、丰富性于一体，能够引起学生的共鸣。高校思想政治教育工作者应打造权威的和具有广泛共鸣的鲜活内容。注重发出权威的声音，邀请党政机关领导解读重大政策方针，邀请知名的专家学者宣讲党的创新理论，解读重大理论问题；构建专业化品牌评论栏目，发展固定的受众群体，以此为平台影响和引导大学生思想。

（二）增强内容的贴近性和服务性

针对互联网环境下思想政治教育主客体之间的平等性特征，着力增强互联网信息的贴近性和服务性。坚持贴近教育，将教育意图转化为充满人情味、趣味性的贴近大学生日常生活的内容，在与大学生近距离交流中打动大学生、教育大学生；坚持针对性教育，利用互联网的虚拟性、身份的隐匿性等特征，调查摸清大学生的思想动态，因地制宜，增强思想政治教育的针对性；坚持思想政治教育与时俱进，要善于学习和借用具有正能量的网络语言，不断丰富和发展思想政治教育的时代元素。

三、革新教育形式

互联网的发展催生了新的教育手段，为高校思想政治教育形式的创新提供了技术支持。在互联网时代，传统的集中学习、做报告、面对面思想指导等教育方式和方法的效果被弱化，教育形式和方法的创新势在必行，要实现思想政治教育的网络化、信息化，必须从以下方面着手：

（一）构建以思政教育为主的网站

高校思想政治教育网站不能是单纯的信息库和资料展示平台，而应该成为思想政治教育的阵地，是网上思想政治教育的延伸和发展，主要包括：①要精心设置其网络板块，要有真实的理论知识数据库、动态的新闻报道栏目、针对时事的评论栏目，突出权威性、生动性、说服性、互动性和实时性；②要采用多媒体、立体化表达方式；③要善于利用网络语言壮大主流思想舆论；④要对热点事件在第一时间通过专家解读发声，精心策划以专家为核心凝聚热点圈子，产生群动作用，形成意识形态阵地效应。在这类网站上，学生可以轻松搜索有关思想政治教育的相关资料，了解国内外发生的重大时事，参与社会问题的交流讨论，接受教育工作者的心理指导，参加高校组织的各类主题活动。高校思想政治教育网站就是一个流动的、自助式的教室，能够打破教育时空的限制，营造一个新的、受大学生青睐的教育环境。

（二）形成互动式校园网络社区

校园网络社区要容纳学生管理、教学信息、党团活动、实践锻炼、文体活动、校园生活服务、官方微博等功能；要让学生在接受信息化管理、享受优质服务和便利生活的过程中，既享有邮箱、相册、文件夹等私有空间，又和学校党委、党团组织、教师、辅导员、学生紧密联系在一起，让学生感受到管理和服务的同时，也感受到学校的关心和呵护、支持和鼓励。

四、创新教育方法

互联网空间具有开放性、虚拟性，信息形式的多样性、生动性，传播的快捷性、扁平性等特点，为高校思想政治教育工作者创新方法和增强教育实效，注重显隐结合、真情感染、思路与问题同步指导、键对键、心对心沟通交流提供了广阔空间，主要包括以下方面：

第一，注重引导式教育。互联网是铸魂育人的重要阵地，要充分依托互联网技术手段，构筑生动活泼、富有传播力的舆论场；要优化网络空间环境，在正面引导中使大学生做出正确的价值选择；着力强化互联网信息的权威性和可信度，坚持丰富经典原著、创新理论等教育资源，构建思想政治教育资料库，抢占思想政治教育信息传播的制高点。

第二，实行融合式教育。运用互联网信息形式多样性特征，以多种方法手段，将不同形式、不同内容的信息进行有序衔接，将教育由平面引向立体，由静态引向动态；利用网络平台，开展网上问卷调查、大数据分析，全面掌握大学生思想动态和需求，增强思想政治教育针对性。

五、培养信息能力

互联网的出现和发展，是信息技术发展的必然结果，善于利用互联网，才能立足于将来。在互联网时代，高校思想政治教育工作者不仅要懂业务，具有崇高的使命感，还要懂互联网技术，熟悉互联网特点，能熟练进行网络操作，具备较高的信息能力，所谓信息能力，是指人们筛选、鉴别、选择、处理和运用信息的基本素质。具备较高的信息能力，是互联网时代开展思想政治教育的关键所在，它事关思想政治教育工作者能否及时、准确地把自己的政治理论观点传递给受教育者。

（一）形成信息意识

教育者的信息意识是教育者对信息的敏感度，以及捕捉、分析、判断和吸收信息的自觉程度。教育者信息意识的广度和敏锐度关系到教育者的思想政治教育水平，互联网环境要求教育者善于将互联网上新的知识信息与思想政治教育的知识信息有机结合起来，不断以新的知识信息开阔受教育者视野，启迪受教育者的思维。

（二）培养信息获取能力

思想政治教育的过程，从特定意义而言，是思想、政治信息的流程，信息的获取则是这一流程的开始，它的储存、传递和表现要借助于语言、文字和人的行为，离不开一定的物质载体和从事实际活动的人。高校思想政治教育工作者要积极适应时代发展要求，努力搜集和利用相关网络信息，为思想政治教育提供良好的服务，满足大学生的信息需求。

（三）培养信息处理能力

获取信息是高校思想政治教育的第一步，在此基础上，教育者还要对信息进行深入细致的分析处理。开放、虚拟、匿名等特性，使互联网充斥着大量的虚假信息，高校思想政治教育工作者要判断信息的真伪，从获取的信息中剔除虚假信息，以确保思想政治教育信息的真实可靠。因此，在剔除虚假信息的基础上，还需要对信息进行价值判断。对于高校思想政治教育工作者而言，在判断网络信息有无价值时，要从政治上着眼，从全局的高度、辩证的思维衡量它是否符合大学生的需要，这就要求思想政治教育工作者在复杂的环境中，保持高度的政治观察力和高度的政治敏锐性。

（四）培养现代信息技术运用能力

高校思想政治教育工作者必须是掌握现代互联网技术的人，因为思想政治教育信息的搜集和处理、使用都需要掌握一定的网络技术。对于高校思想政治教育工作者而言，要着重掌握以下方面的网络技术：①有助于发挥网络功能优势的工具，如电子邮件收发工具、网络浏览工具、网络互动交流工具、搜索引擎，以及网络下载工具等；②有关网络建设和网页设计的工具，如运用 Front Page、Flash 等制作网页的技术，运用 NET、PHP 等动态网页技术，运用 Photoshop、3Dmax 等图形工具加强网络信息的视觉效果，以及运用服务器建设思想政治教育网站的技术等。如果高校思想政治教育工作者掌握这些技术，将增强自身在学生心目中的威信，给高校思想政治教育的开展提供技术上的支撑。

第二节　互联网背景下高校思政教育教师队伍信息素养培育

在互联网背景下，高校思政教育培养高素质人才，师资队伍是关键。高校思想政治教育队伍是高校思想政治教育工作的主体，是高校思想政治教育工作的首要资源，是做好高校思想政治教育的组织保障。"互联网技术高速发展给高校思政教育带来了前所未有的机遇和挑战。高校教师亟须提升自身网络信息素养以应对网络信息多样化"[1]。高校思想政治教育队伍建设的水平直接关系到高校思想政治教育的成效和人才培养的质量，进一步提高思想政治教育队伍建设水平，打造一支高素质的思想政治教育队伍，是新时代加强和改进高校思想政治工作面临的重大课题。

一、思政教师信息素养的培养原则

（一）全面性原则

高校思政教师信息素养的培养不应仅关注专业技能的培养，还应注重全面素质的培养。全面性包括专业知识水平、道德修养、教育教学能力、科研创新能力以及社会责任感等方面。要通过多种形式的培养手段，全面提升高

---

[1] 梁雨溟，施承. 高校教师网络信息素养与思政教育水平提升研究[J]. 广西广播电视大学学报，2022，33（1）：70.

校思政教师的信息素养，使其在思想政治教育教学和学生思想引导工作中发挥更加积极的作用。

（二）开放性原则

高校思政教师信息素养培养需要借鉴国内外先进的教育教学理念和培养模式，积极引进先进的教学资源和教学管理经验，拓宽思政教师的视野，提升他们的国际化素养和竞争力。此外，也要加强与各行业、企业和社会组织的合作，促进校企合作，实现教学与实践的有机结合，提高思政教师的实践能力和应用能力。

（三）持续性原则

高校思政教师信息素养的培养不是一时之功，而是一个持续不断的过程。要通过制定长期的培养计划和实施长效机制，不断完善培养体系和培养机制，持续地提升思政教师的信息素养。此外，也要鼓励思政教师积极参加各种形式的学术交流和教学研讨活动，不断更新教育教学理念和教学方法，提高教学水平和教学效果。

（四）因材施教原则

在实施信息素养培养过程中，要充分考虑到不同思政教师个体的差异性，因材施教，量身定制培养方案。针对思政教师个体的特点和需求，采用不同的培养策略和方法，提供个性化的培训和指导，激发他们的学习热情，提高培养效果，从而更好地发挥他们的专业特长和优势。

（五）以人为本原则

互联网背景下，信息素养的培育是具有长期性特点的，需要靠社会和学校共同努力。无论是国家政策还是学校任务，都应该坚持以人为本的原则。从教育的目的看，思想政治教师互联网信息素养提升最终都要落实到教学上、学生上，切忌把教育信息化简单理解为技术层面的提升，而是以提升教育质量、推动教育公平、促进学生发展为目的，提升自身的信息素养。因此，互联网信息素养培育坚持以人为本原则一方面要求教育部门或是学校在对教师进行培训时，要切实考虑到教师的时间情况，家庭情况等，选取合理有效的评价方式，真正让教师愿意学，学得好；另一方面更主要的是面向全体学生，了解学生发展需要。

（六）评价机制公正原则

高校思政教师信息素养的培养需要建立科学公正的评价体系，明确评价标准和评价方法，确保评价结果客观公正，避免主观性评价的盲目性和片面性。要注重量化评价指标和定性评价方法相结合，充分考虑到思政教师的教学实践成果、科研成果和社会影响等方面的表现，综合评价思政教师的信息素养水平。

二、思政教师信息素养的培养策略

"互联网＋"促进了各个行业技术的革新，观念的进步，在此背景下学校教育应该积极抓住"互联网＋"所带来的机遇，尤其是思政教育更应该积极适应这一趋势，必须重视思想政治教师的信息素养培养工作，让思政教师能够具备信息意识，学会从互联网中筛选信息并运用于教学，能够建立政治学科资源库、共享学校间的信息资源，这就需要发挥学校和国家的合力。

（一）国家层面的培养策略

1. 资金支持软硬件建设

互联网信息化教育、信息素养的提高需要有一定的物质基础，也就是学校软硬件的建设与开发。有了一定的物质保障，教师才能够有利用互联网的平台。提高思政教师群体的信息素养，国家在资金支持上应当全面考虑整体发展。

微信公众号、微博等的发展也为教师信息素养的培育提供了很好的平台，通过数字图书馆教师可以方便地获取一些专业性信息；学科教学资源库的建设则有利于政治教师相互沟通时政资源，创造性地运用资源进行教学；微信公众号以及优秀政治教师的微博则可以帮助政治教师与时俱进，掌握最新的思政教育动向及教学方法等。因此，国家应当通过资金、政策等支持学校建设自己的数字图书馆以及教学资源库等，鼓励政治教师参与公众号的创立。

2. 引导开展培训阶段化

互联网信息素养的培育应当是贯穿思政教师成长发展的始终的，因此，对政治教师互联网信息素养的培训国家要统筹规划，分阶段、分步骤地展开工作，可大致将培训阶段分为以下方面：

（1）师范学校的培训面对的是大学生，相对于进入工作岗位的教师而言，他们思政教育专业知识不够扎实，综合素质仍待提高，因此这个阶段的培训应该以增强互联网信息意识为基点，培养互联网信息能力为重点，积累专业知识和培育综合素质为核心。师范生的互联网信息意识和互联网信息能力的培养要依靠信息课程来进行，当前师范院校的信息课程多是由信息技术学院的教师讲授，而政治学科的专业知识是本学院的教师讲授，这就造成了互联网信息技术与学科的分离，因此，国家要引导师范院校整合有关课程。

（2）职前培训是对入职教师进行的培训，能对入职教师在大学时所获得的信息素养能力起到补充和加强的作用，有助于入职教师将大学所学理论与教学实践相衔接；要从宏观上出台政策对职前培训的内容培训的形式等提出具体要求和考核标准，以此为参考各个地方的教育部门组织入职教师参与培训。

（3）在职培训则是面向从事一线教学的政治教师，这些一线教师是不同年龄不同性别的，他们的信息素养和学科基础不同，时间、经济状况等也有差别，所以国家应引导地方教育局和学校对他们的培训要注意层次性，切实考虑到不同教龄教师的实际情况，采取多样的形式，如年龄大的教师可以通过面对面教学；经验丰富的骨干教师可以通过网络远程教学自学。

（二）学校层面的培养策略

1. 建立健全的信息素养培养体系

学校应该构建完善的信息素养培养体系，明确培养的目标、内容和路径。在培养体系的构建过程中，学校可以制定一系列相关政策文件和指导方针，明确培养计划和目标，明确思政教师在信息素养方面应具备的基本要求，为其提供明确的培养方向和路径。此外，可以建立健全相应的培训机制，提供多样化的培训方式和平台，满足思政教师不同层次、不同需求的培养要求。

2. 注重教师团队建设

学校可以通过加强团队建设，构建专业化、多元化的师资队伍，优化思政教师队伍结构，提升整体素质。可以采取吸引优秀人才、培养青年教师、提升在职教师水平等一系列措施，为思政教师提供更多的成长机会和发展空间，激发他们的工作热情和积极性。同时，也要加强教师之间的交流与合作，促进教师间的相互学习和共同进步，形成合力，提高整体素质。

3. 加强信息化技术支持

在当今信息化发展日新月异的背景下，学校可以积极推动信息技术在教学和管理中的应用，为思政教师提供更好的信息化技术支持。可以建设完善的信息化教学平台和资源库，提供丰富多样的教学资源和案例，帮助思政教师更好地开展教学工作。此外，还可以开展信息技术培训，提高思政教师的信息化意识和应用能力，让其更好地适应信息化教学环境的要求。

4. 加强教学管理

学校可以加强对思政教师教学管理的监督和指导，建立科学合理的教学评估机制，对思政教师的教学质量和教学效果进行全面评估。可以通过定期教学检查、教学评比、教学督导等形式，促进思政教师的教学改革和教学创新，提高他们的教学水平和教学效果。同时，也可以加强教学资源的共享和共建，提高教学资源的利用效率和教学效果，为思政教师提供更好的教学保障。

5. 加强学科建设

学校可以加强思政学科建设，完善学科课程设置，拓宽思政教师的学科知识面，提高他们的学科素养和综合能力。可以通过制定相关政策，加大学科建设投入，提升学科建设水平，为思政教师提供更好的学科平台和学科支持。同时，也可以加强学科交流与合作，促进学科间的融合发展，提高思政教师的学科交叉能力和综合素质。

6. 实施可量化的评价考核体系

互联网的高速发展下，高校思政教育也要适当做出改变，培育政治教师的信息素养,需要国家的激励机制,具体到学校就需要制定可量化的评价考核体系。评价对信息素养培训具有多种功能:首先,是衡量标准,政治教师可以参照学校的考核体系有针对性地参与相应活动,研修信息课程;其次,是激励功能,通过公开透明的评价考核体系,思政教师能够有明确的目标,以具体的条件要求自己,激发斗志去满足要求获得认可和奖励。

从微观而言,学校在制定评价考核体系时,一定要结合政治学科的特点制定出符合实际的可量化的指标,考核一定要有时间限制和周期,一月一次、半年一次还是一年一次,需要作出明确规定,只有这样思想政治教师才会有紧迫感,在周期内及时地参与培训、自主研修;从宏观而言,学校可以把信息素养的考查结果作为教师评优、评聘等考核的部分,思想政治教师为了争取个人工作荣誉会强化信息意识,努力学习信息技术与能力,提升个人的信息素养。

三、思政教师信息素养的培养实践

(一)积极参与培训活动

培养思想政治教师互联网信息素养要灵活巧妙地将信息资源、信息技术与高中政治课创新融合、深度融合,仅仅靠教师参加教育局和学校组织的培训是不够的,参加培训能够帮助教师开阔眼界,拓展教学的知识和方法,为以后的教学提供参考,而要使培训所学内容发挥最大价值,更多需要教师体悟和实践。一师一优课,一课一名师活动正是实践锻炼自身互联网信息素养的良好平台。在参与活动过程中,精心搜集并整合有关互联网信息资源,通过听取组内成员的意见等途径反复打磨课程,在合适的课程内容中插入恰到好处的案例、活动,呈现一堂能够发挥引领示范作用的优质课。

(二)推进思政教学应用构建

推进互联网+教育,建设人人皆学、处处能学、时时可学的学习型社会需要国家制定相关政策扶持,但更重要的是需要教育教学中发挥主导作用的教师身体力行,积极推进网络化、智能化的教育体系建设。具体说来,可以从教学应用覆盖全体教师这一目标努力,要实现这个目标,一方面,积极地在教师群体中普及当前已经存在的互联网教学应用，如网易网课、慕课等，达到思政教师能够熟练并乐于运用互联网教学应用的效果；另一方面，思政教师可以结合所在学校学生的情况创建不同的互联网教学应用程序。例如，思政教师可以利用微信公众号等程序，每天推送与课程内容相关的时政材料供学生学习；也可以建立教学软件库，内部分知识提纲和练习题库等不同板块，让学生可以根据自身情况有针对性地学习。

第三节　互联网背景下高校思政教育教师队伍的高质量发展

在互联网背景下，高校思想政治教育教师队伍的高质量发展成为当前高等教育领域中备受关注的重要议题。"作为高校思想政治教育工作的两支重要队伍，思想政治理论课教师队伍和辅导员队伍在大学生成长成才的过程中具有十分重要的作用"[①]。高质量的教师队伍是高校思想政治教育的核心保障和关键支撑，对于推动高等教育事业发展、提高教育教学质量具有重要意义。

一、构建高素质思政教育教师队伍

第一，为构建互联网背景下高素质思政教育教师队伍，高校可以借鉴先进经验，通过制定相关政策文件和指导方针来明确思政教育教师的选拔标准和培养要求，这些标准和要求应该包括但不限于思政教育教师的学术背景、教学经验、教学成果以及教育教学理念等方面的要求，以确保选任的教师具备足够的学术造诣和教学能力。

第二，为了提高思政教育教师的专业水平和教学能力，高校需要加强对思政教育教师的培训和指导工作，这包括但不限于举办教学培训班、组织学术研讨会、开展教学交流活动等，旨在加强教师的教学能力、教育理念和教育技巧。通过这些培训和指导活动，教师们可以不断更新自身的教育理念，

---

① 苏刚. 高校思政课教师队伍和辅导员队伍的协同发展探讨［J］. 才智，2021（31）：99.

拓展教育教学手段，提高课堂教学效果和学生的思政教育质量。

第三，高校还应为思政教育教师提供更多的发展机会和发展空间，这包括为优秀教师提供晋升渠道和职称评定机制，建立健全的激励机制和奖励制度，激励教师们积极投入教学科研工作，提高其教学科研水平和影响力。此外，高校还可以鼓励教师参与学术交流、撰写教学研究成果、申报教育教学改革项目等，从而促进思政教育教师队伍的整体素质提升和学术水平的提高。

二、提高思政教师队伍的专业水平

第一，为提高互联网背景下思政教育教师的专业水平，高校可以制定针对性的培训计划和课程设置，注重提高教师的互联网技能和教学方法，这包括但不限于组织教师参与信息技术培训、网络教学平台的使用培训以及教学设计与教学评估等方面的培训。通过这些培训，教师们能够了解并掌握最新的教育技术手段，提高其在互联网教学环境下的教学设计能力和教学评估水平，从而更好地适应互联网时代的教学需求。

第二，高校还可以加强互联网思政教育教师的专业交流与合作。通过组织教师间的学术研讨会、专业交流活动以及教学案例分享等形式，促进教师之间的经验交流和教学方法的分享。同时，高校还可以鼓励教师参与学术期刊的撰写与发表，提高教师的学术水平和学术影响力。通过这些专业交流与合作，教师们可以相互借鉴、学习先进的教学理念和教学方法，拓宽自身的专业视野，提高教学质量和教学效果。

第三，高校还可以建立完善的教学评估与反馈机制，定期对教师的教学进行评估与反馈。通过教学评估，高校可以了解教师在互联网思政教育中存在的问题与不足，提供针对性的改进建议和指导意见，帮助教师不断优化教学设计，提高教学效果和教学质量。同时，高校还可以通过学生评教、同行评议等方式，充分倾听学生和同行的意见与建议，不断完善教师的教学水平和教学质量。

三、提升思政教师队伍的教学热情

第一,高校可以制定相关激励政策和奖励机制,以调动教师的积极性,这些政策和机制可以涵盖多方面,如教学质量奖励、教学成果评选、教学经验交流等。在教学质量奖励方面,高校可以设立优秀教学奖,通过教学评比、学生评价等方式,评选出在思政教育领域表现突出的教师,并给予相应的荣誉和奖励。此外,可以鼓励教师之间进行教学经验分享和交流,提供交流平台和学术讨论会,让教师们相互学习借鉴,共同提高教学水平和教学效果。

第二,高校可以建立健全的教师培训制度,不断提升教师的专业素养和教学技能。培训内容可以包括教学方法、教学理念、教学技巧等方面的内容,以帮助教师不断提升自身的教学水平和教学能力。同时,高校可以鼓励教师参与教学研究和教学课题,支持教师进行教学创新和教学改革实践,为教师提供展示自己才华和能力的舞台。

第三,高校应当建立健全的教师评价体系,确保教师的教学质量得到客观、公正的评价。评价体系应当注重教师的教学热情和工作积极性,重视教师在教学中所付出的努力和取得的成果。评价结果可以作为激励教师的依据,通过评价结果的反馈,激励教师更加努力地投入到教学工作中,不断提高教学质量和教学效果。

第四,高校还可以鼓励教师积极参与科研项目和教学改革实践,培养教师的教学研究兴趣和创新精神。支持教师参与科研项目的申报和教学改革实践的探索,为教师提供广阔的发展平台和良好的科研环境,鼓励教师在教学过程中不断探索和创新,为互联网思政教育的发展贡献力量。

四、建立思政教师队伍的交流合作机制

第一,高校可以建立多层次、多形式的教师交流平台,为教师们提供交流互动的机会,这些交流平台可以包括学术研讨会、教学观摩活动、教学沙龙等形式,旨在为教师提供一个展示自己教学成果、分享教学经验、学习借

鉴他人经验的平台。通过这些交流平台，教师们可以相互交流教学心得，分享教学方法，探讨教学难点和疑惑，从而促进彼此之间的共同成长和提高。

第二，高校应当积极推动教师之间的合作机制建设，鼓励教师开展合作研究和教学项目。合作研究可以涉及教学方法的探索、教学资源的共享、教学课题的研究等方面，通过多学科、多层次的合作，促进教师在教学研究方面的深入探讨和交流。此外，高校可以支持教师开展跨学科、跨院系的合作项目，鼓励教师之间加强合作，共同培养学生的综合素养和创新能力。

第三，高校可以建立教师交流合作的评价机制，确保教师交流合作活动的有效实施和成果展现。评价机制可以注重教师交流合作的实际效果和社会影响，重视教师交流合作活动对教师教学能力提升和学生学习效果的促进作用。同时，评价机制应注重激励教师之间的交流合作，通过评价结果的反馈，激励更多教师积极参与到交流合作活动中，不断提高教学质量和教学效果。

第四，高校还应当建立教师交流合作的信息平台，为教师们提供方便快捷的交流合作渠道。信息平台可以包括教师在线交流平台、教师资源共享平台、教学成果展示平台等，通过信息化手段实现教师之间的全方位、多层次、多渠道的交流与合作。通过信息平台的建设，可以促进教师之间的信息共享和资源共享，提高教师教学能力和教学效果的共同提升。

总而言之，互联网背景下高校思想政治教育教师队伍的高质量发展需要注重构建高素质的教师队伍、加强教师的专业化发展、提升教师的创新能力、激励教师的教学热情以及建立教师的交流合作机制等方面的工作。只有在加强这些方面的建设和管理的基础上，才能够有效推动高校思想政治教育教师队伍的高质量发展，提高思政教育的质量和效果，推动高等教育事业的可持续发展。

第九章 互联网背景下高校思政教育的协同育人

第一节 互联网背景下高校思政协同育人的维度与机制

一、互联网背景下高校思政协同育人的维度

思政教育是一个社会历史范畴,对思政教育社会性、时代性的判断是最基本的判断。以互联网为代表的信息技术作为一种重新构造社会的结构性力量,促使人类社会迈入互联网时代,引领了社会生产的新变革,创造了人类生活的新空间,也奠定了思政教育与时俱进、与"网"俱进的新逻辑。互联网内外思政教育协同育人主要指在思政教育的育人实践中,要统筹考虑和综合运用互联网内外两个教育场域、互联网内外两种教育手段、互联网内外两类教育规则,协同一致地实现思政教育目标、完成思政教育任务,其实质是网络思政教育与传统思政教育两种教育形态高度融合形成育人合力的过程。深刻认识互联网内思政教育与互联网外思政教育在时空序列、互联范式、联通变量上的差异性、协同性,增强互联网内思政教育与互联网外思政教育融合发展的整体性、稳定性,重在整体设计协同育人的格局、统筹考虑协同育人的范式、有机衔接协同育人的变量。

(一)整体设计互联网内外思政教育协同育人的要求

1. 处理好历时与共时的关系

当前,从现实的结果而言,互联网内思政教育和互联网外思政教育的共存互促确保了立德树人工作的连续性、稳定性和同一性,给立德树人工作带来了良好秩序和积极意义。持续打开思政教育工作局面,要正视和落实互联网内思政教育与互联网外思政教育的历时性递进、共时性互构。

2. 处理好全局与局部的关系

牢记"木桶效应"①,以互联网内思政教育与互联网外思政教育协同共进中的短板为突破口,以局部关键性教育问题的解决带动教育全局的优化,主要包括以下方面:

(1) 建立健全"大思政教育"的领导体制和工作机制,形成以牢牢掌握党对思政教育工作领导权为导向的领导体制,形成党委统一领导、党政齐抓共管、宣传部门组织协调、有关部门分工负责、社会力量积极参与的工作体制和工作格局,统筹"大思政教育"的顶层设计。

(2) 建立健全"大思政教育"的运行机制,形成以共在模式为导向、与社会发展进程相衔接的融合机制,形成互联网内思政教育与互联网外思政教育一体化发展的体制机制。

(3) 建立健全"大思政教育"的保障体制,完善高端复合型的队伍培养机制,完善多层次、多渠道的经费投入机制,完善全方位、发展性的质量评估机制。特别是要形成与互联网法律法规相协调的互联网内思政教育法律法规体系,健全互联网内思政教育数据资源的准入监管机制、开放共享机制。

3. 处理好统合与分殊的关系

强调"融为一体、合而为一",并不是要求把互联网内思政教育与互联网外思政教育的各个过程、各个环节绝对地"统"起来,当然也不能按照思政教育的形态属性简单地"分"开来做,各搞一摊。在协同育人的实践探索中,互联网内思政教育与互联网外思政教育在"为谁培养人"的根本目标和"如何培养人"的根本遵循上要保持统一。一方面,要坚持为人民服务,为

---

① 木桶效应是指一只水桶能装多少水取决于它最短的那块木板。一只木桶想盛满水,必须每块木板都一样平齐且无破损,如果这只桶的木板中有一块不齐或者某块木板下面有破洞,这只桶就无法盛满水。一只木桶能盛多少水,并不取决于最长的那块木板,而是取决于最短的那块木板。任何一个组织,可能面临的一个共同问题,即构成组织的各个部分往往是优劣不齐的,而劣势部分往往决定整个组织的水平。

中国共产党治国理政服务,为巩固和发展中国特色社会主义制度服务,为改革开放和社会主义现代化建设服务;另一方面,要坚持正确政治方向。互联网内思政教育与互联网外思政教育在"如何培养人"的具体理念思路、内容形式、方法手段等方面可以有统有分。例如,可以按照媒体形态"分设"报、台、网、微、端等专业化的教育方法手段,与之相适应的"统合"就是改变报网、台网分开运行的做法,统筹考虑和综合运用这些教育方法手段。

(二)统筹分析互联网内外思政教育协同育人的范式

1. 解决好同一性与差异性的关系

思政教育范式的代代相传是一种差异协同的过程,范式的艺术风格和表现形式千姿百态,但促成范式再现的自我再生机制基本上不会变。思政教育工作者有将教书育人、科研育人、实践育人、管理育人、服务育人、文化育人、组织育人等教育范式代代相传的惯性,只是这种惯性的大小会因人、因时、因地、因事、因势而异。传承和弘扬这些思政教育范式,不只是追求统计学意义上的重现,更重要的是让后继者科学再现其规范性意图、规范性效果。例如,媒介育人范式,尽管口头、文字、广播与网络在传道施教的范围、时效等方面存在差异,但始终遵循着"媒介是人的延伸"这个共同的主题。由口头传道施教、文字传道施教、广播传道施教等互联网外传道范式与网络传道施教构成的"延传变体链",将一代又一代思政教育者联结在媒介育人的根本结构中。

2. 解决好继承性与发展性的关系

思政教育范式特别是"元级别"的重量级范式是不可或缺的,在思政教育范式的惯性力量的规约下,思政教育能以发展着的"变体"长期保持某种特定的实践范式。以传统文化育人为例,通过中华优秀传统文化的课堂教育来引导人是一种可取的方式,通过中华优秀传统文化的网络化传播来陶冶人也是一种有益的方式。中华优秀传统文化倡导的讲仁爱、重民本、守诚信、崇正义、尚和合、求大同等精神范式是"附属"在网络文化上的"元级别"的优良范畴,这一"元级别的原范式"使作为崭新文化形态的网络文化成为传统的一部分。坚持继承优良传统与改革创新相结合的一个重要任务就是借助网络新技术新业态的新兴优势,实现思政教育传统优势的网络化转型和网络化发展。

实现网络化转型,就是要按照互联网时代的特点,对那些至今仍有教育价值的教育内容和陈旧的教育形式加以改造,赋予其新的网络化意蕴和网络化表达形式,激活其生命力。例如,给课堂教学配上"云平台",给思想文化宣传配上"微信朋友圈"。实现网络化发展,就是要按照互联网时代的新进步新发展,对思政教育的内涵加以补充、拓展、完善,增强其感召力。

二、互联网背景下高校思政协同育人的机制

(一)构建多式聚合的协同育人平台

1. 构建精准化教学平台

大数据的核心价值在于用数据本身的逻辑过程揭示规律、研判趋势、提供方案,从而实现价值变现。加速大数据在高校人才培养工作的植入,构建思政工作大数据教学平台,是探索思政工作协同育人自我发展路径的需要。高校大数据教学平台依托学生信息数据库、用户画像系统、智能评价与反馈系统支持,体现数据收集与验证—算法建模—内容供给—学情反馈的运行逻辑和管理思路。搭建高校思政工作大数据精准化教学平台主要运用大数据实时记录、精准分析、高速运算、自主智能的特点和优势,为教育教学提供先进的技术载体和手段,从而更好协同主体、资源、平台同步运转。

数据抓取和采集是教学平台运行的第一步,高校可以借助摄像头、传感器、电脑等设备,用大数据抓取、语音识别、图像识别、物联网等技术实时采集、追踪、记录学生网络访问和交互信息、面部表情、语音语调、姿势行为等各项数据和指标,将采集得到的异质非结构化数据进行清洗、提取、解析、转换、验证,再将处理完的数据根据预定设置的标准和路径生成学生个体"数据仓库",无数个"数据仓库"排列组合构成学生信息大数据系统,被存储的数据构成大数据精准化教学平台服务模型的原初资产和基础性支撑。

大数据的本质就是个性定制、精准服务,学生数据被精准分类、快速整合后，基于关联分析和聚类分析，思政工作大数据系统快速锁定大学生所有相关信息词条，用个性化标签的集合构建大学生用户学习画像和可视化模型，这样，教师从用户画像中洞察出不同年龄层次、不同专业类别大学生学习习惯、规律、兴趣、偏好、需求的差异性和特殊性，科学研判其思想和行为发展趋势，提供与之相适应的教学环境、视频、课程及配套幻灯片等教学设计，凸显网络资源的思想道德教育价值效应，形成在线学习与课下学习模式良好对接、互动、平衡关系，在大学生个体的纵深发展上实现个性化的挖掘。

高校要完善大数据教学平台教学评估模型设计，通过对学生不同课程表现数据的同步跟踪、切换、查询，数字化掌握大学生学习进度，基于大数据算法模拟和计算公式，从各项量化指标变动感知学生行为、心理、情绪的多维度动态变化，自动检测大学生学习效果，生成学习报告，协助教育者对思政教育教学效果进行反馈，针对性地给予学生个体"个性化"学习纠错指导，让教学表达与学生需求协同联动，更有效地引导大学生的思想发展、价值形成与素质提升，提升思政工作的科学性与实效性。

2. 构建信息化管理平台

得益于大数据科学发展，"数据驱动管理"成为今后高校思政工作管理的主要方式和样态。进一步提升管理要素在协同育人系统中的供给服务能力，要加快建设高校信息化管理平台，建立教务、学工、党委、团委、后勤、就业等部门参与的网络化、智慧化协同管理模式，推动大数据理论与管理实践相结合，建构灵活的云服务模式，提升管理速度和质量。学生思想工作、教职工、后勤、科研、财务、设施、党团管理相互牵连、密不可分。面对大数据时代高校思政工作管理变革，要科学运用大数据建构高校信息化管理云平台，将大数据技术嵌入高校课堂教学、学生生活、交友实习、舆情管控、科研项目、基础设施等方面，落实科学性、安全性、规范性等要求。

课堂是高校思政工作协同育人的主渠道，应当强化大数据平台对课堂的信息化管理，建立由电子摄像头、监控器、大数据、物联网、教学 App 组成的信息传输链条，形成课堂数据流闭环管理，将学生课堂出勤、答疑、作业、上课状态数据编辑存档,自动编辑电子助教手册、课堂云方案,协助思政工作者进行课堂教学管理。

大数据时代学生思想教育如何能够真正育人育心,关键在于高校的信息化管理是否能帮助化解学生的疑难困惑。高校信息化管理平台要强化预警机制,赋予教师、系统管理员、辅导员、班主任以数字身份,以随时获取学生数据和进行学生信息交流、比对、检验,及早发现大学生思想、心理、健康、行为问题苗头,建立预警学生名单,分学院、分年级将预警学生对接到具体的教师,进而对学生行为进行精准介入、干预,提供相应的援助和指导,将大数据思政工作信息化平台对学生思想关怀帮扶工作的关口前移。

强化信息化管理平台在科研实验中的应用价值,是推进科研育人步伐的关键。大数据环境下,高校科研实验要从信息技术入手,用大数据对科研项目的可行性和价值性进行智能评估,整合科研资源均衡分配,运用智能数字手段对科研数据、实验结论、论文成果进行检验评估,充分发挥数据方法和信息化手段在科研管理中的作用,更好实现科学研究在推动大学生专业素质、学术素养、学术伦理培养方面的价值迁移。为保障高校思政工作相关数据安全,高校要运用电子身份、数字加密、隐藏等技术,加强对师生隐私数据、机密数据、价值大的数据的特殊管理,并且要建立数据应用的电子许可证和电子监督,确保数据在法理和伦理的限度内被应用。

(二)形成多层贯通的协同育人体系

1. 形成思政课程与课程思政相统一的课程体系

"当下,各类学校大力推进的'思政课程'向'课程思政'的转向就是一种创新性尝试,为探索构建全员、全课程的大思政教育体系打开了思路,思想政治教育实践越来越'活化'"[1]。因此,高校要拓宽学生思想价值引领的课程边界,延伸思政工作的学科、载体、队伍、方法、内容外延,促使其他各门课程与思政课同向共育、合力共为,形成"大思政"共同体。

大数据背景下,要加快其他课程与思政课内容互补、结伴同行、共享发

---

[1] 吴满意,王丽鸽. 从精准到智慧:思想政治教育创新发展态势[J]. 马克思主义与现实,2019(04):199.

展，构建思政课程与课程思政相统一的课程体系。"课程思政"不等同于"思政课程"，促进"思政课程"与"课程思政"内容互补，在坚持思政课程为轴心的前提下，其他课程的教学大纲、目标、任务、教案设计、课堂互动、课程考核要参照思政课程的规律和逻辑，注重突出其课程的隐性育人价值。尤其在课堂教学中，教师要善于运用大数据对教授课程中的思政教育资源进行抓取、定位、定性分析，建构该课程的德育资源运用可视化模型，让教师明白应该补充以及延伸哪些内容，通过何种方式、语言、案例对专业课和通识课内容进行加工改造，以滴灌渗透方式在学科的专业知识、素养情怀、技能要求、学科精神中渗入学生思想价值引领与道德教育，与思政课程在内容生态上形成良好的互动与互补。

"思政课程具有时代性和发展性，课程思政中其他课程的建设也要与思政课程同步同行，主动关注、学习、践行课程思政要求，根据思政工作在大数据时代下的新形势、立德树人新变化，修订课程设计，凸显新时代育人新貌；调整内容编排，融入当代中国故事；更新教学信息技术应用，凸显教育时代感，同时要运用直观、活泼、新颖的形式，优化其他课程教育服务感官体验性，促进其他课程要素、内容、方式、过程、结果与思政课程的同频共振、结伴而行。

在大数据、云计算、新媒体视域下，学科分工被细化，网络数据和知识生产不断更新，课程思政背景下，高校思政工作要巧借大数据技术为其他学科和课程与思政理论课的优质课程资源、思想道德资源、师生数据、教学方法、技巧经验的共享搭建渠道，促进优质课程资源在时空维度上的传播和共享，形成课程思政专门化结对制度和常态化共享机制，从点、线到面，从局部到整体，通过共享实现双赢，既有效促进思政课程从其他学科的学理和思维中汲取营养，又进一步推动课程思政建设。

2. 形成社会实践与创新创业相融合的实践体系

"思政工作解决思想问题的同时，更要解决实际问题"[①]。思政工作解决

---

① 艾四林. 充分发挥马克思主义理论学科在协同育人中的作用 [J]. 学校党建与思想教育, 2017 (23): 20.

实际问题的最好方式就是实践。因此高校要重视建设思政工作实践体系，发挥好实践育人的作用。构建思政工作社会实践与创新创业相融合的实践体系是高校思政工作的发展路径之一。社会实践和创新创业同为大学生融入社会、认识现实、培养社会责任感、创新思维、发现新知的重要途径，是认识论在当代大学生身上的鲜活体现。

大数据时代促进高校思政工作实践育人转型与适应，要发挥数据"催化"作用，加快社会实践与创新创业在目标、思维、过程方面的融合，使二者从内在机理到外在形式形成"默契"，建立体验式、感受性、综合性实践育人体系，让高校大学生在学和用的统一中成长成才。高校组织大学生参与社会实践活动在于通过知与行的转换和迁移，把理论思考转换为行动自觉，在身体力行中提升理论认知，将其深化为自身的价值标准和道德准则。而高校鼓励大学生创新创业旨在发挥学生自身在创新创业项目中的创造力、自主性、事业心，强化学生的敢于创新、积极进取、自力更生、终身学习的观念意识和能力。从本质而言，社会实践和创新创业其目标的共同性在于实现大学生理论解释实践与实践升华理论的双向驱动，促进知行统一。

大数据视域下高校思政工作协同育人要深刻认识社会实践与创新创业育人目标的共生性联系，立足于大数据时代高校实践育人的基本要求，在社会实践目标中融入大学生创新意识、知识、能力、人格培养要素，注重实践教育与大数据、云计算、5G、人工智能等新科技生态协同。同时，大学生创新创业为社会性和科学性实践活动，将拓宽专业知识范围、提升认识与服务社会的能力、强化社会责任感等培养内容融入创新创业育人的目标体系。

随着大数据在高校思政工作中嵌入加深，高校应当进一步促进社会实践与创新创业在思维上的融合。例如，引导学生实践部、校共青团委、就业部门、学生社团、创业指导中心的负责教师要主动将大学生社会实践与创新创业看作实践育人的一体两面，有意识强化社会实践与创新创业在主体、内容、信息、资源、活动、平台、评价等方面的协同，依托大数据、新媒体、互联网创新实践育人协同服务形式。高校要有意识培养大学生跨界学习的思维意识，要在社会实践与创新创业的统一中增长才干、服务社会，更要有探索精神、大胆革新、敢于批判、追求创新等人格特质的养成迁移。

社会实践与创新创业作为时间意义上的可持续性活动，促进两者在过程中的融合至关重要。在活动过程中，高校要与企业达成合作关系，坚持生产活动、基层锻炼、志愿服务、调查实验与创业发展、科技发明相结合，设立社会实践与创业联合基地、研修基地、示范项目、众创空间、前沿工程等。教师应基于大数据模型分析和情况预判，编制社会实践与创新创业计划和操作规程，分类定制融社会服务与创新创业双向指标于一体的学习任务、管理体系、考核体系，强化大数据在实时考核、大学生实践成绩测评和创新表现中的应用，并开展个性指导，从数据应用中提升实践育人创造力和创新力。

第二节 互联网背景下高校思政教育协同育人的创新

互联网时代背景下，高校思想政治教育协同育人的创新实践正处于迫切需要深入探索的阶段。随着信息技术的快速发展和互联网的广泛应用，高校思政教育正面临着前所未有的机遇和挑战。如何充分发挥互联网平台的优势，实现高校思政教育的全面发展和提升，成为当前高校教育界亟待解决的重要课题。在这一背景下，高校思政教育的协同育人实践显得尤为重要。

第一，教育资源整合的创新实践。在互联网背景下，教育资源整合成为高校思政教育协同育人的重要内容。高校可以通过建设全面、丰富的教育资源库，整合国内外优质的教育资源，包括思政教育经典教材、网络课程、多媒体教学资源等。首先，高校可以建立统一的资源共享平台，将各学科领域的优质教学资源进行分类整理，便于教师和学生进行查阅和利用；其次，高校可以积极开展学科交流与合作，促进不同学科之间教育资源的共享与交流，实现资源的跨学科整合和优势互补；最后，高校可以充分利用互联网平台，开展网络课程资源的共享与传播，让更多的学生受益于优质的教育资源，提高思政教育的普及度和质量。

第二，课程模式创新的实践探索。在互联网时代，高校思政教育需要创新教学模式，充分利用互联网平台提供的多样化教学资源，满足学生个性化、多元化的学习需求。高校可以探索开展在线课程、混合式教学、翻转课堂等多种教学模式，使学生不受时间和空间的限制，随时随地都可以参与到思政教育的学习中来。同时，高校可以通过建设教育 App、网络教学平台等载体，为学生提供方便快捷的在线学习环境，丰富思政教育的教学内容和形式，提高教学的互动性和趣味性。此外，高校还可以加强与社会各界的合作，开设多种形式的实践教学课程，让学生通过实践活动加深对思政教育理论的理解和应用。

第三，教学手段优化的探索实践。互联网背景下，高校思政教育需要优化教学手段，创新教学方法，提高教学效果和教学质量。高校可以借助多媒体技术，运用多种形式的教学手段，如视频教学、网络直播、互动讨论等，提高教学的生动性和趣味性，激发学生的学习兴趣和主动性。与此同时，高校可以加强师生互动，建立在线问答平台和讨论区，鼓励学生积极参与到课堂讨论和问题解答中来，增强学生的学习交流和合作意识。此外，高校还可以积极开展教学团队建设，建立高效的教学团队，培养一支专业化、高素质的教师队伍，提高教师的教学水平和教学质量。

第四，评价机制完善的实践探索。高校思政教育协同育人的实践需要建立科学合理的评价机制，全面评估学生的学习情况和发展水平，为学生提供个性化的教育服务和发展建议。高校可以建立多维度的评价体系，综合考查学生的思想政治素养、学习能力、实践能力等多方面的能力和表现。同时，高校可以建立学生学习档案，记录学生的学习情况和发展轨迹，为学生的个性化发展提供有力支持和指导。此外，高校还可以建立师生双向评价机制，让学生对教学质量和教学效果进行评价，促进教学过程的互动和改进，增强教学效果的可控性和可持续性。

但是，在推进高校思政教育协同育人的实践过程中，也面临着一些挑战和困难。首先，互联网教育资源的质量良莠不齐，教育内容的合理性和准确性有待提高，高校可以加强教育资源的筛选和审核工作，提高教育资源的质量和可靠性；其次，互联网时代下，学生容易沉迷于网络世界，影响学生的学习积极性和思政教育效果，高校可以加强学生网络素养教育，引导学生正确使用互联网资源，提高学生的自我管理能力和自律意识；最后，教师在互联网教育中需要具备一定的技术能力和教育教学理念，高校可以加强教师的教育培训，提高教师的教学水平和教学能力。

  总而言之，互联网背景下，高校思政教育协同育人的创新实践是当前高校教育工作的重要任务之一。高校可以从教育资源整合、课程模式创新、教学手段优化以及评价机制完善等方面着手，充分发挥互联网平台的优势，提升思政教育的质量和水平，为培养德智体美劳全面发展的社会主义建设者和接班人作出积极贡献。

第十章　互联网背景下高校思政教育的教学资源设计

第一节　高校思政教育的信息化教学资源的优势与特征

"从目前来看，我国的信息技术水平发展迅速，信息技术在教育教学中的运用也越来越广泛，给教育模式提供了改革的技术支持，也改变了学生的知识接受方式"[①]。信息化教学资源是随着计算机信息技术的发展而产生的，其将传统教学资源通过信息化技术转化为数字形式，通过互联网可以利用这些教学资源。思想政治课教学资源信息化就是将原本的教学资源进行数字化，方便教育者开展教育，有助于学生搜索资料进行学习。信息化教学资源可以方便快捷地满足人们的信息需求。信息化教学资源的建设包括：①信息化教学资源的开发是指通过信息处理技术和互联网技术建立信息资源库，将大量教学信息进行数字化管理，使人们可以通过网络进行检索和下载；②信息化教学资源的利用是指将信息化教育资源进行分类、整理和加工等，按照不同分类进行导航数据库的建设，帮助人们可以更为快捷地进行信息搜索。思想政治课信息化教学资源的开发与利用是建设和完善思想政治课网络信息资源的重要环节，也是进一步进行思想政治课信息化教学的保障。

一、思政教育信息化教学资源的优势

思政教育作为一项重要的教育内容，旨在培养学生正确的人生观、价值

---

① 陈汉明. 高校思政课信息化教学的实效性分析 [J]. 科教导刊（下旬），2020，(3)：109.

观和世界观,提高其思想道德素质。随着信息技术的快速发展,思政教育逐渐与信息化教学资源相结合,拓展了教学手段与方式。信息化教学资源在思政教育中的应用,具有诸多优势,主要包括以下方面:

第一,信息化教学资源为思政教育提供了更加丰富多样的教学内容。以数字化形式展现的思政教育资源,包括文字、图片、音频、视频等多种形式,可以全面而立体地展示思政教育的内容。通过多媒体资源的应用,可以生动形象地向学生传递思政教育的理论知识和实践案例,有利于激发学生的学习兴趣和参与热情,提高教学效果。

第二,信息化教学资源提供了便捷的学习途径和渠道,为学生提供了自主学习的空间和机会。学生可以通过互联网平台随时随地获取相关的思政教育资源,自主选择学习内容和学习节奏,灵活安排学习时间。这种自主学习模式有利于激发学生的学习兴趣和自主学习能力,培养学生的独立思考和问题解决能力。

第三,信息化教学资源具有互动性强的特点,能够促进师生之间的良好互动和沟通。通过在线平台和教学软件,师生可以实时交流、互动探讨,学生可以提出问题和困惑,与教师进行及时沟通和交流,有利于师生之间建立良好的互动关系,促进思政教育教学的深入开展。

第四,信息化教学资源为个性化教育提供了更加广阔的空间。教师可以根据学生的实际情况和学习特点,有针对性地选择和设计教学资源,满足学生个性化学习的需求。通过信息化教学资源的个性化应用,可以更好地激发学生的学习兴趣和学习动力,提高教学效果和教学质量。

第五,信息化教学资源的应用可以有效提高思政教育的教学效率。教师可以通过网络教学平台对学生进行统一管理和教学管理,对学生的学习情况和学习成绩进行实时监控和评估,及时发现问题和不足,采取相应的教学策略和措施,提高教学效率和教学质量。

最后,信息化教学资源有利于拓展思政教育的教学空间和范围。借助信息化教学资源的全球化特点,思政教育可以不受地域和时间的限制,突破传统教学的时空界限,实现教学资源的共享和交流,促进思政教育的国际化发展。

总而言之，信息化教学资源在思政教育中具有重要的优势，有利于丰富教学内容、拓展教学方式、促进教学效果、提高教学质量，对于培养学生的正确人生观和价值观，提高学生的思想道德素质具有积极的促进作用。在今后的教育教学中，应进一步深化信息化教学资源在思政教育中的应用，不断完善教学内容和教学模式，促进思政教育的深入开展和教学质量的提高。

二、思想政治信息化教学资源的特征

（一）信息数量大、种类多

现代信息技术集成度高、系统结构柔性大、处理方式严密，这就使得互联网信息资源具有数量巨大的特征。思想政治信息化的教育信息有多种形式，如文字、图片、音频、视频等，随着互联网信息技术的不断发展，对于信息的表达方式也越来越多样。

（二）形式多样、分布广泛

海量的信息资源存储在互联网中，由于互联网的特征，使这些思想政治信息资源的分布十分广泛，思想政治信息化教育资源呈现出分散、开放的特征。与此同时，互联网具有超文本链接方式与强大的检索功能，这使思想政治信息资源之间存在很强的关联性，这种关联性可以帮助人们更好地利用信息资源，这也是相对传统信息检索更方便的一个地方。

（三）内容丰富，侧重点不同

大量的教学资源出现在网络中，不同的网站提供的服务有所不同，所以对思想政治教学资源的侧重点也不同，虽然网络中的思想政治教学资源内容丰富，但根据不同网站和数据库的作用和侧重不同，无论是教育者还是学生，都可以按照自己的搜索意愿在合适的网站进行教学资源检索，帮助他们快速便捷的获取需要的资料，相比传统的资料检索方式，思想政治信息化教学资源的检索简单方便，可以节省大量时间。

（四）动态发展、信息更新快

互联网媒体具有信息及时性的显著特点，思想政治信息资源的发布和传递始终处于动态,相较传统的信息传递更为快捷、灵活。思想政治信息化教学资源可以进行实时更新,在相关网站发布最新动态,使教育者和学生可以第一时间掌握最新的教学资源。思想政治信息化教学资源可以通过互联网进行及时、快速的传播,打破了传统教学资源的传播方式,增强了信息资源的更新和传播速度。

(五) 传播范围广、交互性强

思想政治互联网信息资源通过多媒体进行传播,超越了传统的信息组织方式,多媒体帮助信息化资源通过语言、非语言两种符号进行媒介间的传递。多媒体信息的传播方式使信息传播范围更广,同时丰富多样的传播方式为人们带来了全新的感官体验。多媒体具有很强的互动性,这使得通过多媒体进行传播的信息化资源具有交互性。思想政治信息化教育资源在传播范围上远远超过传统教学资源,多样化的感官体验带给人们不同以往的交互体验。

第二节 高校思政教育的教学软件及其制作方式

教学软件是教育者开展教学时的辅助工具,它可以帮助教育者更好的表现教学内容,是当今开展教育中不可或缺的一种软件。教学软件一般是指多媒体教学软件,这是一种混合运用文字、图片、音频、动画等多种媒体,以计算机为主要操作核心的交互式教学软件。多媒体教学软件可以利用超文本技术和媒体手段,并且可以按照设计者的思维模式进行交互式的信息处理。在现代教学中,使用多媒体教学软件进行教育已经成了教育者的基础能力。多媒体教学软件拓宽了教学的方法和思路,同时提高了教学的质量,帮助学生在学习过程中更好的理解和消化知识,提高了教学效率。

一、高校思想政治课堂运用多媒体教学的意义

多媒体教学在今天已经成为一种发展趋势。高校思想政治课堂运用多媒体教学,在创设情境、调动学生学习氛围、突破重难点、培养学生创新精神

等方面具有重要意义，主要包括以下方面：

第一，创设生动的教学情境，调动学生学习兴趣。高校思想政治学科综合性、理论性较强，具有一定的抽象性。在高校思想政治教学过程中，可以借助多媒体技术将一些较为抽象、学生感受不太强烈的知识内容情景化，给学生以更加生动的学习体验。运用多媒体教学可在课堂导入环节创设生动的教学情境，吸引学生，调动学生的学习兴趣。

第二，突破教学重难点，培养学生的创新精神。在高校思想政治课中运用多媒体教学，是突破教学重难点的有效手段。教师可以利用多媒体教学直观性强的特点，把教材中较难的知识点通过图片、视频、案例的方式进行展示，把复杂的知识点简单化，提升课堂教学水平。同时还可以引导学生积极地参与到课堂学习中来，充分发挥学生的主观能动性，培养学生的创新精神与实践能力。

二、多媒体教学软件的设计路径

（一）多媒体教学软件的设计原则

1. 集成性原则

多媒体教学软件可以对多种信息进行集成处理，使它具有很强的表现力和感染力。集成性不是指将多种信息进行简单的堆砌，而是按照具体要求对不同信息进行有序的集成处理，而对不同的媒体信息会有不同的要求，要按照这些要求对信息进行分类和处理。

2. 教育科学原则

（1）在进行教学软件的设计时，应该充分考虑教学的方式方法、教学的目的、教学的对象，注意对教学内容的编排，考虑重点与难点的运用关系，以便制作出更容易被学生吸收知识的软件。

（2）多媒体教学软件可以运用多种媒体进行设计，所以在软件设计时应该充分利用这个特点，将软件的内容设计得更为生动，用这种方式引起学生的兴趣，从而提高他们的学习积极性，以此进行高效教学。尤其是现在的媒体资源越来越多，设计者可以将更为新颖的媒体资源融入其中，提升软件的生动程度。

（3）重视教材的典型性与代表性，在设计和制作模拟动画时不能忽略科学性，动画要符合科学理论。与此同时，注重表达方式的多样性和科学性，通过分类、比较、归纳、分解等手段进行表达。

3. 互动性原则

教学软件是辅助教师进行教学的，为了达到更好的教学效果，应该重视软件与学生之间的互动性。将这些理论上的知识、学习目标等进行感性化处理，加强互动性，使学生可以更好地理解和接受教学内容，营造出更舒适的教学环境，提高教学的真实性和交流性。

（二）多媒体教学软件的设计要求

"多媒体教学软件作为教学中的新起点，在教学软件的设计与实现方面现已取得了较为理想的成绩，但还需要结合实际的发展不断的进行调节与创新，让多媒体教学软件始终与现代发展步伐保持一致"①。一般教学软件都是教师进行操作，所以应该充分考虑软件的可控性和易操作性，这样可以避免教师进行软件操作时浪费过多时间而影响教学效率。多媒体教学软件的设计要求主要包括：①保证安装和运行的简单快捷，避免复杂的操作浪费时间；②操作界面应该设计简洁，在明显位置标明操作方法和用途，保证教师进行操作时可以快速适应软件；③注意软件的稳定性和运行平台的兼容性，保证软件在运行过程中不会出现死机、闪退等问题，并保证可以简单退出和重启软件，注重软件与搭载平台的兼容性，尽量做到多媒体教学软件的无关性。

三、多媒体教学软件的制作方式

（一）系统分析、脚本创作与程序设计

系统分析是指对多媒体教学软件进行科学有效的分析，以保证开发工作的有效性。进行系统分析是为了有效发挥计算机优势，以提高软件的教学效

---

① 刘清华，陈金平，刘向群，等. 多媒体教学软件的设计与实现的分析 [J]. 电子设计工程，2016，24（10）：191.

果。系统分析包括需求分析、教学内容分析、资源分析。

脚本创作是进行多媒体教学软件制作的重要环节，进行脚本创作时要充分考虑教学需要，根据主题安排和组织内容。脚本创作一般分为文字脚本和制作脚本。

程序设计是指通过程序开发软件进行教学软件计算机程序编写，这个步骤一般由专业人员进行操作。

（二）文本素材制作

多媒体教学软件中的文字设计应该根据具体情况进行调整，注意在设计字幕时不要使用过大的字体。根据文本字数以及背景颜色，设计字体大小、字间距、行间距以及字体颜色。通过合理的设计文本方案使教学软件易于观看，能够引起学生的兴趣，从而提高教学的质量和效率。

（三）图片以及动画制作

多媒体教学软件的优势就在于可以运用多种媒体资源进行软件设计和制作，在进行软件制作时，为了使软件内容更为生动有趣，应该加入一些图片和动画，既可以吸引学生的注意力，还可以提高教学质量。在进行图片和动画的制作时，应该注意要适量、适当，并且要注重这些媒体资源的相关性和科学性，运用合适的图片和动画可以帮助学生更好地理解和掌握知识，是一种非常好的媒体资源利用方法。

第三节 高校思政教育的理论课微课视频创作

随着教育方式的不断进步，而且近年来互联网视频与影视文化的兴起，微课越来越多地出现在课堂上。对于一名信息化时代的教师，能够自如地利用各种现代化技术工具进行授课是基本素质。想要制作微课进行教学，要学习如何制作微课视频。

一、高校思政教育理论课采用微课的可行性

（一）理论基础层面的可行性

微课教学体现了建构主义理念。学生的知识不是通过教师传授所得到

的，而是学习者在一定的情境下，借助其他人包括教师，甚至学习伙伴的帮助，利用必要的学习资料和工具，通过意义建构的方式而获得比传统教学模式下的学生被动接受，学生自己建构习得知识的学习效果更佳，而且符合当前大学生的认知心理和接受心理。

微课主要通过学生观看教师事先设置好的微视频进行学习，并在课堂上提出问题，通过小组学习或合作学习与同伴、老师进行讨论，以便加深对所学知识和技能的理解和运用。在这一教学活动中，学生是学习的主体，是课堂的中心，教师的角色就是引导者。课后，学生可以进入自主学习系统对与教学主题相关的教学设计、素材、课件、练习、测试等进行学习，教师还可以对学习过程中的问题和学校效果进行点评。微课教学形式符合建构主义学习理论的精神实质，从理论层面分析高校思政教育理论课实行微课教学具有可行性。

（二）经济层面的可行性

经费问题是制约高校思政教育理论课微课开展的重要因素。经济可行性是指微课教学所能获得的各种经济资源的支持。由于各高校自身定位不同，发展特色不同，对思政课在经费上的投入也不尽相同，不同的投入会产生不同级别的微课，但是只要教师用心去做，学校和学院投入一定的经济支持，而且保持循序渐进式的推进，并且加强校级之间的合作和资源贡献，微课的开展可以顺利实施。

（三）设备与技术层面的可行性

现行的软硬件设备和信息技术优势为微课提供技术支撑。微课需要的软硬件设备包括教师方面和学生方面需要的软硬件设备。在教师方面，微课制作的软件设备主要是教师的教学方法、教学态度和知识水平等，微课制作的硬件设备主要是课件的制作及微视频的拍摄或录制设备。如今，随着信息技术的普及，课件制作、微视频的拍摄都已经不是难题。对于学生而言，电脑、智能手机的普及，能为微课的顺利实施提供硬件条件。

目前，很多高校在生活、学习区域都已开通无线网络，为移动学习提供技术支持；很多高校都已开设网络课程，建立了较为完善的网络自主学习系统,为微课的实行提供了技术支持;教师通过这一学习系统上传教学视频,学生通过电脑或手机进入系统自主学习。因此,从软硬件设备与技术层面分析,现行很多高校都具备了开设微课的可行性。

(四)社会心理层面的可行性

社会心理的可行性是指学校、教师、学生以及家庭对微课教学的心理认可与支持。微课教学涉及学生、教师、学校各部门等的工作,需要各个部门的协作才可能做得更好。目前社会各界对微课渐渐认可并逐渐接受,为微课的实施提供了可能性。

二、微课视频的类别

微课视频可分为三类,即录屏式视频、翻拍式视频和演播式视频。不同种类的微课视频用途不同,在创作视频时需要用到的制作设备也不同。常见的微课及其相关的视频制作方案如表10-1所示。

表10-1 微课类型及其视频设计方案

类型	样式	微课名称	制作方案		制作难度
			软件程序	硬件设备	
单播式微课	录屏式视频	幻灯片演示式微课	MS Power Point、Captivate	麦克风,笔式鼠标	非常简单
		电子板书式微课	CamtasiaRecorder、Captivat、SmoothDraw	麦克风,数位绘图板	比较简单
		智能笔式微课	Equil Note、Equil Sketch	EquilSmartpen2 或 Livescribe3 智能笔	比较简单
	翻拍式视频	翻拍式微课	视频播放程序	高拍仪,有摄像功能的手机、平板电脑及相应固定装置	非常简单
	演播室式视频	自动录播式微课	专用程序软件	专用硬件设备	非常复杂
		演播室式微课	Adobe Premiere 和 After Effect 等	配有绿背视频拍摄设备的专用演播室	非常复杂

续表

类型	样式	微课名称	制作方案	制作难度
交互式微课		初级交互式微课	iFly, NeoSpeech, iVona, CB, Ultra, Presenter	简易演播室或 SMMS	难易适中
		高级交互式微课	iFly, NeoSpeech, iVona, CT, CTA, iClone-Captivate	简易演播室或 SMMS	难易适中

三、微课视频的拍摄

（一）录屏式视频拍摄

录屏式视频是指通过某些书写输入设备及辅助软件来录制教师的板书笔迹及动作过程的视频。除此之外，还可以对视频的声音解说进行录制。录屏式视频是视频形式的教学资料，更为生动形象，并且录制的视频资料进行保存可以重复观看和学习，这种教学视频一般用于幻灯片演示式微课、电子板书式微课和智能笔式微课。在进行录屏式视频录制时，一般需要如笔式鼠标、绘图板和智能笔等硬件设备。通过录屏式视频录制教学视频，教师不需要出现在视频中，相应的对教师体态、表现力等要求有所降低。

1. 用智能笔录制微课

Equil Smartpen 是一款"智能笔"设备，外表看起来就是普通的笔，但用这支智能笔在纸上写下的内容可以同步到连接的相应智能设备上。通过智能笔进行教学简单方便，Equil Smartpen 全套设备包括智能笔、带保护盖的充电基座、接收器、充电线以及对应的软件，这款智能设备可以对接计算机和智能手机。

用 Equil Smartpen 可以制作微课视频，这种微课视频属于录屏式微课视频。在进行视频制作前，将智能笔充电，将智能笔与接收器正确安放在充电基座上即可进行充电。一般情况下充满电量需要 2 小时，一支电量充足的智能笔可以连续使用 8 小时以上。

第十章　互联网背景下高校思政教育的教学资源设计

（1）设置蓝牙和配对接收器与设备。接收器上应该有蓝牙开关，根据需要将开关调整到合适位置。如果配对设备的系统为 Android、MacOS 或 Windows，则将开关调整至"Others"挡位；如果配对设备是 IOS 系统则将开关调整到"IOS"挡位；如果此时不需要连接设备，则可将开关调整至"OFF"挡位，这是通过智能笔书写的内容将保存在接收器中，有需要时可将保存在其中的内容导入计算机。

关闭接收器电源，随后长按电源按钮，直至蓝牙显示灯快速闪烁，这时智能笔已经进入蓝牙配对状态，将需要进行连接的配对设备的蓝牙功能打开，便可以进行蓝牙配对。当智能笔与接收设备配对成功，接收器上的蓝牙显示灯变为慢速闪烁。

（2）启动软件和完成书写准备，主要包括以下方面：

第一，在接收设备中打开 Equil Note 软件，选中菜单中的"Equil 设备"选项，点击设备连接以进行智能笔连接。

第二，将准备好的纸张平铺放好，将接收器的磁夹打开放至纸张顶部，要注意接收器的位置要在顶端中间，保证纸张在接收设备中的位置端正。

第三，打开智能笔电源，当智能笔笔头的显示灯呈现白色，就代表配对成功可以开始书写了。

（3）开始书写。智能笔的书写方式与普通的笔相同，只需要在纸张上进行书写，内容就会自动上传至连接的设备上。通过连接设备的 Equil Note 软件可以看到在纸张上书写的内容。在进行书写时，注意不要超过 A4 纸张的范围，超过范围的内容无法被识别上传。

当纸张写满或是有换页需求时，可以随时更换书写纸张，不影响之前书写的内容。在进行书写纸张更换时，可以相应的在 Equil Note 软件上更换新的虚拟纸张，即建立全新页面，以免内容重叠，使页面混乱不堪。建立新页面可以通过接收器上的"新建页面"按钮进行。

当书写内容直接存储在接收器内存时，"新建页面"按钮周围的环形显示灯会出现多种不同的信号显示，分别代表不同的意思。显示灯出现白色闪烁信号，表示接收器已准备好开始记录；白色稳定信号，表示接收器已经接收到书写内容；白色旋转光源信号，表示创建新页面；红色闪烁信号，表示纸张上的书写内容已经接近接收器的识别范围边缘；红色稳定信号，表示书写内容已经超过接收范围无法识别。

（4）保存为微课视频。使用者书写完毕，可在 Equil Note 中将书写内容进行保存，保存好的文件就可以作为录制完成的微课视频。如果认为单纯的书写过程过于单调，可以通过 Equil Note 的编辑功能对文件进行编辑，还可以添加颜色，进行文字修改编辑等。保存好的微课视频可以通过邮件、微信等方式进行传送、分享。教师可以通过智能笔录制微课视频，这种方式可以帮助他们方便快捷地传递学习视频资料，生动形象。

2. 利用 Smooth Draw 和 Adobe Captivate 录制微课

（1）利用 Smooth Draw 板书。Smooth Draw 是一款功能很强大的演示软件，它具备很多专业功能，例如，多种可调画笔、纸张材质选择、透明处理及多图层操作。同时还支持压感绘图笔，以及图像调整和特效等，支持各种绘图板。Smooth Draw 可以在软件的官方网站进行下载，十分简单方便。打开 Smooth Draw 软件可以看到其操作界面，可以将操作页面分为四个区域，主要包括以下方面：

第一，菜单栏。在进行内容绘画和书写时，每一笔为一步，按照操作界面指示，通过点击"后退一步"可以撤销上一笔操作，通过点击"前进一步"可以还原上一笔操作。在"文件"下拉菜单中选择新建、打开或是保存。Smooth Draw 文件的源文件格式为 sddoc，以此格式进行文件保存，则可以继续进行编辑。

第二，工具栏。从工具栏中可以选择各种绘图工具，其中包括画笔、橡皮、填充工具等。在工具栏的下拉菜单中可以看到所有绘图工具，工具栏里有不同的绘图工具，根据不同的需要可以选择相应的工具，其中有许多笔刷可以选择，不同的笔刷的绘图效果不同。在使用 Smooth Draw 绘图时，可以使用相应的快捷键提高使用效率。

第三，控制面板，主要包括以下方面：

一是，颜色区，画笔颜色要在颜色区中进行设置。在颜色盘中可以选取

第十章　互联网背景下高校思政教育的教学资源设计

需要的颜色，同时为了后续使用更方便，可以在颜色盘下面的色板空格中单击鼠标右键，将选取的颜色添加至色板。

二是，画笔区，画笔以及橡皮的直径与透明度在画笔区进行调节，当使用这两种绘图工具时，可以按照需要在此面板调节至满意。不同直径与透明度的画笔的书写效果有所不同。

三是，图层区，SmoothDraw 的绘图过程采用图层叠放的方式，这种方式可以帮助使用者对不同的素材进行编辑和管理，使绘图过程有条理，图层按照排列顺序依次叠放。一般情况下，不会直接在背景图层书写或绘画，而是通过新建图层再进行书写或绘画，新建图层可以通过点击图层选项中的"箭头"符号实现。

第四，绘图区。绘图区是使用者进行书写和绘画的区域，在制作视频时，视频中的书写教学画面就是这个区域的展示。绘图区的背景颜色可以进行调解，用不同的背景颜色与画笔颜色可以产生不同的效果，例如，用黑色绘图背景和白色画笔，则会产生在黑板上进行板书的效果。根据需要，教师可以选择不同的背景、画笔搭配，得到更好的教学效果。

（2）利用 Adobe Captivate 录屏。Adobe Captivate（简称 CP）是一款专业交互式微课制作软件，可以进行高清视频录制，并按照 MP4 的格式发布。对预制好的视频文件，还可以根据不同的需要进行编辑，增添各种视频效果。通过 CP 录制视频，建立新的视频演示项目，建立完新项目后，在录屏参数设置界面进行相应设置。

使用者可以根据自身需要进行参数设置。捕捉区域设置为视频录制区域选择，根据具体情况选择相应尺寸；外界声音的录制需要通过录音设备实现，可以在"音频"下拉菜单中选择录音设备；系统声音的录制通过系统音频选项设置，若需要录制系统声音则将系统音频进行勾选，若不需要则不勾选。

当参数设置完成后，点击"录制"按钮，这时会弹出一个窗口，通过这个窗口进行语音测试。测试正常，则可以开始正式录制。教师可以打开 Smooth Draw 软件开始教学，声音和画面都会被录制下来。

在录制过程中，用鼠标点击桌面右下角的系统图标，会发现名为 CP 的绿色图标在闪烁，这表示当前正在录制视频，点击该图标就可以结束录屏。录制完成后，使用者可以通过观看录制好的视频进行检验，检验通过就可以发布视频了。在发布视频时，可以在参数设置窗口中进行视频发布参数的设置，对视频的尺寸和质量进行设置，输入文件保存名称，选择保存路径，随后可以进行发布，得到 MP4 格式的录屏视频。

（二）翻拍式视频拍摄

翻拍式视频，是比较常见的微课视频形式，需要利用某种录像设备，通过在固定的录像设备镜头前进行书写而进行视频录制，这种微课视频的拍摄方法较为简单，通过这种视频形成的微课称为翻拍式手写微课。进行翻拍式视频拍摄时，需要的设备主要包括以下方面：

1. 用高拍仪拍摄

高拍仪是一款常用的教学、办公用具，一般高拍仪可以进行折叠，比较方便。高拍仪可以进行文件扫描，可将扫描文件转换为 Word 文档，方便进行进一步编辑。同时，高拍仪可以进行摄像、复印、无纸传真等工作，是一款功能十分多的办公用品。通过高拍仪进行微课视频录制，要将设备与计算机连接，通过高拍仪的摄像功能录制教学视频。在录制方法上，高拍仪与实物展台方法相近，并且都可以使学生直观的观看教师的板书过程，操作简单，并且临场感强。

2. 用实物展台拍摄

利用实物展台进行微课视频拍摄是一种常见的拍摄方法，同时这种方法操作简单快捷。通过支架将摄像头固定，视频制作者在镜头下直接进行教学，教学行为会直接录制下来，这种方式操作简单，不需要复杂的技术支持，同时这种微课视频也可以带来较好的临场体验，可以帮助学生更快进入学习状态。实物展台属于学校最常见的教学设备，通过它进行微课视频拍摄成本比较低。

3. 用手机或平板拍摄

随着科技的发展，目前的智能手机和平板电脑已经具备高清摄像的能力，所以通过手机和平板电脑进行微课视频的录制成为近年来的一个新趋势。只需要一台具备高清摄像功能的手机或是平板电脑，再加上一个固定支架，就可以进行微课视频录制。通过固定支架，将设备固定在桌面上方，在设备摄像头下进行教学内容的书写，如果想要更加清晰的效果可以配置LED等配合摄像，这种方式十分简单快捷，成本也比较低，不需要购买专门的录像设备，是目前比较流行的一种微课视频录制方式。

用这种方式制作微课视频时，需要利用一个固定设备的活动支架，一般这种支架是可折叠的，支架一端可以夹在书桌边缘、书架等地方，另一端放置和固定手机或平板电脑设备，根据需要可以对支架的高度、角度进行调整。调整好活动支架后，将手机或平板电脑固定到支架一端，按照需要调整角度。如果拍摄地点的灯光效果不好，可以通过LED灯调节光照效果，可以将便携式LED灯接入手机的耳机孔，通过调节灯光达到更好的拍摄效果。当角度和灯光都调整完毕，再次检查拍摄画面，确认拍摄画面在拍摄范围内。确认无误后，打开手机或平板电脑的录像键，开始进行正式的视频录制。

（三）演播式视频拍摄

录屏式视频和翻拍式视频都不需要教育者出现在视频中，学生们通过板书和讲解进行学习，这种教学方式不能体现教育者的形象在教育中的作用，这两种微课视频比较适合公式推导、演算等比较多的学科，因为这两种微课视频突出的是教育者的板书过程和对板书的讲解。对于一些社科类的学科，需要体现教育者的形象在教育过程中的作用，教育者通过声情并茂的讲课方式提高学生积极性，提高学习效率。对于这些教育者本身的作用比较大的学科，就需要采取另一种微课视频的录制方式，就是演播式视频。

演播式视频是目前在微课中最为常见的一种拍摄方案，演播室式微课是目前很流行的微课模式，这种微课视频需要教育者本人出现在内，将其声情并茂的授课过程录制下来制作为微课视频。演播式视频的画面构成一般有教师本人和教师身后背景上的讲义，还有一些视频会添加字幕，方便学生观看和记忆。演播式微课视频就像当场授课一样，呈现文字、声音、画面三位一体的布局。为了配合课堂需要，还会进行画面上远景和近景的切换，通过这种方式吸引学生的注意力，提高教学交互性。

演播室式视频一般都是在演播室进行拍摄和制作的，与精品课堂不同，精品课一般都是在教室进行拍摄的。在演播室内进行视频拍摄，可以保证视频的质量，营造良好的视觉效果，同时在演播室进行拍摄后，有较大的编辑和制作空间，可以通过视频的后期制作达到更好的效果。拍摄演播式视频的演播室是基于计算机图像编辑与处理技术而构成的虚拟演播室。使用虚拟演播室进行视频录制需要多种软件和硬件设备的支持，相较于前两种录制方法要复杂很多。演播室式微课的视觉效果更好，也更为生动有趣，可以为学生带来更好的学习体验，这种视频录制方式需要较高的录制成本。

第四节 高校思政教育理论课网络公益宣传片创作

网络公益宣传片是指不以功利为目的，对良好的社会风气进行宣扬，为人们的切身利益服务的网络宣传片。随着互联网技术的不断发展，微作品的概念出现在人们的视野中，其中微电影就是微作品的一种，现在的网络公益宣传片一般都会采取微电影的方式进行制作。通过公益微电影的传播，可以树立良好的道德风尚、弘扬优秀的社会主义核心价值观，是"互联网＋"视域下思想政治教育的一种全新方式。

一、微电影宣传片的制作

微电影是在互联网技术的基础上形成的一种全新的微型电影形式，其可以通过互联网新媒体平台进行传播。微电影在互联网上受到人们的追捧，很大原因在于网民的主动参与，互联网平台具有很强的包容性，可以为人们提供更加开放的展示空间。随着微视频、微电影的兴起，越来越多的网民开始自己拍摄身边的故事上传到互联网，通过互联网新媒体的传播，这些微视频、微电影可以分享给更多人。微电影具有很强的宣传作用，企业和政府都可以通过微电影的方式进行宣传，这实际上是通过互联网进行的一种信息传播。所以公益宣传片采取微电影的模式十分适合，可以将思想政治教育融入影片中，自然地渗透到学生的生活中。

二、公益微电影的创作路径

(一) 强调叙事性

微电影从根本上说属于电影，而电影就具有叙事性，想要创作出受到群众欢迎、传播效果好的公益微电影，叙事性是一个重要的突破口。叙事性是对生活的一种概括总结，通过叙事可以表达人类的内心情感和诉求，使电影具备亲和性和渗透性。正因为电影的叙事性才可以使其深入人们的精神世界，通过影片引起人们的共鸣。公益微电影作为电影的一种形式，当然具有显著的叙事性，通过将叙事与主题相结合的方式，将宣传片想要表达的中心思想渗透到影片之中，通过这种性质带来的渗透性和亲和性使人们领会其中的精神。

"公益微电影以直观的表现形式被社会接纳，因所赋有特定的社会意义和社会责任，成为微电影中非常重要的一种形式"[1]。公益微电影的叙事内容应该展现人民群众的真实生活，通过平实的生活开展公益宣传。公益微电影的叙事性是宣传片的创作依据，也是宣传片的创作源泉。但微电影不可能与普通电影采用同样的叙事方法，因为微电影的时间要比一般电影短很多，这就要求微电影要在很短的时间内进行叙事。为了使公益微电影的叙事达到较好的效果，在电影叙事上要注意情节和内容的控制，精减片段，通过碎片化的叙事为主，充分利用叙事的互文性。在这一点上，影片可以选取日常生活中的小事进行编排和创作，通过这些小事融入思想道德教育，同时这样更具亲和性，更容易让学生产生共鸣。

(二) 确定主题类型

随着互联网信息技术的不断发展，人们的生活发生了很大变化，人们获取信息和传递信息的方式和渠道发生了变化，这种全新的信息获取和传播方

---

[1] 黄婧. 公益微电影创作中的难点及解决对策 [J]. 电影文学，2021，(13)：9.

式催生了微电影这一新型媒体,微电影的产生原因导致其具有很强的针对性。微电影的主要受众群体是高校学生,开展思想政治教育的主要群体也是高校学生,受众群体的重合使微电影十分适合成为思想政治教育的全新工具。

为了迎合年轻群体,在进行公益微电影创作时应该选择能够引起他们兴趣的主题,这样才可以吸引他们的注意力,从而进行思想政治教育。选择年轻群体认可的影片主题,创作符合社会主义核心价值观内容的影片,通过互联网进行影片的传播。选择合适的主题可以更好地吸引受众群体的注意力,公益微电影可以在潜移默化中影响人们的思想,帮助人们树立正确的世界观、人生观和价值观,使他们可以更正确地看待世界、看待自己,从而达到思想政治教育的目的。

(三)明确受众心理

根据受众群体的心理需要,微电影具有"微时"的特点,微电影通过很短的时间讲述一个完整的故事。创作公益微电影的目的是传播正确的思想道德价值观,这样的影片应该注意内容的设置,为了吸引受众应该采取新颖的叙事方法,通过吸引人的影片内容扩大影片的传播范围、加大宣传作用。在进行公益微电影的创作时,根据受众定制影片内容,将想要传达的思想政治内容融入影片的故事情节之中,通过渗透式的方法影响学生的思想,使正确的思想价值理念得到传播,加强影片的宣传效果。

(四)精准渠道投放

目前公益微电影的主要载体是手机应用、网络视频网站等,传播方式是通过观看者对影片进行链接分享的方式进行的,可以通过分享将微电影转载到微博、微信、腾讯QQ等社交媒体,通过这种转载进一步扩大宣传范围。公益微电影具有内容短小精悍、传播速度快的特点,为了更好地达到宣传效果,应该进行调整从而进行精准投放,尤其因为公益微电影的道德宣传性质,更应该将这种影片投放到适合的传播渠道,以此扩大其影响范围和影响力。

(五)弘扬主流价值观

随着微电影的发展,以及其影响力的扩大,应该通过微电影的方式进行主流价值观的宣传,也就是鼓励公益微电影的创作。微电影的投资规模小、影片时间短、制作周期短,这些特征符合当代人们的生活习惯,随着现代人的时间碎片化,微电影这种媒体形式十分适合作为宣传片。同时,微电影一般都是通过日常生活中的小事表达主题,这种亲和性和渗透性也十分适合作为教育宣传的方式。

微电影与传统电影的播放平台不同,人们通过互联网平台观看微电影,并通过互联网进行分享和传播,相较传统电影,微电影具有很强的传播性。微电影具有平民化、精简化、快速化的传播特点,这些特点使得通过微电影进行思想政治教育具有天然优势,所以公益微电影十分适合宣扬美好的意志品质,可以帮助人们塑造健康的思想道德观念、树立正确的价值观。

1. 弘扬主流文化的优势

(1)情节恰当,吸引观众目光。微电影与传统电影不同,其播放时间较短,不会超过半小时,一般公益微电影不会超过十分钟。由于时间的限制,在故事情节的选择和设置上就要进行准确的定位,因为公益微电影要通过很短的时间吸引住人们的注意力,这就对情节设置的要求很高。公益微电影的拍摄目的是传递美好的意志品质和良好的道德精神,往往是通过一个发生在人们生活中的小事来揭示道理,影片的故事可以使人们感同身受,使人们深入思考,并带给学生精神层次的启迪。目前,在拍摄公益微电影时,创作者都会注意故事情节的设置,通过生动的故事来传递想要表达的中心思想,相较于曾经生硬的说教式的宣传方式,显然这种柔性教育具有更强的亲和性和渗透性。

(2)关注民生,与民众产生共鸣。微电影具有显著的亲民性特征,这也是微电影进行公益宣传的一个优势。微电影关注民生主要表现在以下方面:

第一,微电影的内容一般都是发生在人们身边的事情,是一些日常生活中的小事,通过对生活中的琐事放大展现,会呈现出令人吃惊的效果。微电影能够引起人们的共鸣,正是因为这些影片的故事情节就发生在自己身上或是自己身边,通过影片中人物的做事方法可以对观影人产生一定的引导作用。如果在宣传影片中的人物与自己有一些方面的情况是契合的,那么影片中人物的行为和想法在一定程度上会影响观影人，如果影片中的人物在困境中永不放弃，那观影人也会从中得到勇气和力量。通过平实的小事引起学生的共鸣，再通过影片设置引导学生树立正确价值观。

第二，微电影的主体内容一般都来自人们的生活，这使故事显得更加真实，也就更容易引起学生的共鸣，强烈的共鸣感会加深观影者对影片的理解和认同，也就更会引起他们的深入思考。在进行思想政治教育时，可以通过选取真实主题进行影片创作，通过微电影的亲民性，将正确的道德思想渗透到学生心中。

（3）注重互动，让观众参与其中。微电影是以互联网新媒体作为传播平台的媒体形式，具有很强的互动性。一方面，影片点击率影响人们的观影选择，点击率高的作品会吸引更多人观看影片，播放影片的网络视频平台一般都会有评论功能，人们观看影片后会根据自身感受对影片进行评价留言，体现了这一媒体形式极强的互动性；另一方面，随着现代化信息技术的不断发展，人民群众已经不再只能被动地接收信息了，而是转变为主动的选择信息，所以只有能够吸引人们注意力、引起人们兴趣的信息才会被其主动选择。因为这个特性，只有可以打动人心、内容深刻的作品才能被人们选择、获得人们的认可。在创作公益微电影时，只有用心做作品才会被群众选择，才能达到弘扬优秀思想道德风尚的目的。

（4）利用其便捷性，做好宣传。随着人们生活节奏的不断加快，面对激烈的竞争环境和较长的工作时间，人们的闲余时间呈现出碎片化的趋势，人们可以自由支配的时间都是零散的，人们只有在这些碎片化的时间内接收和传递娱乐信息。而微电影的传播方式就可以充分利用人们零散的闲余时间，微电影通过智能手机、计算机、户外电视等终端设备进行播放，可以便捷地满足人们的观影需要，同时具有很强的开放性。微电影的时长很短，往往几分钟就可以观看一部故事情节完整的影片，同时影片的观影地点具有流动性，可以更加便利的满足人们的观影需要。在这个时间碎片化的时代，微电影的出现为相关部门进行高校思政治教育提供了一个十分适合的平台，通过这种方式可以有效地利用人们的闲暇时间传播正确的思想道德观念，开展思想政治教育。

2. 微电影弘扬主流价值观方式的思考

（1）提升专业化水平。微电影如果想保持持久的生命力，就需要向更为专业化的方向发展，而其中提升专业水平就成了专业化的关键。为了提升微电影制作的专业化水平，应该培养和配备更多专业化人才，组建专业化的团队。专业化团队的建设要注重：①团队成员的专业能力提升，要全面提升微电影制作的能力和质量；②团队成员的思想建设，要保证团队成员有正确的思想道德观念，只有这样才能创作出弘扬优秀精神的作品。

公益微电影持久的生命力需创作人员对当前的主流价值观念有充足的把握，因为只有符合主流价值观念，弘扬优秀道德品质的作品才能取得人民群众的认可、获得持久的生命力。

（2）建立标准化规则。对于微电影的管理，还没有标准化的体制，为了保证行业的稳定发展，应该注重监督管理。为了公益微电影可以得到更好的传播效果，相关部门应该为其提供更多宣传渠道，扩大受众面积。同时，在安排影片的介绍排版时，应该将内容和主题有一定教育作用的影片排放在显著的位置，吸引学生的注意力，从而起到加大宣传力度的作用。建立科学的监管制度，帮助行业建立良好的行业氛围，只有这样才能充分发挥公益微电影对优秀思想道德品质的宣传作用。

（3）坚持精品化路线。因为时间限制的问题，微电影必须在很短的时间内吸引观影者，让他们对影片产生兴趣，如何充分合理的使用时间就是关键，主要包括以下方面：

第一，应该专注于影片的主题选择，能够引起人民群众共鸣的主题是关键，将生活中的细节放大变成影片的主干，通过亲和性的影片进行公益宣传，努力将公益微电影制作走向精品化。

第二，影片应该根据想要表达的主题，想要宣传的优良品质，选取平凡人的不平凡的事迹展开叙述，通过这种真实性很强的故事唤起人们的共鸣。同时还可以将高校学生作为公益微电影的主角，这样更贴近学生的实际生活，更容易使他们受到感染，可以通过影片更为生动形象地向他们开展思想政治教育，引导他们树立正确的价值观念。

参考文献

[1] 艾四林. 充分发挥马克思主义理论学科在协同育人中的作用 [J]. 学校党建与思想教育, 2017 (23): 20.

[2] 包满喜, 白图雅. 高校思想政治教育生态价值的实现研究 [J]. 环境工程, 2022, 40 (5): 268-269.

[3] 曹超超. 管理学视角下大学生思想政治教育精细化探究 [J]. 山东农业工程学院学报, 2020, 37 (6): 174.

[4] 陈宝鹏. 关于新时期高校思政教育工作的创新思考 [J]. 高教学刊, 2019 (12): 24-26.

[5] 陈汉明. 高校思政课信息化教学的实效性分析 [J]. 科教导刊 (下旬), 2020, (3): 109.

[6] 陈娜. 人文关怀理念下提高高校思政教育实效性的对策 [J]. 现代交际, 2015 (11): 166.

[7] 陈希, 秦玮. 浅谈大学生心理素质教育中存在的问题及对策 [J]. 当代教育实践与教学研究, 2017, (9): 209.

[8] 地里巴尔铁力提. "互联网+"背景下高校思政教师思想政治教育路径新探 [J]. 发明与创新 (职业教育), 2020 (12): 103.

[9] 丁建发. 基于互联网视域的高校思政教育改革 [J]. 教育与职业, 2016 (16): 54-56.

[10] 高涵. "互联网+"背景下借助全媒体提升高校思想政治教育的实效性探究 [J]. 科教导刊, 2022 (4): 63.

[11] 郭红艳. 高校思想政治教育实践育人运行机制的构建 [J]. 教育

与职业，2015（5）：72.

[12] 胡飒. 角色理论视野下高校思想政治理论课教学方法探析 [J]. 学校党建与思想教育，2009，(5)：43.

[13] 黄婧. 公益微电影创作中的难点及解决对策 [J]. 电影文学，2021，(13)：9.

[14] 靳玉军，周琪. 思想政治教育学原理 [M]. 重庆：西南师范大学出版社，2015.

[15] 李娇. 互联网背景下高校思政教育创新发展途径 [J]. 时代报告，2021（12）：118－119.

[16] 李侨峰. 互联网视阈下高校思政教育的改进路径 [J]. 内蒙古师范大学学报（教育科学版），2016，29（8）：25－27.

[17] 梁雨溟，施承. 高校教师网络信息素养与思政教育水平提升研究 [J]. 广西广播电视大学学报，2022，33（1）：70.

[18] 刘伯文. 如何加强高校思政教育工作实效性的思考 [J]. 亚太教育，2015（28）：192.

[19] 刘芳. "互联网＋"高校思政育人创新发展的路径研究 [J]. 智库时代，2019（27）：288＋290.

[20] 刘建敏. 论网络时代高校思政教育工作的机遇与挑战 [J]. 黑龙江教师发展学院学报，2022，41（8）：86－88.

[21] 刘锦鑫. 智慧德育：互联网思维下高校思政工作的转型与发展 [J]. 学校党建与思想教育，2016（21）：85－88.

[22] 刘骏鹏. "互联网＋"时代高校思政育人体系研究 [J]. 当代教育实践与教学研究，2019（24）：11－12.

[23] 刘清华，陈金平，刘向群，等. 多媒体教学软件的设计与实现的分析 [J]. 电子设计工程，2016，24（10）：191.

[24] 刘玥，蒙秋燕. 互联网背景下高校思政教育话语多维转变路径探析 [J]. 中国报业，2018（8）：106－108.

[25] 秦怡. 互联网时代高校思政教育对策分析 [J]. 才智，2022

(35)：17.

[26] 权瑞华. 网络时代背景下高校思政教育工作的创新 [J]. 江西电力职业技术学院学报, 2022, 35 (12)：111-113.

[27] 任金凤. 新时代大学生思想政治教育方法的创新研究 [J]. 经济师, 2021 (12)：182.

[28] 苏刚. 高校思政课教师队伍和辅导员队伍的协同发展探讨 [J]. 才智, 2021 (31)：99.

[29] 孙飞, 赵攀. 互联网+时代下高校思想政治教育创新研究 [J]. 山西财经大学学报, 2016, 38 (S2)：111-112.

[30] 孙伟. 需要理论视野下高校思政教育的实效性 [J]. 文教资料, 2020 (15)：137-138.

[31] 王芳. 简论新时期高校思政教育的创新举措 [J]. 文教资料, 2022 (11)：80.

[32] 王沛沛. 高校思政教育合力育人体系的构建 [J]. 知识经济, 2022, 622 (20)：102.

[33] 吴满意, 王丽鸽. 从精准到智慧：思想政治教育创新发展态势 [J]. 马克思主义与现实, 2019 (04)：199.

[34] 吴亚娟. 新时代视域下高校思政教育创新与实践探究 [J]. 淮南职业技术学院学报, 2022, 22 (6)：16.

[35] 殷晴波. "互联网+" 视域下高校思想政治教育实践的创新研究 [J]. 湖北开放职业学院学报, 2022, 35 (12)：10.

[36] 张春红. 完善高校思想政治教育教学考评保障机制的创新路径 [J]. 开封文化艺术职业学院学报, 2020, 40 (12)：170-171.

[37] 张姣. 高校思政教育实效性提升方法 [J]. 快乐阅读, 2022 (5)：92.

[38] 张萌萌. "互联网+" 高校思政教育的创新路径探索 [J]. 现代职业教育, 2022 (31)：154.

[39] 张岩. 论高校思想政治教育评估的有效性及实践 [J]. 教育与职

业，2011，(27)：66－67.

[40] 张漾，阮怀堂. 浅论大学生道德教育 [J]. 亚太教育，2015 (30)：165.

[41] 赵毅. "互联网＋" 背景下高校思政育人体系探究 [J]. 中外企业文化，2020 (12)：108－109.

[42] 郑思思，孙忠良. 新时代大学生党员理想信念教育研究 [J]. 公关世界，2022 (10)：149.